エドワード・W・サイード

イスラム報道 増補版

ニュースはいかにつくられるか

浅井信雄・佐藤成文・岡 真理 訳

みすず書房

COVERING ISLAM

How the Media and the Experts Determine
How We See the Rest of the World

by

Edward W. Said

First published by Pantheon Books, New York, 1981

Japanese translation rights arranged with
Georges Borchardt, Inc. through
Japan UNI Agency, Inc., Tokyo

マリアンに

目　次

ヴィンティッジ版への序文

『カヴァリング・イスラーム』[*] *Covering Islam* が刊行されてこの十五年、アメリカや西洋のメディアではムスリム〔イスラーム教徒〕やイスラームに集中的に焦点が当てられてきたが、そのほとんどが、私が以前、本書で述べたものに輪をかけて、誇張されたステレオタイプと喧嘩腰の敵意によって特徴づけられている。実際、ハイジャックやテロリズムにおけるイスラームの役割、イランのような公然のムスリム諸国が「我々」と我々の生活様式を脅かしているのだというさまざまな記述、そしてビル爆破や航空機に対する妨害活動、水道水に毒を混入するといった最近の陰謀についてなされる憶測の数々は、ますます西洋の意識に影響を与えているように思われる。イスラーム世界に関する「専門家」なる者たちの一団は目立って肥大化しており、何か危機的事態が生じるたびに、彼らはニュース番組やトークショーに司祭長さながらに登場し、イスラームについてお決まりの考えを厳かに披露する。そこにはまた、一般に非-白人であるムスリムの人々に関する図式的で、オリエンタリズム的な考えの奇妙な復活があるようにも見受けられる。このような考えは以前は真面目に受け取られなかったものであるが。他のどの文化的集団に関しても、人種的あるいは宗教的に誤った表象をすることがもはや何の罰も受けずに流通することなどありえないこの時代に、この単純で図式的なオリエンタリズム的考えの突出ぶりには驚天動地のものがある。悪意に満ちたイスラームの一般化だけは、西洋における異文化毀損の形態としていまだに容認されているのだ。ムスリムを一括りにしてその精神やら性格、あるいは宗教、文化について言われていることは、もしそれがアフリカンやユダヤ人、他の東洋人やアジア人についてであったなら、メインストリームの議論のなかで今では決して口にすることができないような代物ばかりである。

もちろん、過去十五年間にムスリムたちやまた、イラン、スーダン、イラク、ソマリア、アフガニスタン、リビアといったイスラーム諸国によって多くの挑発行為や物騒な出来事があったのは事実である。どのような犯罪があったのかざっと挙げてみても、一九八三年にはレバノンでムスリムの一グループが仕掛けたとされる爆弾により、二四〇名もの米海兵隊員が殺害され、またムスリムの自爆者たちによってベイルートのアメリカ大使館が爆破され、少なからぬ死者を出した。八〇年代にはレバノンでシーア派の諸グループによって多数のアメリカ人が人質にとられ、長期間監禁された。多くの飛行機乗っ取りがムスリムの諸グループによって当然の権利のように実行された——なかでももっとも悪名高いのが一九八五年六月十四日から三十日にかけてベイルートで起きたＴＷＡ機のハイジャックである。ほぼ同じ時期、フランスでは凶悪な爆弾事件が何件も起きている。一九八八年には、パンナム機第１０９便がスコットランドのロカビー上空で爆破されたが、これもイスラームのテロリストが実行したものだった。イランは、レバノンやヨルダン、スーダン、パレスチナ、エジプト、サウジアラビアその他の国のさまざまな反政府グループの支援国家という評判を新たに獲得している。アフガニスタンは、ソ連による占領が終わりを告げてから、相争うイスラーム系諸グループと民族集団によって騒然としている。武装し、訓練を積み、合州国から資金提供された反政府系のムスリムたちの多く——とりわけタリバーン〔ソ連のアフガン侵攻によってパキスタンへ難民となって渡ったムラー・ダウードを中心に結成、「タリバーン」は「求道者」「神学生」を意味し、九四年に活動を開始し、九六年春にはカブールを制圧、国土の八十パーセントを掌握したが、ウサーマ・ビン・ラディーン率いる軍事組織アル＝カーイダと同盟したため、二〇〇一年十月、アメリカ合州国によって空爆され、政権の座を追われた〕――が、今やアフガニスタン全土を蹂躙している。以前アメリカによって訓練されたこれらのゲリラたちのなかには、一九九三年に起きた世界貿易センタービルの爆破事件の首謀者として有罪判決を受けたオマル・アブデルラフマーン師のように、別の場所に姿を現したり、エジプトやサウジアラビアといった中東における合州国の重要な同盟国で内戦を煽っている者たちもいる。一九八九年二月十四日に出されたサルマン・ラシュディに対するホメイニー師のファトワー〔イスラーム法学者による法的見解のこと〕と、それに伴い、ラシュディ暗殺に何百万ドルもの懸賞金が懸けられたことは、イスラームの凶暴性の典型とされた感がある。現代性やリベラルな価値観に対してイスラームは断固戦うものであり、また、挑戦し、戦いを惹き起こし、脅かすために海を越えて西洋の心臓部にさえ到達することができるのだということを見せつけたものとして受けとめられた。

一九八三年以降、イスラームに対する信仰を公然と表明するムスリムたちがニュースのそここに登場するようになる。アルジェリアでは、こうした者たちが地方選挙で勝利するが、軍部の叛乱によって権力の座に就くことを阻まれた。アルジェリアは依然、すさまじい内戦状態に喘いでおり、軍部と武装勢力が戦闘状態にあり、何千人もの知識人、ジャーナリスト、芸術家、作家が殺されている。スーダンは現在、戦闘的なイスラーム政党によって支配されており、その党首であるハサン・アル＝トゥラービーはしばしば、あたかもイスラームの衣をまとったスヴェンガーリ〔十九世紀の作家デュ・モーリエの小説に登場する音楽家。ヒロインを催眠状態にして操る〕かサヴォナローラ〔イタリアの宗教改革者、火刑に処せられる〕のように敵意に燦然と輝く人物として表象されている。ムスリム同胞団〔一九二八年エジプトでハサン・エル＝バンナを中心に結成、非合法だが最大の政治勢力〕やイスラーム集団 Jama'at Islamiya（もっとも暴力的で妥協を知らないグループである）が過去十年のあいだに著しく勢力を伸長させたエジプトでは、何十名もの罪のないヨーロッパ人やイスラエル人旅行者がイスラーム系の襲撃者によって殺害されている。ハマース〔「イスラーム抵抗運動」の略称。パレスチナの被占領地で組織され、全パレスチナの解放を主張し、中東和平プロセスに反対している〕とイスラーム聖戦機構はかつて、イスラエル占領下のヨルダン川西岸地区とガザ地区で一九八七年十二月に開始されたパレスチナ人のインティファーダ〔大衆蜂起〕におけるPLOの権威下落をもくろんだイスラエルによって支援されたこともあるが、今やその自爆攻撃や民間バスの爆破、イスラエル市民の殺害など一連の凶悪犯罪によりもっとも恐れられ、ジャーナリズムがもっとも書きたてるイスラーム急進主義の例に変貌した。ヒズボッラー〔「神の党」を意味する政治組織。イランとレバノンでとくに活動。レバノンではイスラーム共和国の樹立を目指している〕のゲリラたち——アメリカのメディアでは通常、テロリストとして言及される——もまた恐ろしいという点ではひけをとらない。彼らは自分たちをレジスタンスの闘士であると、つまり南部レバノンのいわゆる安全地帯をイスラエルが非合法に実質的な占領を行っていることに抵抗しているのだと見なしており、また現地でもそのように考えられている。

一九九六年三月、「テロリズム」問題を討議するための一大国際会議が、エジプトの港湾都市シャルム・エル＝シェイフで催され、クリントン米大統領をはじめ、シモン・ペレス・イスラエル首相、ホスニー・ムバーラク・エジプト大統領、そしてヤーセル・アラファートPLO議長など多数の国家元首が出席したが、そこで討議された最近の事例は、イスラエル市民に対する三件の自殺攻撃だった。この会議自体がそうであったように、世界中に放送されたペレスのスピーチもまた、あらゆる責任はイスラームとイラン・イスラーム共和国にあるのだという確信を聴衆の心に植え付けるのに成功した。合州国と西洋のメディア環境が全般的に、イスラームに対してかくも怒りに燃え上がっているために、一九九五年四月、オクラホマ市で爆破事件が起きたときには〔オクラホマの連邦政府ビルが爆破され五百名余りが死亡した〕、ムスリムがまたもや攻撃を仕掛けてきたという警鐘が鳴り響いた。今でも思い出すたびに無念の思いがこみあげてくるのだが、その日の午後、私が新聞社や主要テレビ局、目端の利くレポーターたちから受けた電話は二十五本をくだらなかったはずだ。彼らのその全員が、私が中東出身であり中東について書いている以上、ほかの多くの人たちが知らないような何かを知っているに違いないという仮定に基づいて行動していた。アラブ人やムスリムと、テロリズムのあいだのまったくもって作為的な結びつきが、これほどまであからさまに思えたことはなかった。我知らず罪に連座しているような意識を抱かされたのだが、それこそまさに、私が抱くべき感情と見なされていたことに私は愕然とした。要するに、メディアは私を攻撃したのだ。イスラーム――あるいはイスラームと私の結びつき――がその理由だった。

セルビア人同胞の手によって民族浄化の犠牲者となったボスニアのムスリムたちについてもまさに同じことが言える。しかし、デイヴィッド・リーフ〔著述家、ジャーナリスト、世界政策研究所研究員、著書に『スローターハウス――ボスニアの失敗』〕その他の者たちが指摘しているように、これ以上はありえないというような暴虐が犯されてからだいぶ時がたつまで、ヨーロッパの諸大国にしても合州国にしても、彼らのためにほとんど何の手も打とうとはしなかったのだ。もちろんボスニアにおける人道援助のために国連が膨大な努力を払ったことは画期的であった。他のどこであろうと、ムスリムと言えば侵略者と相場が決まっており、罵詈雑言、脅迫、制裁、断絶、場合によっては空爆こそが、彼らに対する最良の対応であるとされていることを考えるなら、その画期性はなおさらである。チェチェンのムスリム鎮圧におけるロシアの惨(むご)たらしい仕打ちを見よ。そして、リビアとイラク。前者については一九八六年四月晩のゴールデン・アワーに合州国によって爆撃され、後者は全面戦争の標的にされた挙げ句、一九九三年と九六年には空爆されている（それらのほとんどがCNNによって放送された）。罪のない民間人が大量に被害に遭ったにもかかわらず、これらの空爆は正当なものだという印象を西洋の人々は抱いている。ムスリム国家ソマリアに対して一九九二年に合州国が行った人道的介入に異議を唱えた者は皆無だったのではないだろうか。だが、それは、十年前のレバノン遠征と同じように混乱を極めて終わった。もちろん、イラク、リビア、チェチェン、ボスニアのケースはそれぞれに異なってはいる。だが、世界中のムスリムたちにとって、そこには共通点がある。西洋の、そのほとんどが「キリスト教徒」の諸大国とその人々が、イスラームに対して絶えざる戦争を戦うために動員されている、ということだ。こうして対立は深まり、文化間の対話の機会は先おくりされる。多くのムスリムが書いたり語ったりしていることだが、もしボスニア人やパレスチナ人やチェチェン人がムスリムでなかったなら、そしてもし、「イスラーム」が「テロリズム」の発信源でなかったなら、西洋の諸大国はもっといろいろと手を打っていたのではないか。何しろ、イスラエルはアラブ・ムスリムの領土を占領し併合しているが、決して罰せられたりしないのだから。何ゆえにイスラームの国々、そしてイスラームの人々だけが特別に、非難と、不釣り合いな敵意の的にされねばならないのか。大方のアメリカ人にとってイスラームとは、ただただ厄介の種に過ぎない。

だから見取り図は複雑に入り組んでいる。イスラーム世界の全土に感情的な揺り戻しが生じており、西洋とイスラエルを標的にした、組織されたものであれそうでないものであれ、テロ事件が頻発しているのだ。イスラーム世界の全般的状況は、検閲、民主主義の相対的欠如、目を覆いたくなるような独裁制の蔓延、そして容赦のない抑圧的で権威主義的な諸国家――それらのなかにはテロリズムや拷問、性器切除を行ったり奨励したりする国家さえある——といった現象の数々を抱え、生産性と福祉水準において衰退しており、後進的でむごたらしいものに思われる。これらの事態はとりわけ、サウジアラビアのような基本的にイスラーム的な国々やエジプト、スーダン、アルジェリアなどに当てはまる。さらに、今日のムスリム世界に蔓延する無数の病を治癒する万能薬として、七世紀のメッカという霞のかかった幻想に頼ろうとする一定数の人々の（私にとっては）短絡的な還元主義は、食指の動かぬできあいのインスタント食品のようなものであり、それを否定するとしたら全くの欺瞞というものであろう。

しかしながら、私が案じるのは以下のようなことだ。「イスラーム」を説明するためであるにせよ、また「イスラーム」を無差別に非難するためであるにせよ、「イスラーム」というラベルを用いることは、結局のところ攻撃の一形態であり、自称ムスリムたちと西洋のスポークスパースンたちのあいだにある敵意をより掻き立てることになる。イスラーム世界で現実に生起している出来事のなかで、「イスラーム」が関わっているのは相対的にごくわずかな部分に過ぎない。そこには、何十億もの人々が暮らし、何十もの国や社会や伝統や言語、そして当然のことながら数え切れないほどの経験があるのだ。これらの由来をすべて「イスラーム」と呼ばれる何かで説明しようなどというのは、端的に言って誤りである。たとえどんなに口角泡をとばしてオリエンタリストたちが——彼らは主に合州国やイギリス、イスラエルで活動している——、イスラームの諸社会は上から下までイスラームによって規定されている、ダール・アル＝イスラーム〔直訳すれば「イスラームの家」、ムスリム世界を意味し、「ダール・アル＝ハルブ」（戦争の家）である非ムスリム世界と対比される〕は単独の統一的な実体であり、イスラームでは本当に政教一致である等々と主張して譲らなかったとしても、である。この本の私の論点は、これらのほとんどが、無責任極まりない放言といった類の、受け入れがたい一般化であり、他のどの宗教や文化、人間集団に対してであれ、決して用いることはできないものである、ということだ。西洋の諸社会に関する研究であれば、複雑な理論を応用し、そのさまざまな社会構造、歴史、文化の形成について実に多種多彩な分析がなされ、探求の言語もまた彫琢されている。そういった西洋社会に関する真摯な研究に私たちが期待するのと同じものを、私たちは西洋におけるイスラーム諸社会の研究や議論にも期待しなくてはならない。

学問的研究どころか、登場するのはジャーナリストたちの法外な発言だけということもしばしばである。それらの発言はすぐさまメディアに拾い上げられ、さらに劇的に粉飾される。彼らの作品を陰のように覆っているのは、彼らが一貫してほのめかしている「原理主義」といったつかみどころのない概念である。この言葉は、通常は意識されないが、キリスト教やユダヤ教、ヒンドゥー教とも大いに関係があるにもかかわらず、ほとんど自動的に「イスラーム」を連想させるものとなってしまった。意図的に造り上げられたイスラームと原理主義のあいだの連想によって、平均的な読者は確実に、イスラームと原理主義は本質的に同じものだと考えるようになる。イスラームを一握りの規則やステレオタイプに矮小化し、その信仰や開祖、そのすべての人々を一般化してはばからない傾向によって、イスラームが連想させる否定的な事実――暴力、未開性、先祖返り、威嚇的性質――のことごとくが際限なく強化されてゆく。そして、これらすべてが、「原理主義」なる言葉を定義したり、また「急進主義」や「過激主義」といった言葉に正確な意味づけをしたり、（例えば、全ムスリムのうちの五パーセント、十パーセント、あるいは五十パーセントが原理主義者であるなどと言いながら）これらの現象にコンテクストを与えたりするための、いかなる真剣な努力も払われずに行われているのである。

一九九一年以来、アメリカ芸術科学アカデミーは「原理主義」に関する知見をまとめた全五巻におよぶ膨大な研究成果を刊行した。ユダヤ教やキリスト教も実際に論じられてはいるが、このプロジェクト自体は、まさにイスラームを念頭において始まったものではないかという疑念を私は抱いている。マーティン・M・マーティとR・スコット・アプルビーの監修のもと、多数の著名な学者が参加しており、最終的に出来上がったものは、興味深い論文にもしばしばお目にかかれる概要集といったところだが、このシリーズについて論じたイアン・ラスティックの洞察力溢れる書評によれば、原理主義という言葉に関して実際的ないかなる定義もなされてはいないのである。それどころか、監修者も執筆者も「なんだか必死になって、「原理主義」は定義され（るべきでは）ないとでも示唆しようとしていることが分かる」[1]とラスティックはつけ加えている。そのテーマの専門家でさえ定義することができないならば、ムスリムに関わるものことごとくに対する熱情と敵意に鼓舞された論争家たちに、うまく定義できなかったとしても不思議ではない。だが、彼らは、読者の心に警戒心と狼狽を掻き立てることに関しては見事に成功しているのだ。

その典型的な例として元国家安全保障会議メンバーであったピーター・ロドマンが、一九九二年五月十一日付け『ナショナル・レビュー』誌に寄せた文章をとりあげよう。「だが今や西洋は外部から挑戦されている。全キリスト教世界に対する積年の怨念を甦らせて、あらゆる西洋の政治思想に対する憎悪に駆られた好戦的で先祖返りしたような勢力によって」とロドマンはまず控えめな前提を述べる。限定詞の欠如と、「全キリスト教世界に対する積年の怨念を甦らせて」というような大雑把で検証不能な一般論が恣意的に用いられていることに留意していただきたい。「全キリスト教世界」Christendomとは、これより素気ないがより真実に近い「キリスト教」Christianityという語に較べて大仰で思わせぶりな響きがある。ロドマンはさらに続ける。「イスラーム世界の多くは、さまざまな社会的分断によって引き裂かれ、西洋に較べて物質的に劣っているため挫折感を募らせており、西洋の文化的な影響力を苦々しく思い、憤激に駆られている（それはバーナード・ルイスが「怒りの政治学」と呼ぶところのものだ）。その憎しみに燃えた反西洋主義は、ただの策略とは思えない。」この手の言説においてルイスが果たしている役割については、あとで別の観点から論じたい。ロドマンは、イスラームの劣等性、憤激、怒りと彼が主張するものについて何の証拠も提示しない。彼にとってはそう主張するだけで十分なのだ。なぜなら「イスラーム」なるものはオリエンタリストの考えやメディアのステレオタイプのなかでカヴァーされ、(誤って)表象されているので、その主張の根拠をわざわざ述べたりしなくても、また、「西洋的」なるものとか、あるいは「全キリスト教世界」などといったものを議論するためにロドマンが繰り返すお決まりの台詞の意味範囲を限定したりしないでも、イスラームはすでに有罪が確定しているのである。だが、私たちは問いたい。この世界の十億人にのぼるムスリムの誰も彼もが怒りやら劣等感やらを抱いているのか。インドネシア、パキスタン、あるいはエジプトの市民の誰も彼もが、「西洋の」影響力に対して憤激に駆られているというのか。こんな初歩的な問いに、誰がまじめに答えようとするだろうか。いやそれとも、他の文化や宗教だったら我々が当然調べるであろうことが、「イスラーム」だったら調べることができないとでもいうのだろうか。なぜなら「イスラーム」は、他のあらゆる宗教や文化と違って人間の「正常な」経験の外にあるから、「イスラーム」も、そしてそのなかのあらゆるものが、まるで精神病理学的な人間に似ているかのように語ってもよい宗教だから、とでもいうのだろうか。

あるいは激烈な反ムスリムであるダニエル・パイプス〔外交政策研究所所長。『ミドル・イースト・クォータリー』編集者〕。この人物の主たる特徴は、彼がオリエンタリストとして、イスラームが仰天するほど忌まわしいものであることを「ご存じ」だということだ。『ザ・ナショナル・インタレスト』誌の一九九五年秋号に、彼は「穏健派など存在しない――原理主義的イスラームにどう対応するか」という控えめなタイトルで発表した「考察」のなかで、いくつかの感想を述べている。そのなかでパイプスは、「その精神において伝統的宗教よりも（共産主義やファシズムといった）動きに近い」と彼が断言する急進主義イスラームの本当の性質について容赦なく糾弾するが、「急進主義イスラーム」がいかなるものかについてはわざわざ説明しようともしない。その標題から窺われるように、急進主義でないイスラームについてもことは同様である。少し先で、彼はこのアナロジーをもっと発展させる。急進主義。こんな具合だ。「原理主義イスラームは、その細部において、他のユートピア的なイデオロギーと異なってはいるが、視野や野望という点においてはそれらと実によく似ている。共産主義やファシズムと同じく、イスラームは前衛的なイデオロギーを提示する。人間を向上させ、新たな社会を創造する完全なプログラム。その中核をなす人々は、ほかのイデオロギーのいずれにも増して熱烈に、いつでもそのために血を流す覚悟でいる。」政治的イスラームは独自の経過を辿ってきたと主張する専門家をパイプスは一蹴する。そうではない、と彼は反論する。その全盛期はもうすぐそこなのだ、と。暴力的で、非合理で、抑えがたく、いっさいの妥協を知らない、パイプス氏の「原理主義」イスラームは世界を、そしてとりわけ「我々」を脅かしてやまないのだ。たとえ国務省の統計によれば、中東に端を発するテロリズムが、その発生頻度から見れば六番目であったとしても。

要するに、原理主義とはイスラームのことであり、それは、「今我々が闘わねばならないありとあらゆるもの」のことなのだ。ちょうど冷戦時代に共産主義というものが、我々にとってそうであったように。実際パイプスも言っている。イスラームとの闘いの方がより深刻であり、より危険である、と。パイプスにしてもロドマンにしても、アウトサイダーとして書いているわけでもなければ、狂信的な異端分子として書いているわけでもない。彼らの仕事はまぎれもなくメインストリームに属するものであり、政策立案者たちの真面目な関心を惹くことも、いくばくかの現実的期待をもって意図されているのだ。こうした見方がいかに広く世間に根づいているかは、『USニュース・アンド・ワールド・レポート』誌の一九八七年六月六日号から拾うことができる。

非を認めぬ不屈の原理主義が、イスラーム世界の多くで大衆的な盛り上がりを見せている。それは、特にイスラームの宗教的情熱と政治的目標が結びつき暴力的な結果を生み出しているこのときに、西洋の不意を打った。原理主義者の大多数が、ホメイニー師の宣言した革命的目標に服従を誓っているかどうかについては未だ十分な証拠はないが、彼のメッセージは浸透しているように思われる。

それから間もない八七年十月十六日付けの同誌にはこうある。「殉教者コンプレックス――それは、イスラームのイラン的変種であるシーア派の不可欠な部分を構成するものだが――、それが今や、スンニー派の若者たちの大部分のあいだにも見られるようになった。」イスラームが議論されるときは、理性的感覚の基準は適用されない。例えば、殉教が、モロッコからウズベキスタンに至る数億ものスンニー派の若者たちのあいだに広まっているなどという発言はいかにして証明されるのか、仮に証明されうるとして、そもそもその証拠とはいったいどんなものなのだろうか、といったことを誰もわざわざ訊ねようとはしない。

したがって一九九六年一月二十一日の『ニューヨーク・タイムズ』日曜版の「週間レビュー」に「アカの脅威は去った。今度はイスラームだ」という見出しが登場しても驚くには当たらない。その下には、エレイン・スキオリーノによる長文の記事が続いている。それは、両論併記の原則に基づいた構成になっているが、「共産主義の脅威がいかに巧みに組織され一枚岩であったかについての昔の議論を映したような、今、アカデミズムの世界でもっとも熱くそしてもっとも口汚く議論されているものの一つ」と彼女が呼ぶものについての知見を示している。敵意を煽るような標題は別にしても、スキオリーノの記事は読者に、イスラーム〔「ミドリの脅威」〕は西洋の利益にとって危険なものであるという印象を与えてしまう。というのも、〔NATO事務局長クラエス、ニュート・ギングリッチ〔米下院議長、共和党、保守革命の旗手〕、バーナード・ルイス、シモン・ペレス、いたるところに引用されているものの必ずしも十分に信をおかれているわけではないスティーヴン・エマーソンなど〕この立場の証言が多数引用されている上に、ベナジール・ブット〔パキスタン〕、ホスニー・ムバーラク、タンス・チルレル〔トルコ〕といったアメリカの同盟国の国家元首たちも、世界的な陰謀－脅威論の支持者のリストに挙げられているからだ。かたや、これらすべてに反論する者として引用されているのは、ジョージタウン大学のジョン・エスポジート教授ただ一人という具合である。エスポジート教授は、分別に富み説得力のある『イスラームの脅威――神話か現実か』(*The Islamic Threat: Myth or Reality?*, Oxford, 1992)〔邦訳は内藤正典訳、明石書店〕の著者であり、イスラーム脅威論が張り子の虎であることを根気づよく証明している。イスラーム脅威論などという考えが反論の余地なく圧勝するなどということはありえないし、その証明不可能で、純粋に論争的な本質にもかかわらず、世論は明らかにイスラーム脅威論の方になびくだろう。いや、そうなるように要請されているとさえ言える。

こうしてイスラームは、政策立案をはじめとしてメディアやさまざまなサークルにおける中心的議論となっている。こうした議論のほとんどが、今日の主要なイスラーム系グループが合州国の同盟者であり顧客であること、つまりサウジアラビア、インドネシア、マレーシア、パキスタン、エジプト、モロッコ、ヨルダン、トルコなど合州国の勢力範囲の内部にいるということを無視している。これらの国々では、戦闘的なムスリムたちが一定数出現している点で共通しているが、それは、合州国が公然と体制を支援しているからである。このため、しばしば政府は民衆の大部分から疎外され、少数派となって孤立し、ムスリムではなく合州国のアジェンダのために、いやでも合州国の指導や権力の行使を受け入れざるをえなくなっている。外交評議会は名望と権威を備えた機関であるが、最近、ムスリム政治リポートを出し、イスラームについて幅広い見解を容認する研究グループをたちあげた。その意見のいくつかは有益な知見に富んでいる。しかしながら、この評議会が季刊で発行している『フォーリン・アフェアーズ』といった刊行物のなかでなされる討論は、両極端な形で行われることがままある。例えば『フォーリン・アフェアーズ』一九九三年春号では「イスラームは脅威か？」という問題をめぐってジュディス・ミラーとレオン・ハダルのあいだで議論がなされたが、「そのとおり」という答えにミラーは異を唱え、ハダルは賛同しているといった具合である。たとえ討論という形式でなされているにせよ、彼女あるいは彼の信仰や文化、その仲間の人々が脅威の源として見なされており、彼女あるいは彼はテロリズムや暴力、そして「原理主義」と決定論的に関連しているのだというようなことが執拗に主張されることで、居心地の悪い思いをしているムスリムがいるかもしれないと想像するのは、わずかでも共感する心があれば、難しいことではないはずだが。

このような特徴づけはすでに確かな思潮として存在するが、これはさらに、より多くのアメリカ人やヨーロッパ人にイスラエルをイスラームの暴力の犠牲者として見てほしいと願って書かれる親イスラエル派のジャーナルや書物によってふくれあがっている。全中東問題をめぐって一九四八年以降続いている一連の情報戦争において、歴代のイスラエル政府はこうした自己イメージの宣伝という手段に訴えてきた。これについてはすでに別のところで論じたが、イスラーム、そしてほとんどの場合アラブ人に関してこのような主張がなされるのは、「イスラーム」の主たる敵とされるイスラエルや合州国が何をしてきたかを曖昧にするためにもくろまれているのだという主張は重要である。合州国もイスラエルも、（エジプト、ヨルダン、シリア、リビア、ソマリア、イラクなど）いくつものイスラーム諸国を爆撃し侵略してきた。（イスラエルの場合は）アラブ・イスラーム四か国の領土を占領し、合州国の場合は、国連においてイスラエルによるこれら領土の軍事占領を公然と支持してきた。ムスリムやアラブ人の圧倒的大多数にとってイスラエルは、核を保有する傲慢な域内大国である。イスラエルは近隣諸国を見下しており、どれだけの数、またどれだけ頻繁に爆撃や殺人（その数はムスリムによって殺されたイスラエル人をはるかに上回る）を行い、住民を追い立て、移住を強制しようと一顧だにしない。パレスチナ人に関してはとりわけそうである。国際法も何十という国連決議も無視して、イスラエルは東エルサレム、ゴラン高原を併合し、一九八二年以来ずっと南部レバノンを占領し続け、パレスチナ人を人間以下のものとして扱う（そしてそのように特徴づける）政策――実質的な人種隔離である――を実施してきた。そして、合州国の中東政策に対して影響力をふるい、四百万のイスラエル人の利害の前には、二億人のムスリム・アラブ人の利害などなきに等しいものにしている。ムスリムが西洋の「現代性」に憤激するのも、また、アラブ人やムスリムたちが、イスラエルや合州国のようにリベラルな民主主義を標榜していながら、自己の利益という正反対の価値観と残忍さに従って自分たちより弱い者たちに敵対する行動をとっている大国に対して抱く当然の不平不満を生み出しているのも、これら一切合切が原因なのであって、決してバーナード・ルイスが言うような珍奇な公式のせいなどではない。一九九一年に合州国が連合国を率いてイラクを攻撃したとき、合州国は、侵略や占領は覆されなくてはならないと語った。もしもイラクが、合州国の管理下にあると見なされている莫大な石油を埋蔵した地域で、別のムスリム国家を軍事的に占領したムスリム国家ではなかったならば、〔連合軍による攻撃という〕侵攻は起こらなかっただろう。イスラエルによる西岸およびゴラン高原の侵略と占領、東エルサレムの併合、入植が、合州国にとって、介入を必要とするものとは見なされていなかったように。

私は、ムスリムがイスラームの名によってイスラエル人や西洋人を攻撃したり傷つけたりしたことがない、などと言っているのではない。私が語っているのは、人がイスラームについてメディアを通して読んだり見たりすることのほとんどが、侵略行為はイスラームに由来するものであり、なぜなら「イスラーム」とはそういうものだからだと表象されている、ということである。その結果、現地の具体的なさまざまな状況は忘却される。言い換えれば、イスラームについて報道するということは、「我々」が何をしているかを曖昧にする一方で、このように欠陥だらけのムスリムやアラブ人とは何者であるかに脚光を当てる一面的な活動なのである。

以下で私が引用する、中東やイスラームについて書いている者たちは、周縁的でもなければ、明らかに気がふれているわけでも、またとるに足らない者たちでもない。それどころか、『ニュー・リパブリック』や『アトランティック』のように名の知れ渡ったメインストリームのジャーナリズムに登場する、それとはまったく逆の者たちである。『ニュー・リパブリック』はマーティン・ペレツの、『アトランティック』はモートン・ザッカーマンの所有であり、両者ともイスラエルの積極的な支援者であるためイスラームに対して偏見があるが、ペレツの場合はまた格別である。アメリカのメディアにおいてペレツがイスラームとアラブに対して行ったほど、特定の文化や人々に対して（少なくとも二十年という）かくも長きにわたり、かくも人種的憎悪と軽蔑をあらわにした者は他に一人としていなかった。彼の毒気に満ちた悪意の一部は、いかなる代償を払ってでもイスラエルを擁護したいという彼の飽くなき衝動に由来している。だが、何年にもわたって彼が語ってきたことのなかには、理性的な弁護をはるかに逸脱しているものも少なくはなく、彼の一本気で非理性的で卑俗な中傷に満ちたコラムを越えるものなど他にない。

ペレッツの頭のなかでは、イスラームもアラブ人も同じものであり、両者に対する攻撃は互換性がある。例えば一九八四年五月七日付けの記事に、彼は、自分の見た芝居について次のように記している。

（…）訪問中のドイツ人ビジネスマン、移民としてやってきたアメリカ系ユダヤ人の女性、そしてパレスチナ・アラブ人が、アラブ人に包囲されたエルサレムで同じシェルターに避難する。芝居に登場するドイツ人とユダヤ人のあいだに共感が芽生えることに多少面食らったとしても、我々の文化の普遍主義的な先入観のおかげで、この芝居に出てくるアラブ人についてはほとんど準備ができていなかった。彼は狂っている、それは確かだ。だが、彼は彼の文化特有のあり方でもって狂っているのだ。彼は言葉に酔いしれ、妄想と現実の区別がつかない。妥協を嫌悪し、自分の被る苦難の責任はいつも他の者になすりつける。そして最後には煮えたぎる苦痛に満ちた自らの挫折感を、瞬間的な快感はあるが無意味な流血のなかに投げ出すのである。これは政治的な芝居であるが、この作品を感動的なものにしているのはそのペシミズムである。言ってみれば、真実味に溢れているということである。この芝居に登場するアラブ人に我々はトリポリで、ダマスカスで出会うことができる。ここ何週間かでは、ガザ行きのバスを乗っ取り、エルサレムでは罪のない人々が歩く通りに向けて発砲している。リパブリック劇場の舞台の上では、彼はもちろん虚構の人物だが、現実世界において想像上の産物なのは、彼ではなく彼の「穏やかな」兄弟の方である。

この手の文章が、ワシントンやニューヨークの影響力のある人々の実に多くが手にする、有名な、かつてはリベラルであったオピニオン雑誌に毎週のように登場している。ペレッツは一九九一年一月二十四日号では、イスラエルは「ポーランドや日本やイギリスと同じようにすでに形成された一国民の政治的な表現」であり、その政治的アイデンティティは（インドやパレスチナ人らのそれと違って）安定していると保証し、一九九三年の九月六日号では、次のような持論をおし進める。「アラブ人にとってユダヤ人はいつまでも強奪者であり、侵入者であるだろう。我々の時代の『外国人恐怖』はアラブ人だけの性質ではないが、国家がアイデンティティをもった政治と融合するこの時代に、イスラエルや西洋に劣等感を抱いているアラブ・イスラームはとりわけ外国人を恐れている。彼らの頭のなかには、自分たちの世界しかないのである。」

ペレッツが紡ぎ出す常軌を逸した誹謗によって、歴史的な現実、つまり、ユダヤ人——そのほとんどがヨーロッパのユダヤ人だ——が、すでに他の人々が定住し生活を営む国であったパレスチナにやってきて、彼らの社会を破壊し、彼らを追い立て、その三分の二を追い出したということ、加えて、イスラエルはパレスチナ人の（と同時にレバノンとシリアの）領土を何十年にもわたって軍事的に占領し、また、東エルサレムを一方的に併合するという、世界のいかなる国も承認しない振る舞いを演じ、自分たちにはアラブ諸国に対して「危険を取り除くための」戦争を仕掛ける権利があるのだと根拠もなく主張しているといったことは、完全にうやむやにされてしまう。このような事実には、イスラエルは優越しているがゆえにこれらの権利があるという以外に対処の方法がないので、ペレッツはムスリムやアラブに関していわれのない暴力と文化的劣等性という理論を申し立てるのである。一九九六年八月十三日号の同誌でペレッツは、ベンヤミン・ネタニエフ〔イスラエル〕首相の力にものを言わせた鉄面皮な政策を初めて正当化して、こうつけ加える。何と言ってもイスラエルはアラブ諸国に対処していかねばならない。これらの国々には「科学的そして産業的テイクオフに必要な文化的素因など一つもないのだ。いやはや、これらの国々ときたら煉瓦ひとつ満足に作ることができないときているのだから、マイクロチップなど言わずもがな、である。」ペレッツはこの考え（それは、当然のことながら、アフリカン・アメリカンもまた歴史的に劣等なものとして運命づけられているという彼の見解と大差ないものである）をおし進め、以下のように結論する。「このひたすら広がる一方のギャップは、イスラエルに対する根深く、おそらく手に負えない憤激を生み出すだろう。それは伝統的な意味での戦争には至らないかもしれないが、イスラエルがここ何年かにわたって経験しているところのものをさらに引き起こすかもしれない。すなわちテロルと果てしない暴動である。」

自分のお気に入りの国イスラエルに対してイスラームやアラブ人が犯している罪のゆえにそれらを攻撃するために、漠然とした、根拠のない一般化を用いるというペレッツの習慣は、書物や論説やテレビ・ドラマや映画——記述的なものであれ娯楽的なものであれ——に、より慇懃な仲間をもっている。ミルトン・ヴィオースト〔『ニューヨーカー』の記者〕は、『ニューヨーカー』に中東に関する多数の文章を発表しており、そのほとんどは『砂の城——現代世界を探し求めるアラブ人』(*Sandcastles: The Arabs in Search of the Modern World*, Knopf, 1994) のなかに収録されている。さしもの明敏な観察者も、無自覚に、あるいは懐疑を欠いたまま述べているイスラームについての未検証の仮説のオンパレードとあっては面目に欠ける。この本の書評で、これらの怪しげな仮説に対して批判を表明したものはほとんどなかったが、その数少ない例外の一つが、ムハンマド・アリー・ハリディが『パレスチナ研究ジャーナル』(*the Journal of Palestine Studies*〔以下ＪＰＳ〕) 一九九六年冬号に書いた文章である。彼は、ヴィオーストの仮説のいくつかをまとめてみせ、圧倒的な効果をあげている。例えばハリディはヴィオーストの次のような文章を引用する。「伝統的なイスラーム都市は、その外的な美観にほとんど関心を払わない。今日に至っても、どうやらアラブ人は自分たちの街の通りに心を配ったりすることはないようであり、ゴミで散らかり放題にしている。この公共空間に対する無関心を、プライヴァシーに対する固着、つまり社会的生活を家の中だけで行うということに対するイスラーム文化の病的固着の所産であると説明する者たちもいる。」まだある。ヴィオーストは言う。「イスラームは（…）キリスト教が失敗した、人間の理性に足枷をかけるということに成功した。（…）アラブ人たちはよく、自分たちの文化に内在する、宿命論とは言わないまでも、保守的な固有の気質について記している。彼らは、知的な挑戦を不愉快に感じる。」ハリディはまことに正当にも、ギリシャ哲学を受容したのはつまりはムスリムであり、それをのちにヨーロッパ人が利用したことを、そしてムスリムこそ論理学と天文学のパイオニアであり、医学を科学として確立し、代数学を発明したのもムスリムであることをヴィオーストに思い出させる。

しかし、このどれ一つとしてヴィオーストを思いとどまらせてはいない（あるいは彼はハリディの書評を知らないのかもしれない）。彼は依然、「イスラームをますます特徴づけるようになった創造的思考に対する根本的敵意」について自信満々に語り、「アラブ人もトルコ人もムスリムは、それ相応の知的基準によって判断し、自分たちの文明が西洋文明に適わないことをすぐに認める」、なぜなら「知的厳格さ、これこそ西洋が現代世界に付与したものだが、それはアラブ文明をわずかにかすったに過ぎない」と主張している。

これらの発言に関して、私を憂鬱にするほどまでに症候的であると思われるのは、これらが――かなり防衛的で、外国人恐怖とさえ思えるのだが――、まさしく浮動性の敵意という感情ゆえにイスラームを攻撃するヴィオーストやペレッや他の余りに多すぎていちいち名前の挙げられない、中東についての自称スポークスマンたちに由来しているということだ。現在のイスラーム表象のほとんどが、西洋と較べてイスラームは劣っており、イスラームは西洋に対して闇雲に異を唱え、競い合い、憤り、怒りに駆られているということを示すためにもくろまれている。それだけではなく、『ニューヨーカー』とか『ニューヨーク・レビュー・オブ・ブックス』、『アトランティック・マンスリー』といった主要なオピニオン誌までもが、ムスリムやアラブ人を著者とする論文の（いや文学作品でさえ）翻訳を載せたためしはなく、それどころか、前述したように事実ではなく未検証の仮説で形作られた政治的、文化的現実を解説するヴィオーストのような専門家に頼っている始末なのである。このような慣例に批判的な批評家がメインストリームに迷い込み、彼らのヘゲモニーに挑んだりすることは滅多にない。

最近、メディアや政治雑誌、学術界における紋切り型のイスラーム表象が原因でどのような害が生じたかに関して批判的査定をしている数少ないものの一つに、ザカリー・カラベル（『ワールド・ポリシー・ジャーナル』一九九五年夏号）によるものがある。彼は、冷戦の終結以来、「原理主義」イスラームが不必要なまでに注目されすぎてきたという前提から始める。公共メディアはイスラームの否定的イメージで溢れてきたと彼は言うが、まさしくそのとおりである。「エリート大学でもどこでもいい、アメリカ人の大学生に『ムスリム』という言葉を聞いて何を思い浮かべるか訊ねてみるとよい。いつも決まり切った答えが返ってくる。銃をもっている、顎髭を生やしている、宿敵合州国を破壊するために猪突猛進する狂信的テロリストたち、といったものだ。」カラベルが一例として記しているところによれば、ABCのテレビ番組で明確な態度で定評のあるニュース番組20／20は「イスラームが、人々を神の戦士に仕立て上げる十字軍的な宗教であると論じるいくつかの場面を放映した。また『フロントライン』は世界中に触手を伸ばすムスリム・テロリストの調査に資金を提供した。」彼はまた、この恐怖につけ込んで皮肉気味に企画されプロモートされたエマーソンのPBS製作の映画『アメリカにおけるジハード』や、『聖なる怒り』やら

『神の名の下に』といった挑発的なタイトルを掲げた書物の流行――それは、イスラームと危険な非合理主義の間の連関をより強め、より不可避なものにする――について挙げることもできただろう。「同じことは、活字メディアについても言える」とカラベルは続ける。「中東についての物語は、モスクや群衆の礼拝の写真を伴っていることが多々ある。」

前に述べたように、これらのことすべてが、十五年ほど前に出版された『カヴァリング・イスラーム』の初版で私が論じた状況をさらに深刻なものにしているのだ。例えば、今や超大作映画という新しい波がある（その一つ『トゥルーライズ』はカラベルによれば「悪役として、アメリカ人を殺すことに情熱を燃やす古典的なアラブ人テロリストが登場する」）。これらの劇映画の主たる目的は、まずムスリムを悪魔化し非人間化し、次に、大胆不敵な西洋人の主人公――たいていアメリカ人だ――が彼らを皆殺しにするのを描くことである。『デルタ・フォース』（一九八五年）がその嚆矢だったが、インディアナ・ジョーンズ・シリーズと数え切れないテレビの連続ドラマによって、ムスリムは邪悪で暴力的で、殺しても構わないというお墨付きのものとして画一的に表象されるという潮流が勢いを増した。オリエントをエキゾティックなものとして描くハリウッド映画の古い習慣は変貌したが、その変化の一つが、ロマンスや魔力といったものがすっかり姿を消してしまったことだ。ニンジャ映画でもことは同様で、今では白人のアメリカ人（黒人のことさえある）が気の遠くなるような数の黒装束の東洋人と闘い、東洋人は全員、それ相応の報いを受けることになっている。

こうした誤った表象はすべて、敵意と還元主義が組み合わさったものを提供するが、それ以外にもこれらが、ムスリム世界内部におけるムスリムの過激主義を実に大袈裟に誇張しているという問題がある。「近代主義と世俗主義の力は中東には決して及ばない」とカラベルが語ったとき、彼は、皮肉っぽく言葉少なではあるが、見事に要点を押さえている。最初一九九三年に発表され、のちに『剝奪／脱所有の政治学』（*The Politics of Dispossession*）に収められた論文のなかで私が提示しようとしたのも、無知なアメリカのメディアは原理主義を際限なく誇張しているが、アラブ・ムスリムの諸社会をまとめているのは原理主義ではなく世俗主義であるということであった（それらのメディアの大部分が着想を得ているのは、悪魔学における自らの手腕を披瀝する新たな地域を必要としてきた、とにかく名を売りたくてしょうがない反イスラームの政治評論家たちからである）。百歩譲っても、イスラーム主義者と圧倒的大多数のムスリムたちのあいだの抗争は、前者がおおむね敗北を喫したと言うべきなのだ。「政治的イスラームの敗北」、フランスの政治学者、オリヴィエ・ロワは同名の著書（*The Failure of Political Islam*, Harvard, 1994）のなかでそう呼んでいる。また『イスラームの脅威――神話か現実か』におけるジョン・エスポジートなどのように、ムスリム社会について噂される一体性や反西洋主義というものに対して、ムスリム社会の多様性や複雑な表現、あい異なるさまざまな伝統や歴史的経験というものを強調し、別のやり方で核心を突いている学者たちもいる。

しかし、このような理に適い、入念に研究されたオルターナティブな見解は、ほとんど人目に触れない。イスラームは一枚岩で、憤激に駆られ、我々を脅かし、陰謀によって拡大しているのだというような表象のマーケットの方がはるかに大きく、娯楽のためであれ異国の新たな悪魔に対する情熱を掻き立てるためであれ、利用価値があり、より大きな興奮を生み出すことができるのである。リチャード・バリエットの『イスラーム――縁からの見解』（*Islam: The View from the Edge*, Columbia, 1994）のようなすぐれた作品一冊に対して、デイヴィッド・プリスジョーンズの『閉じた円環』（*The Closed Circle*, Harper, 1991）や、チャールズ・クローザンマーが「地球規模のインティファーダ」（『ワシントン・ポスト』一九九〇年二月十六日）と呼ぶものについて並べているあくどい意見や、イスラームとテロリズムとパレスチナ人をあいも変わらずいっしょくたにして熱弁をふるうA・M・ローゼンタールの『ニューヨーク・タイムズ』の記事（一九九六年九月二十七日付けの「西洋の没落」などよい例だ）のような意見を表明した本やら文章やらがごまんとあるのだ。こうしたものが、合州国の信頼がおけるとされるメディアで、学識に富んだ分析、報道として通用するものになっている。メインストリームのメディアの日常的読者であったなら、例えば、「合州国の近東政策に対するイスラーム主義者の認識」に関するイヴォンヌ・ヤズベク・ハッダードの入念な分析に遭遇するなどということはまずもって望めない。彼女のこの論考は、まことに遺憾なことに、デイヴィッド・W・レッシュ編『中東と合州国』（*The Middle East and the United States*, Westview, 1996）というほとんど人目につかない学術的な書物のなかに収録されているからだ。ローゼンタールやクローザンマーとは対照的に、ハッダードはイスラーム主義者（「急進主義」とか「原理主義者」というような扇動的な言葉よりもこの言葉の方を好んで用いているのだが）を五種類に明確に区別し、さらに有益なのは、ムスリムを刺激し、イスラーム世界と西洋のあいだの関係を悪化させた、一連の事例を集めていることだ。そのなかには、ベングリオン〔イスラエル初代首相〕の「我々が恐怖するのはイスラームにおいてほかはない」や、イツハーク・ラビンの「イスラームという宗教こそ我々の唯一の敵である」や、シモン・ペレスの「イスラームが剣を収めないかぎり、我々は安心できない」といった発言の数々や、強固な――侵略的なとは言わないまでも――イスラエル‐合州国のパートナーシップを実現するため、イスラーム世界に対して西洋がとった直接的行動の長大なリストが挙げられている。

ハッダードがしたような記述に大きな意味があるのは、それらが最終的に正確であるかどうかとか、それらを無条件に受け入れるべきか拒否すべきかにあるのではなく、これらの説明が、今日の見取り図を支配している、良心の欠片もないメディアのイスラーム報道の大半において一顧だにされていない、本当の対話相手、本当の議論、本当の利益についての意識を与えてくれることにある。当然のこととはいえ、ジャーナリストやメディアに登場するパーソナリティたちが、膨大な時間を割いて学問的研究をしたり、本を読んだり、オルターナティブな意見を探し求めたり、あるいは、イスラームが一枚岩的で敵意に溢れていると前提しないようなやり方で考えてみようなどとは、誰も期待していない。だがそれにしても、なぜ、イスラームについて変わりばえのしない還元主義的な主張を強調するような見解が、猿真似のように無批判に受け入れられているのか、なぜ、イスラームの放縦な特徴づけにおいて政府から発信される公的なレトリック——ここで私が意図しているのは「テロリズム」という言葉を「イスラーム」にいい加減に適用したりすること、イスラームの「危険性」というイスラエルの見解を合州国の政策レベルにまで引き上げるような態度である——が通常稀に見る積極性でもって受け入れられるのか。

その答えは、イスラームをキリスト教西洋世界に対する容認された競争相手と見なす年季の入った見方が、依然として広く支配していることにある。例えば、日本が叩かれたのは、端的に言って日本が、ヨーロッパとアメリカの経済的覇権に対する攻撃的な抵抗を示すものとして当然のごとくに認識されているからである。全世界を一国が支配する帝国であるかのように見なす傾向は、今日、最後の超大国である合州国においてますます顕著になっている。だが、ほかの文化的大集団のほとんどが、合州国の役割を受け入れたかのように見えるなかで、唯一イスラーム世界の内部からは、決然とした抵抗の声が依然根強く聴こえてくるのだ。そのようなわけで、西洋こそ（その筆頭は合州国である）啓蒙化された現代性の標準であるという考えで自らの利害を構成する個人や集団は、イスラームに対して容赦ない文化的、宗教的攻撃を行っている。西洋による正当な支配などという考えは、「西洋」なるものを決して的確に描写などしておらず、現実には西洋のパワーの無批判な偶像化にすぎない。

イスラームに対するこの文化的戦争における最大の攻撃者の一人が、イギリス人オリエンタリストの長老格——現在は合州国居住の元プリンストン大学教授——バーナード・ルイスである。彼の論文は定期的に『ザ・ニューヨーク・レビュー・オブ・ブックス』や『コメンタリー』、『アトランティック・マンスリー』そして『フォーリン・アフェアーズ』に登場する。かれこれ何十年ものあいだ、彼の見解は一向に変わりばえせず、それどころか時とともにますますもってあくどく、還元主義的になっているようだが、そうしたものが、有望なジャーナリストやいくらかの政治学者の手による「考察」やら本の言説に忍び込んでいる。ルイスの見解は、イスラームをキリスト教とリベラルな価値観に対する危険と見なすという、十九世紀のイギリスとフランスのオリエンタリストに由来するまったくもって因習的な代物であるが、なぜそのような見解がかくも絶大な人気を博するのかは容易に説明がつく。ルイスがその著作のなかで強調していることはすべて、イスラームの何もかもが、基本的に、「我々」が暮らしている既知の、馴染み深い、許容できる世界の外部にあるかのように描くことであり、加えて、今日のイスラームはヨーロッパの反セム主義を継承し、現代性に対して布告された戦争においてそれを活用しているということである。『オリエンタリズム』において私がルイスについて指摘したように、彼のメソッドとは次のようなものだ。すなわち悪意に満ちた所見、一括りにされた多様な人々について文化的な大風呂敷を広げるために語源学を詐欺的に利用すること、そしてそれに劣らず非難されるべきことであるが、イスラームの人々は西洋人ではないから（だが、「西洋人」という概念についてルイスはまことに貧弱な把握しかもちあわせていない）、彼らは善ではありえないことを示そうとするルイスの打算、そして、イスラームの人々にはルイスの打算とは関わりなく自分たちの文化的、政治的、歴史的実践への権利があるのだということを、彼には認める能力がまったくないこと、などである。

その一例として、アラビア語で「故郷」とか「祖国」を意味する「ワタン」watanという言葉に関する彼の論文をとりあげよう。この語についてのルイスの説明は偏向しているが、それは、この言葉から現実の領土的あるいは関連的な含意を引き剝がそうという試みである。彼はいかなる文脈的な証拠も挙げずにこう主張する。この言葉はpatriaやpatrie, patris〔ラテン語のpatrisは「父」を意味し、ここから派生したpatria, patrie（仏）は、父祖の生まれ育った地としての「祖国」を意味する〕を意味するものではなく、これらの言葉と比較することもできない。なぜなら、イスラームにとって「ワタン」とは、人がただそこに暮らすだけの中立的な場のことであるからだ、と。『イスラームと西洋』（*Islam and the West*, Oxford, 1993）所収の論文の一つはこのようなデモンストレーションでできあがっている。同じ本に収められたお仲間と同様、その目的は、まず第一にルイスの博識ぶりを披瀝すること、次に、西洋人の「優越的な」権威によってムスリムが、自分ではうまく言い表すことができないが、本当は感じていることを示すことである。しかしながら、その論文のなかの何もかもが、アラブ・ムスリムの生きられた現実に対する衝撃的なまでの無知をあらわにしている。アラブ・ムスリムにとって「ワタン」という言葉は実際に、patriaやpatrieと実存的連関を確かに、紛れもなく有しているのである。そのまことしやかな論点を補強するためにルイスがすることと言えば、中世のアラブ文学に二、三の例を求めるにすぎず、その結果、十八世紀から今日にいたる文献も、「ワタン」という語がまさしく、（「テクスト上」のではないという意味で）現実のアラブ人が生まれ故郷（ホーム）、帰属、忠誠を表すために用いているという、日常ありふれた語用法もことごとく無視されている。アラビア語という言語は彼にとってテクストの中だけのことばであって、話されたり、日々、人が交わるためのことばではないので、「ビラード」bilad〔くに〕とか「アルド」ard〔大地〕など特別な住（すみ）

処と愛着の念を強く含意している関連語彙などすっかり忘れ去っているようだ。

ルイスのこれら類稀なメソッドが何に基づいているかと言えば、それは、繰り返しになるが、根深い反人間的な直解主義である。それによって、ムスリムたちが何を感じ、彼らが何者であり、彼らが何を希求しているのかをルイスが定めるのである。ルイスは言う。イスラームとは「単なる信仰と祈りのシステム、つまり生の一部分なのではない。(…) それはむしろ生のすべてなのだ」(強調は筆者)、このような発言があらわにしているのは単に偏見だけでなく、人間の生活が現実にいかに営まれるかについての滑稽なまでの誤解である。ルイスのメソッドが示唆しているのは、ムスリムはみな——つまり十億人のムスリムが全員——彼の言によれば「民法、刑法、そして我々が実定法と呼ぶもの」を支配している「掟」を読み、それに心酔し、全面的に受け入れており、彼らの日常生活における意味のある行動はいずれも、それらの戒律に盲目的に従っているということである。開いた口が塞がらないという言葉を用いる機会があるとすれば、これがまさしくそれである。ルイスには彼が人間以下だと考えるムスリムの生活の多様性について思い描くことはどうしてもできない。なぜなら、それは、ルイスにとって異質な何か、自分たちとは根本的に異なる、別の何かとして彼の外部に締め出されているからである。

「イスラームの回帰」についての論文は、何にも増してこれを明瞭に物語っている。この論文は最初、極右のユダヤ系雑誌『コメンタリー』に発表され、『イスラームと西洋』に収録されている。学術的な粉飾を凝らしてはいるが、現代のアラブ世界で生起する、ルイスや彼の支持者たちが容認できない主要な政治的現象の大半は、七世紀のイスラームへの立ち返りなのだと主張するために、彼が実際に用いているのは眉唾物の文献学である。鋭い洞察力を誇る学者アスアド・アブー・ハリールが記しているように、「ルイスには『現代的な西洋精神』なるものとムスリム精神——ルイスにとってそれは時代を経ようが変わらないものなのだ（そのため彼は、今日の事象を説明するために中世のムスリム法学者を引用する）――のあいだには根源的な――そしてどうやら遺伝的でもあるらしい――違いがあると信じる権利があるにしても、最近の出来事に関する彼の分析はどう見ても無知無学である」（JPS、一九九五年冬号）。その点が肝心なのだが、それというのも、今日の「ムスリム精神」なるものがたくらんでいるものについて意味を通そうと、ルイスのオリエンタリズム的手続きが、読者の前に繰り広げられているからだ。これは当然のこととして、歴史的変容を認めず、人間の働きかけも認めず、七世紀以来ムスリムのすべてが必ずしも同じように考えているわけではないという可能性も認めない。そしてまた、現代について具体的に議論することを阻んでもいる。だが、ルイスの意図は、ムスリムとはこれまでずっと不変的に何でもかでもイスラームであったということただそれだけを読者に説得することなのである。人間の理解力を平然と無視するトートロジーである。

『ジ・アトランティック』誌の一九九〇年九月号に掲載された「ムスリムの怒りのルーツ」と題された文章は、そのタイトルからしてすでに、内容の不吉さをじゅうぶん予感させているが、そのなかで、ルイスの「活躍」ぶりたるや頂点に達している。誰がこの号の表紙デザインを担当したのかは知らないが、ルイスの主張の核心を余すところなく見事に表現している。一見してイスラーム的な、ターバンを巻いた恐ろしげな顔が読者を睨みつけている。その瞳には星条旗が映り、顔には憎しみと怒りがみなぎっている。絶大な影響力をふるうことになるこの文章のなかでルイスがしていることを「学問」とか「解釈」といった名で呼ぶことは、どちらの言葉をも愚弄することである。「ムスリムの怒りのルーツ」は、歴史的な真実や合理的な議論、人間的な分別など微塵もない喧嘩腰あらわな文章である。それは、さまざまなムスリムたちを、〈単一的な「ムスリム」という〉一つの恐るべき集合的人格として特徴づけようとする。そして、この集合的人格である「ムスリム」は、彼の、ほとんど原始的とも言える平穏さや、これまで批判にさらされることのなかった支配を脅かす外界に対して憤激に駆られているというのだ。一例を挙げると、

（…）挙げ句の果ては、解放された女性やら反抗的な子供たちやらが彼〔単一のムスリムと想定されるもの〕の家父長制的な支配に挑戦する。忍耐するにも限度があるというわけで、彼（ママ）の支配を転覆し、そしてついに、家庭という聖域さえも侵犯してしまったこれらエイリアンの、異教徒の、理解不能の諸勢力に対して、彼の怒りが炸裂するのは避けられないこととなる。この怒りが、〔キリスト教世界＝西洋という〕千年来の仇敵に対して振り向けられ、その怒りを支える力が大昔の信仰や忠誠から引き出されるのもけだし当然である。

あとの方でルイスは、ムスリムたちもかつては西洋を歓迎し、「これを称賛し、模倣することでもって」西洋に応答したと、矛盾したことを述べている。だが、ここで彼が示唆したようなことは、「より深い情熱が掻きたてられるや」、混じりけのない憎しみと怒りに溶解してしまう。つまり、こうした奥深くに潜む感情だけが見たところ、このぶざまな怒りの爆発の理由とされてしまうのである。文章の最後で、ルイスは啞然とするような主張を展開する。「我々」が論じているのは、現代性（モダニティ）に対するもっとも純粋でもっとも謂れのない怒りという現象なのだ、と言うのである。

すでに明白であるが、我々が直面しているのは、さまざまな問題や政策とか、そうした問題や政策を追求する政府とかいったレベルをはるかに越えてしまったある気分、ある動きなのである。これは文明の衝突とでも言うべきものである――我々の「ユダヤ・キリスト教の」遺産、我々の世俗的現在、そしてその両方が世界に広まったこと

に対して、旧敵が、おそらく非合理ではあろうけれど、確かに歴史的でもあるような反応をしているのだ。我々の側としては、この敵に対して同じように歴史的であるが、また同じように非合理な反応を引き起こさないことが何よりも肝心である。

換言すれば、今日、ムスリムたちが示している反応は、ひとえに彼らがそのように反応すべきものとして歴史的に、そしておそらくは遺伝的に決定されているものだということになる。彼らは、政策や行動か、あるいはそうした世俗的な何かに対して反応しているのではない。彼らが何ゆえに闘っているのかと言えば、それは、ルイスが「我々のもの」そして我々だけのものと大言壮語している世俗的現在なるものに対する、合理的な論拠などいっさいない憎悪のせいなのである。

こうした主張の傲慢さには、何か息を飲むものがある。ムスリムたちと「我々」は、互いにあい隔たったものとされているだけではない。ルイスは完全に黙殺しているが、両者は文字どおり何世紀にもわたって借用したり、あい混じったりした関係にあった、にもかかわらず、「彼ら」には怒りや非合理が運命として与えられる一方で、「我々」の方は、自分たちの合理主義や文化的な優越を享受すべく定められているというのである。我々が真実の世界、つまり世俗的な世界を表している一方で、彼らはといえば、子供だましの幻想に過ぎない世界で罵り、喚き、まくしたてているというわけだ。極めつけは、「我々」の世界とは、イスラエルおよび西洋の世界のことであり、イスラームとその他の世界は、それとはまったく別の世界なのだ。「我々」は彼らから身を守らねばならないが、それは政策とか、問題を議論することによってではなく、相手に対する無条件の敵意によってなのである。サミュエル・P・ハンチントンは文明の衝突に関して論文を書いたが、彼がルイスのこの文章から、タイトルと主張の核心部分を拝借したことは間違いない。

このような発想の方こそが敵対的で非合理なものだと言ったとしても決して誇張ではない。これらと同じ発想が、『ニューヨーク・タイムズ』のジュディス・ミラーのような記者の著作で、ある種、神格化された域にまで達していることを考えればなおさらそうであると言える。彼女の著書『神は九十九の名をもつ――一人の記者による戦闘的中東の旅』(*God Has Ninety-Nine Names: A Reporter's Journey Through a Militant Middle East*, Simon and Schuster, 1996) は、メディアにおけるイスラーム報道がいかに不正確で歪曲されているかを教えてくれる教材のようなものだ。中東に関するトークショーやセミナーに引っ張りだこのミラーは、一九九三年に開催され、彼女も参加した『フォーリン・アフェアーズ』のシンポジウムのテーマでもあった「イスラームの脅威」なる商品を売りさばいている。彼女の使命とは、西洋が戦闘的イスラームという危険にさらされているという、千年来のテーゼを発展させることだったが、これこそ、サミュエル・ハンチントンの文明の衝突という攻撃的な非難の中核をなす発想そのものである。八世紀初頭、ヨーロッパのキリスト教においてそうであったように、ソ連邦の解体によって生み出された架空の知的真空状態のなかで、あらたな異邦の悪魔による、西洋(この言葉は、ルイスやハンチントンが、「我々」の文明を「彼ら」の文明とは正反対のものとして意味するために用いる曖昧な術語である)に対する物理的な近接性と止むことなき挑戦が、八世紀と同じように今日もまた悪魔的で暴力的であるかのように見なされている宗教、イスラームに見出されることになった。今日のイスラーム諸国の大半が貧窮し、独裁的で、軍事的にもまた科学的にも絶望的なまでに無能であり、自国民以外の誰にとってもほとんど脅威になぞなりえないことを、ミラーは語っていない。そして、イスラーム諸国のなかの最強の国々――サウジアラビア、エジプト、ヨルダン、パキスタン――は、完全に合州国の勢力圏内部にある。ミラーやハンチントン、マーチン・クレイマー、ダニエル・パイプス、ベイリー・ルービン、そして一そろいのイスラエルの学者たち、これら「専門家」たちにとって大切なことは、「脅威」なるものが私たちの目の前に確実に維持されるようにすることであり、そのための手っ取り早い手段が、イスラームをそのテロルやら専制やら暴力やらのゆえに弾劾しつつ、その一方で自分たちは、相談を受けたり、テレビにしょっちゅう出演したり、本を書いたりして一儲けすることなのだ。元来が無関心で、そもそも貧弱な情報しか与えられていないアメリカ人顧客たちの目に、イスラームの脅威は、実際とは不釣り合いなほど恐ろしげなものと映るように描きだされ、どこかで爆発事件があれば、その背後には世界規模の陰謀があるのだというテーゼ（それは、反ユダヤ主義的なパラノイアと興味深い並行関係をなしている）を支えるのである。

政治的イスラームは、イスラーム主義的な政党を通じて国家権力を掌握しようとしたところでは、概してうまくはいっていない。おそらくイランを唯一の例外として、実際はイスラーム国家であるスーダンも、イスラーム諸勢力と暴虐的な軍部とのあいだの抗争で引き裂かれているアルジェリアも、騒乱のなかで今や超反動的な国となってしまったアフガニスタンにしても、どんどん貧しく、そして世界の舞台の上でますます周縁的な存在になる一方である。とはいえ、西洋におけるイスラームの危難という言説の陰には、ある種の真実もまた潜んでいる。ムスリムたちのあいだでイスラームに対するアピールが、中東全域におけるパックス・アメリカーナ＝イスラエリカ（アメリカとイスラエルによる平和）に対してそこかしこで生じる抵抗に（エリック・ホブズボウムが原始的で、前工業的な反抗と呼んだ抵抗のスタイルで）燃料を備給しているのだから。だが、和平プロセスに反対するなら何でもありとばかりのヒズボッラーにしてもハマースにしても、現在進行中の強圧的な動きに対して深刻な障害となっているわけではない。私が言いたいのは、アラブ人ムスリムの大部分は今日、不確実さや無能でむきだしの独裁制によって、希望を奪われ卑しめられ、麻痺状態になっており、イスラームの広範な反西洋キャンペーンなどといったものを支えたりすることはできないということだ。加えて、エリートたちは、その大部分が体制と同盟関係にあり、エジプトで、一九四六年以来続いている戒厳令を支え、さらに、「過激派」に対するその他さまざまな超法規的な実効措置を支持している。だとすれば、大半の議論において、イスラームが警戒すべき、恐ろしいものとして強調されるのはなぜなのか。もちろん、自爆攻撃や非道なテロ活動はたしかに起きている。だが、そうした行為は、イスラエルや合州国の立場をより有利なものにし、そしてムスリム世界において両国に隷従する体制の立場を有利にしてきたこと以外に何かを実現しただろうか。

思うにその答えとは、ミラーの書いたような類の多くの本が、合州国とイスラエルの支配に抵抗するアラブ人やムスリムを、従属させ、叩きのめし、無理やり従わせ、打ち負かす競争において新手の武器を供給するという症状を示しているということだ。さらに、イスラーム主義がいかに嘆かわしいものであるにせよ、それを、戦略的に重要な、世界屈指の産油地域にあくまでも結びつけようとする、一つのことしか眼中にない政策を秘かに正当化することによって反イスラーム・キャンペーンは、西洋やイスラエルが、イスラームやアラブ人と、いかなるものであれ対等な対話をもつ可能性を実質的に葬り去ってしまっている。ある文化が近代に対して「怒りに駆られている」という仮定に基づいて、その文化全体をまるで悪魔であるかのように、非人間的なものとして描くことで、ムスリムたちは、治療とか懲罰といった関心の対象にされてしまう。この点はとくにきちんと理解してほしいのだが、逆行的な政治的諸目的のためにイスラームを操作すること、いや、それを言うならキリスト教やユダヤ教を操作することだってそうなのだが、それは致命的に悪であり、異を唱えなければならない。そしてそれは、サウジアラビア、西岸、ガザ、パキスタン、スーダン、アルジェリア、チュニジアにかぎってのことだけでなく、イスラエルや（ミラーが見当違いな共感を示している）レバノンのキリスト教徒右派のあいだや、その他神権的な傾向が現れるところはどこであろうとそうなのである。私は、アラブ・ムスリム諸国における病のすべてが、シオニズムや帝国主義のせいだなどとはとてもではないが信じたりはできない。だが、このように言うからといって、それは、アメリカ人やヨーロッパ人のあいだにイスラームに対する怒りや恐怖の感情を意図的に掻きたて、彼らにイスラエルのなかに世俗的でリベラルな民主主義を見出させるべく、「イスラーム」なる抽象名詞に対して悪魔の烙印を押し、差別的な濫用を積み重ねてくるなかで、イスラエルや合州国、そして、それらの影響力をもった宣伝が、敵愾心を煽る役割を果たしてこなかったなどと言っているわけではまったくない。ミラーは彼女の本の最後で、イスラエルのユダヤ教徒右派は「本書のテーマではない」と述べている。だが、現実には、それは、彼女が書いているまさにその本の一部となるべきものなのだ。しかし、彼女は、「イスラーム」なるものを追求するために、それを抑圧してしまったのである。

もしミラーが、イスラームではなくほかの宗教や、世界のほかの地域について書いたとすれば、まったくの失格者だと見なされるにちがいない。彼女はことあるごとに、自分は専門家として四半世紀にわたって中東に関与してきたと語っている。ところが、アラビア語についてもペルシャ語についても彼女は一片の知識も実は持ち合わせていないのである。行く先々で通訳者や翻訳者の助けを借りなければいけないことを彼女自身も認めてはいるが、彼らの訳が果たして正確で信頼のおけるものであるのかどうか、彼女は確かめる術をもっていない。ロシアやフランス、ドイツ、ラテン・アメリカについて、そしておそらくは中国や日本についてであってさえ、必要とされる言語を知らないような記者や専門家が、真面目に受け取られるなどということはありえない。ところが、「イスラーム」に関するかぎり、言語の知識などいささかも必要ではないかのようだ。というのも、ここで人が扱うのは、「本物」の文化や宗教などではなく、心理的な奇形と考えられているからだ。

ミラーがその本の注で引用している参考文献の大部分が、彼女自身の無知による影響を被っている。それというのも、彼女には英語ですでにほしいと分かっているものしか引用することができないか、あるいは、自分の考えと一致する権威の意見を引きあいに出すために引用しているか、のどちらかである。その結果、ムスリムやアラブ人、オリエンタリストではない研究者たちの本を収めた書庫のすべてが、彼女と、当然のこととして彼女の読者に対して閉ざされることになる。また、ミラーは、自分がアラビア語の言い回しを一つ二つは喋れるのだということを読者に印象づけようとするが、ほとんどそのたびに、確実に誤りを犯す。それらはまったくと言ってよいほどありふれた、難しいところなどこれっぽっちもない言い回しなのに、である。そして、彼女が犯すその間違いとは、彼女が本の最初で一所懸命に自己弁護に努めているような、文字転写におけるミスなどではない。それらは、自分が四半世紀にわたってそこから生活の糧を得ている以上は、修得しようと思えば修得することができたはずのテーマに対して、ひとかけらの気遣いも尊敬の念ももたない外国人が犯すあからさまな誤ちなのだ。二二一頁で彼女は、サーダート〔エジプト大統領〕がカッザーフィ〔リビアの国家元首、カダフィ大佐のこと〕を評した言葉を引用するが、その際、al walid majnoon と表記し、「あの気のふれた坊や」と訳している。実際は、el walad el magnoon が正しい。彼女が引用していると思ったものは、実のところ、「あの坊やは気がふれている」という文の下手くそな模倣である。ミラーは、エジプト人の人気女優シャディアShadia を、わざわざ Sha'adia と表記することで、アラビア文字相互の違いすら知らないことを自ら暴露している。彼女には、アラビア語の単語に英語式の複数語尾をつけて複数形を表す癖があるが（たとえば、thobe〔衣服〕/thobes とか、hanif〔真正のムスリム〕/hanifs というように）、三二五頁では厚かましくも、「アラビア語の詩の美しさは（…）翻訳では大いに損なわれてしまう」と読者に教えを垂れている。

アラブ・イスラームの生活の詳細を理解しようとする彼女の試みがかくも無惨なものであるとするなら、彼女の政治的、歴史的情報の方はどうだろうか。エジプト、サウジアラビア、スーダンというように、国別に構成された十章のいずれもが小咄で始まったあと、ただちにその土地の歴史について、学部レベルのできあいの要約へと移る。さまざまな、必ずしも信頼がおけるとは言えない権威たちの文章をつぎはぎしたそれらの歴史は、第一に、素材を使いこなす力量を示すものとして意図されているが、実際のところは嘆かわしい偏見と、分析力や理解力のなさを露呈するものとなっている。例えばサウジアラビアの章で彼女は、預言者ムハンマドに関する自分の「お気に入りの」文献は、フランス人オリエンタリスト、マクシム・ロダンソンのものだと注記しているが、ロダンソンは難攻不落のマルクス主義学者であり、彼の預言者伝は、反聖職者的な皮肉と膨大な博学的知識の緊張溢れるコンビネーションで書かれた作品である。ムハンマドの生涯と彼のさまざまな思想をミラーが要約した四、五頁の文章を読んで分かることは、彼女がロダンソンの本から得たのは、カール大帝とキリストをかけ合わせた存在とロダンソンが語っている人物に対する、侮蔑的とは言わないまでも、本来的に滑稽感を誘うような何かであったということだ。例えば、ロダンソンがしかと納得していることであっても、ミラーは見当はずれにも、それは確かではないと述べている。彼女にとってムハンマドとは、暴力と偏執狂的気質に縁取られた反ユダヤ主義的宗教の生みの親である。彼女は、ムハンマドについて、ムスリムによる文献を一つも引用せず、ムハンマドの正体を暴露しようと躍起になっている西洋のオリエンタリストたちの消化不良気味の文献に完璧に依存している。キリストやモーセについて、ユダヤ教徒やキリスト教徒の権威の文献を一言も引用していないような本が、ヨーロッパや合州国で出版されるなどという事態を想像してみてほしい。「メッカを征服したムハンマドが、自分とイスラームに敵対した廉で殺したのはわずか十名にすぎなかったと伝えられている」と彼女はあてつけがましい哀れな努力をしている。ムハンマドに対する自分の関心を正当化するためにミラーは、ムハンマドは一つの宗教と国家を創設した（これ自体は何も彼女のオリジナルな意見というわけではない）のだからと語ったと思うと、突然、七世紀からほぼ現代へと一気に飛び移る。まるで、遥かな過去に国家を創設した者たちこそ、今日的な歴史を知る上での最良の文献になるとでもいうように。これはまさにルイスと同じ戦術である。

ここで私たちは、次のことを決して忘れてはならない。ミラーは基本的に、政治的に動機づけられ、特定の傾向をもった記者であって、学者でもなければ専門家でもなく、また首尾一貫した書き手でもない、ということだ。というのも彼女の本の大半は、議論や意見で構成されているのではなく、感情的で説得力のない、自己の利益だけに奉仕するような大勢のムスリムとそのときどきで彼らを批判する者たちとの、果てしのないお喋りで構成されている。彼女のささやかな歴史記述を通り抜けると、読者はすぐに、この本のなかでもいちばん退屈で、一貫性のない、漫談のような叙述のあいだをさまようことになる。それは、その土地に関する彼女の純粋な知識を披露したというよりも、情報をつめ込みすぎたロロデックス〔アルファベット順のカードを円筒に差し込み回転させて検索する電話番号簿の商品名。今日では、手帖型モバイル・コンピュータのブランド名〕であることを証している。例えば次の文章などは、徹底的なまでに内容のない一般化の最たる例である。「そしてシリア人たちは、自分たちの国の混沌たる歴史を大切にして〔ちなみに、そうでない国があるというのだろうか〕、無秩序への回帰という予想つまり、さらなる血で血を洗う権力闘争〔これは、第二次大戦後のポストコロニアル国家としてシリアだけについて特別に言えることなのか、それともアジアやアフリカやラテン・アメリカにおけるシリアのような何百という国についても言えるのか」――そして、おそらくは、もっとも世俗的な［いかなる尺度でもって彼女はこのような読みをしているのか］国家における軍事的イスラームの勝利でさえ――警戒を要するものだと考えている。」彼女の文章にあらわれる不愉快な言い回しや、舌を噛みそうな専門用語はおいておこう。読者が得るのは、意見などという代物ではまったくなく、決まり文句のオンパレードに混ざりあった証明不能な断定であり、それは「シリア人」なる者たちの「思想」なるものの反映であるよりは多分に、ミラー自身の考えの映しなのである。

ミラーの薄っぺらな記述は、「私の友人」という言葉で箔づけされている。自分が中東の人々のことを本当に知っており、ひいては自分が語っていることについても本当に知っているのだということを読者に信じ込ませるために、その言葉は用いられる。まるで、彼女の「友人」なる者たちが、彼女だけにこっそりと打ち明け話をしてくれて、そんな話を探り出せるのは自分だけであると彼女が信じているかのように。だが、このようなテクニックは、イスラーム的な思考様式を証言するような長い余談という形で表されることで、現地の政治や、世俗的な諸制度が果たす機能、あるいはイスラーム主義者と民族主義者という敵同士のあいだで生じる積極的な知的対立といった、これらの余談以上に、あるいは少なくともそれらと同じくらい相応しい素材を曖昧にし、あるいは無視してしまい、尋常ならざる歪曲を生み出している。ムハンマド・アルクーン、ムハンマド・エル＝ジャブリー、あるいはジョルジュ・タラービシー、アドニース、ハサン・ハナフィ、ヒシャーム・ジャイト、これらの者たちの主張は、イスラーム世界全体で熱く議論されているというのに、ミラーは彼らの名を耳にしたこともないらしい。

ミラーの情報と分析がいかに杜撰なものであるかは、イスラエルの章（そこで述べられているのはすべてパレスチナのことであるので、この標題は端的に誤りである）でとりわけ明らかとなる。そこでは、彼女は、インティファーダによって生じた変化の数々や、三十年にわたるイスラエルによる占領の、夥しい影響の詳細を完全に無視して、オスロ合意やヤーセル・アラファートのワンマン支配によって普通のパレスチナ人の生活のなかに醸成されている反感についても何一つ触れていない。合州国の政策の支持者であるミラーがほかの何よりもハマースにとり憑かれていることも、そして、この間、イスラエルによって暴力的に支配されている領土で生じる数々の問題、その遺憾な状況と、ハマースを結びつけることができないでいるのも偶然ではない。たとえばミラーは、次のことを決して言わない。パレスチナの大学のなかで、パレスチナ人の基金で設立されていない唯一の大学は、ガザのイスラミック（ハマース）大学であり、これは、インティファーダのさなか、PLOを切り崩す目的でイスラエルによって始められたのだということ。ミラーはまた、ユダヤ人に対するムハンマドの略奪行為を数え挙げているが、「非ユダヤ人」に対するイスラエルの敵対的な信条や発言や法律については実際には一言も触れていない。住民の追放や殺害、家屋の破壊、土地の没収、完全併合、そして、ガザに関してもっとも信頼のおける権威であるサラ・ロイが、経済開発から逸脱させる組織的行為 systematic economic de-development と呼んだもの、これらの行為が、往々にしてラビの教義によって是認されているのだ。ミラーは、これらの事実のほんのいくつかの周辺に触れるだけで、こうしたことがイスラーム主義者の情熱の原因にまちがいなく大きな比重を占め、影響を与えているのだということについては、どこにも述べていない。

ミラーにはまた、誰彼の宗教をいちいち読者に告げるという癖がある。誰それはキリスト教徒であるとかスンニー派ムスリムであるとかシーア派ムスリムであるとかいった具合である。人間生活のこのような特別な側面に殊更強い関心を抱いている者にとって、彼女は必ずしも正確であるとは限らない。それどころかしばしば噴飯ものの大失策さえやらかしている。ミラーによればヒシャーム・シャラビーは彼女の

「友人」であるらしいが、ミラーはスンニー派ムスリムの彼のことをキリスト教徒に間違えている。バドル・エル＝ハッジュはムスリムと記されているが、マロン派キリスト教徒である。こうした間違いは、もしミラーが自分のことを物知りでこんなにも大勢の者たちと親しい関係にあるのだということを読者に印象づけようとしたりしないなら、それほど目くじらを立てるようなことではない。だが、こうしたことすべてのなかでもっとも特筆すべき特徴は、彼女が、自分自身の宗教的背景や政治的な愛好を決して証さないという、見事なまでの彼女の不誠実さにある。自分の題材が宗教的、イデオロギー的情熱に完全に満たされていると彼女は主張するが、私が奇妙に思うのは、彼女が自分の宗教（それがイスラームあるいはヒンドゥーであるとは思えないのだが）はそのような題材にはふさわしくないと断定できるということだ。彼女が情報を引き出した者たちのいったいどれだけの者が、自分が誰に向かって話をしているのか、果たして正確に知っていたのだろうか。そしていったいどれだけの者が、彼女が、自分たちについてどのようなことを言っているのかを今、知っているのだろうか。

ところが彼女は、権力をもった者、特定の出来事に関わる者に対しては、驚くほど愛想がよい。彼女は、ヨルダンのフセイン国王が癌と診断されると「悲嘆に暮れ」ているが、フセイン国王がヨルダンを警察国家にし、拷問され、不当に投獄され、闇に葬られた多くの犠牲者がいることについては、ほとんど意に介さないようだ。レバノンのキリスト教会の神聖さが冒瀆される証拠を盗み見たとき、彼女の目は「怒りの涙で溢れた」が、イスラエルにおける、例えばムスリムの墓地に対する冒瀆行為の数々や、シリア、レバノン、パレスチナで何百もの村々が破壊されたことについては何も語っていない。彼女が実は嘲弄や侮蔑の感情を抱いていることは、次のような文章に現れている。イスラーム主義に傾倒している娘をもつ中産階級のシリア人女性宅に、何の間違いか招待されたミラーは、自分の考え方や願望をあたかもその女性のものであるかのように描いているのである。

彼女は、中産階級のシリア人の母親が夢想するもののどれ一つとして実現することはないだろう。娘のための盛大な結婚披露宴、伝統的な真っ白なウェディングドレスにダイヤモンドのティアラ、コーヒーテーブルや暖炉の上に飾るタキシード姿の花婿と婚礼用のガウンをまとった花嫁の、銀のフレームに収められた写真、舞台で身をくねらせて踊るベリーダンサー、勢いよく降り注ぐシャンペン。もしかしたらナディーンの友人たちにも、こういったことを拒絶する娘や息子がいるかもしれない。こうした娘や息子たちは、アサド〔シリア大統領〕の残酷で無慈悲な体制に気に入られようと妥協して、これらのことを秘かに軽蔑する。ダマスカスの中心的なブルジョワ家庭の娘でさえイスラームの力に屈してしまうなら、誰が無事でいられるだろう。

ミラーの本についてもっとも興味深い問いは、なぜ彼女はこれを書いたのか、というものだ。〔中東に対する〕愛情からなどではないことは明白である。例えば、彼女がレバノンは恐い、嫌いだ、シリアは憎いと言い、リビアを嘲り、スーダンをすっかり忘れさり、エジプトには同情するとともに少し警戒し、サウジアラビアは拒絶していると自ら認めていることを考えてみよう。彼女は言葉を覚えようともしないし、組織されたイスラームの戦闘性だけを執拗に問題にするが、それは、私が敢えて推測してみるならば、十億人強にのぼるイスラーム世界のなかの五パーセントにも満たないものだ。彼女は、イスラーム主義者に対する暴力的な弾圧に諸手を上げて賛成しているが（だが、弾圧に用いられている拷問その他の「違法な手段」には反対だという。自分の立場が抱える矛盾に、彼女は気がついていないらしい）、エジプトやヨルダン、シリア、サウジアラビアなど合州国に支援された国々で、イスラーム主義者が標的にされるかぎり、民主的な実践も法的な手続きも一切存在しないことに対しては、これっぽっちも良心のうずきを覚えない。この本のなかの一場面で、彼女は、イスラエル人警察官を殺したと言われているムスリムのテロリストに対する刑務所での尋問に実際に同席しているが、彼女は、手錠をかけられた男に自分の用意した二、三の質問をするとき、イスラエル警察のシステムの一部として用いられる拷問やその他の問題のある手続き（覆面捜査官による暗殺や真夜中の逮捕、家屋破壊など）については、礼儀正しいことに一言も触れない。

おそらく、彼女のジャーナリストとしての最大かつもっとも一貫した失敗は、イスラーム世界の戦闘的で憎むべき特質に関して、彼女が説いている論点にあうような問題だけを結びつけ、分析しようとしていることだ。アラブ・イスラーム世界がとくに憂慮すべき状態にあるという一般的な見解について、私はほとんど異論はないし、また、過去三十年間にわたって、そのことを発表し活字にもしてきた。しかし、ミラーは、このような状況においてイスラエルや合州国がいかなる役割を果たしているのかについて正確な最低限の知識さえ与えていないし、事実、合州国の断固たる反アラブ、反イスラーム政策の存在についてほとんど何も言及していない（アフガニスタンのエピソードだけは、ことのついでに、どちらかと言えば穏やかに述べているが）。レバノンを例にとってみよう。彼女は、一九八二年のバシール・ジュマイエル大統領の暗殺に言及し、彼が地滑り的な人気によって選出されたという印象を読者に与えている。だが、彼が権力の座に就いたのは、イスラエル軍が西ベイルートに進駐しているさなかであり、それは、サブラ、シャティーラ両〔パレスチナ難民〕キャンプにおける虐殺の直前のことであり、また、ウリ・ルブラニといったイスラエルの消息筋によれば、何年ものあいだジュマイエルはレバノンにおけるモサドの協力者であったが、こうした事実を、彼女はほのめかすことさえしていない。彼が殺人者であり、また自ら殺し屋と称していたことも、レバノンの現在の権力構造を満たしているのが、キャンプでの虐殺に関して直接的な責任を有するエリー・ホベイカのような連中であることとともに、省かれている。アラブ人の反ユダヤ主義の例を挙げながら、彼女はそうしようと思えばイスラエル国内においてアラブ人やムスリムに対して向けられる人種差別的な言説の存在について記すことだってできるのだが、彼女はそうしない。一般市民に対してイスラエルが仕掛けるさまざまな戦争――戦争捕虜や難民キャンプの住民たちに対する長期間の、一貫した組織的な攻撃、村落の破壊行為、病院や学校に対する爆撃、何万人もの難民を故意に創り出すこと――といった事実に関しては、それらすべてが（仮に存在するとして）溢れ出る無駄話のなかに埋もれてしまっている。ミラーの根本的な問題は、彼女が事実というものに対して、もっとも軽佻浮薄な脱構築主義者に匹敵する侮蔑をもっていることだが、だとすれば彼女は、際限のないお喋りを引用するのなら、それを、ムスリムがイスラエルのテロルやイスラエルを支える合州国の犠牲者であることを描くための手段として用いるべきなのであり、彼女がそうしていないということが、彼女が、中東について報道する現在の主流メディアの完璧な例であることを雄弁に物語っている。

読者はミラーの本から、次のような事実を知ることはできないだろう。中東やイスラームというものの解釈や表象をめぐってイスラーム内部に煮えたぎる対立があること、そして、彼女の文献の選び方を考えれば、彼女の根深い党派性、つまり彼女がアラブ民族主義の敵であること、それこそ彼女が自分の本のなかで繰り返し主張していることなのだが、さらに彼女が、それを支持するのであれば多くの申し開きをしなければならない合州国の政策の支持者であること、そして、オスロ合意でつくられたバンツースタンにおける、入念にプログラムされ計画された、消毒され無害な予想図とは合致しないパレスチナ民族主義の確信犯的な敵であることなどである。要するにミラーは、浅薄で自説にしがみつくジャーナリストで、彼女の五百頁もの大著は、それが最終的に言っていることに較べてあまりにも長すぎる代物である。とはいえ、それは、メディアでとりあげられ流通している、思考や検証を欠如させた仮説の何が誤りであるのかの完璧な見本となっているのだが。

こうしたことが実際に、日常的な報道に対してどのような影響を与えているかは、あるラジオ番組で、『ニューヨーク・タイムズ』エルサレム支局長セルジュ・シュメマンと、ロンドンで発行している『インディペンデント』にレバノンから寄稿しているロバート・フィスクのあいだで交わされた対話に劇的な形で現れている。二人はそれぞれ国境の反対側で、一九九六年のイスラエルによるレバノン侵攻を報道したのだが、彼らの報道とラジオでの討論（『今こそ民主主義を』一九九六年五月五日、パシフィカ・ラジオ）で現れたものは、根本的に敵対的なジャーナリズムの実践であり、アメリカ人ジャーナリストが、ミラーが指針としているのと同じ（おそらくは無意識な）指針に従って行動している姿である。何よりもまず一九八二年以来、イスラエルは南部レバノンを占領しているのだということを言っておかねばなるまい。これがいわゆる安全地帯である。そして、報酬目当てのレバノン軍を、この被占領地帯に集め、駐留させているのである。占領および南部レバノン軍に対する抵抗（レジスタンス）を担っているのは、ヒズボッラー、つまり「神の党」であり、イスラエルによる占領こそ、彼らの存在理由（レゾンデートル）となっているのである。これらのゲリラたちは南部に居住して闘っており、大半の基準からいえば、彼らは基本的に自国で、違法な占領に対して闘っているゲリラ・グループであると見なされてもよいはずである。ところが、次に言っておかねばならないのは、合州国の報道機関でことさらに強調されるのは、ヒズボッラーの宗教であり、かつイスラエルと闘っているがゆえに彼らはテロリスト組織である、ということなのだ。

一九九六年四月一日、『タイムズ』紙は、イスラエルが南部レバノンを集中攻撃し、二人の民間人が殺されたと報道した。その匿名記事には、「戦闘的な神の党、報復を脅迫」とあり、続けて、「国境の両側で緊張が高まっている。ゲリラたちは、イスラエルが占領中のレバノン南部の国境地帯でこの一か月間に六名のイスラエル人兵士を殺害している」とある。ふつう、ゲリラとは当然にも、占領軍兵士と闘うことが認められているものだが、ここでは、読者の念頭に原理主義やらイスラームの脅威やらといったものを呼び起こす「戦闘的な」イスラームの集団として言及されることによってその原則がまず無効にされている。四月十日になると（『タイムズ』のイスラエルの特約記者、ジョエル・グリーンバーグの記事に）「イランのシーア派政府に支援された」という文言が記事に混じるようになり、二週間後に侵攻が終わるまで『タイムズ』のどの記事からもこの文言が消え去ることはなかった。あたかも、イスラエルに関するかぎり、『タイムズ』は、あの国の敵は戦闘的なムスリムたち（それはすぐに「テロリスト」となるのだが）であり、彼らは占領に抗して闘っているゲリラではないということこそを知らしめたいと願っているかのようである。四月十二日には、シュメマンは、ヒズボッラーのことを「イランに支援された戦闘的なシーア派ムスリム組織」と述べ、まるで、警戒せよ、気の狂ったムスリムどもがまたぞろ盛んに動いている、例によってユダヤ人を殺している、とでも言いたげであった。同じ記事のなかに「キルヤト・シェモナの脅えるイスラエル人住民たち」についての言及が登場するが、イスラエルが同じ時期にベイルートを爆撃しており、そこもまた脅えた住民たちで溢れているのに、そのことはまったく言及されていない。

イデオロギーが事実に対して明白な勝利を収めるのは、「イスラエルはテロルに応える」と題された同じ日の『タイムズ』紙の社説である。それはこう断言する。「レバノンのテロリストを標的としたイスラエルの空爆は、正当なものであり、かつ限定的なものである（…）レバノンにおける昨日の攻撃と、国境の両側でこの一週間、無意味な戦闘犠牲者を出したことの責任は、ヒズボッラーのテロリストたちとレバノンおよびシリアの両政府にこそある。ペレス首相はこの場合、イスラエルの自衛権を行使したにすぎない。」これらの発言がなされたのは、イスラエル軍が二十万人もの南部レバノンの住民を強制移住させているさなかのことである。その地域は、陸海空のすべてから爆撃され——思い出していただきたいのは——そこは依然、軍事的占領下にあり、戦争に関するさまざまな法律が、住民に抵抗を認めているところなのである。議論のテーブルが何度もひっくり返される。最初はイスラエルこそが問題だから、次には「イスラーム」こそが「脅威」だからという具合に。四月十八日、イスラエルは、戦争難民となったレバノン市民がシェルターにしていたカナの国連軍駐屯地を爆撃し、百名以上もの人々を殺害したのだが、この日、『タイムズ』の特集記事にしても社説にしても、イスラエルや合州国政府の見解とは異なる見解を述べる記事は一つも載っていなかった。とりわけ、不運なレバノン人やヒズボッラーよりも問題とされたのはシリアやイランであり、まるで、南部レバノンで起きていることは、ただの占領や、占領に対する抵抗ではない、それよりもっと重大でもっと感動的な何かであるかのように。つまり、そこでは、イスラーム対西洋というおなじみの図式があいも変わらず繰り返されているのだ。

報道において生まれる歪曲について、ロバート・フィスクが指摘している。彼は、イスラエルや合州国の役人が世界に対して信じてもらいたがっているようなことではなく、実際に何が起きたのかだけに興味を絞っている。フィスクは、ゲリラが占領に抵抗することは正当であるという原則をひっくり返しはしないし、また、南部レバノンにおける戦闘を、西洋と、イランに支援されたテロリスト・ムスリムとのあいだの闘いと見なしたいという誘惑に屈しもしない。それゆえ彼は、カナ事件を描くにあたって、イスラエルが一九九三年の停戦以来、ヒズボッラーを挑発し、挑発にのったヒズボッラーに対して圧倒的な軍事力で「報復」し、レバノンとシリアを牽制するための手段として二十件もの事件を起こすという政策を意図的にとっていることを確信をもって示すことができた。これが、フィスクがシュメマンに語ったことであり、『タイムズ』の社説の路線を守るというシュメマンの忠誠、あるいは慎重さといった方がよいのかもしれないが、それが、フィスクの独自性と劇的なまでの対照をなしている。このラジオ番組の司会者がシュメマンに訊ねた。「あなたはイスラエルがレバノンに精鋭部隊を送っていたと書いていますね。また、あなたは、爆撃手がカナ・キャンプの難民たちに気づかなかったのだというイスラエルの将校たちの主張を批判的なコメントもつけずに述べています。つまり、あなたは、イスラエルは民間人を標的にしたのではないという印象を意図的に読者に与えているわけですが、これは、ロバート・フィスクさんが述べておられることと大きく食い違っています。」

ここでフィスクは、イスラエルが〔カナ爆撃で民間人の殺傷を〕意図していなかったという主張を論駁する三つの証拠を提示する。それらの証拠が、四月十九日と二十二日の『インディペンデント』紙の記事に掲載された、虐殺に関する彼の記述の根拠となっている。それに先だつ四月十五日に、南部レバノンから記事を書き送りながらフィスクは、「これは単なる軍事作戦ではない。一国を粉砕しようとする試みである」と題した主要な記事のなかで、イスラエルの爆撃が意図的なものであったことを例証している。フィスクが挙げている証拠とは、(1)カナ攻撃の十九時間前、国連職員がイスラエル軍司令官に、いずれの国連軍基地にも民間人が避難していることを伝えていること、(2)爆撃のあいだ、イスラエルの無人ミサイルが頭上にいたこと、(3)イスラエルが研ぎすまされた正確さとずば抜けたテクノロジーを誇っていることを考えると、なぜ、国連がナクーラ〔南部レバノン〕の国連事務所から「爆撃の中止を嘆願した」はるかのちまで爆撃が続けられたのか。シュメマンは、「イスラエルが民間人を故意に狙ったりするなどということは理解しがたい」と応えている。シュメマン自身は彼の信念に一点の濁りもないにしても、そのような見解自体は、ムスリムのテロリストなら罪もない市民に故意に暴力をふるうことができても、イスラエルは、私たちと同じであり、そんなことはできないと見なす合州国のメディアの一般的な見解を反映している。フィスクは、南部レバノンではなくイスラエル側から書いているシュメマンが報道するのは、イスラエルで何が起きているかについてであり、自分の意見が記事に混入するのを意識的に避けているとするシュメマンに同意を表している。「記者がすることと、コラムニストがすることは際だった違いがあるのです」と彼は語っている。たしかに公正な判断だが、しかし、それでは記者にとっての枠組みとはいかなるものか、そして、彼はいかなる事件をいかなる発言と結びあわせているのかについては、依然、疑問が残る。フィスクによれば、一九九六年一月三日にエフド・バラク外相が、もしヒズボッラーに対してさらなる攻撃があるとすれば、そのとき「イスラエルが軍事的に攻撃するのはレバノンであり、犠牲者はレバノン人である」と語ったことが、すでに〔この軍事行動の〕コンテクストを形成している。

要するに、ヒズボッラーに関して、ヒズボッラーとは何よりもまずテロリストであり、イランに支援された戦闘的なシーア派グループであると仮定されるとき、明示的に述べられているわけではないが、現代性に対して憤激に駆られているイスラームであるとか、いわれもない暴力に中毒しているイスラームであるとかいったイスラームに関する一そろいの見解も登場し、それらが、イスラエルのレバノン侵攻中、レバノン人ゲリラにとっては多かれ少なかれ自業自得なのだという入念に組み立てられたイスラエルの見解を確証するのである（それはまたＣＮＮや『ニューヨーク・タイムズ』の社説で、ヒズボッラーはテロリスト組織だとするジュディス・ミラーによって反復されている）。ミラーはあるとき、ゲリラは南部レバノンではなくベカーの出身であり（「私は知っている、そこに行ったのだから」というわけだ）、それゆえイスラエルの殺戮を証明するために、冷血にも女性や子供を弾の通り道に並ばせたのだとさえ述べている。

アレクサンダー・コックバーンは、一九九六年五月二十日付『ザ・ネイション』における「イスラエルの電撃作戦」という彼のコラムのなかで、レバノン危機におけるメディアの報道ぶりについてさらに詳しく分析している。

経験に根ざした、あるいは歴史的ないかなるコンテクストもないまま、イスラームとは人々をイスラエルに対する敵対行為に駆り立てる暴力的で非合理な宗教であるとするこれらの見解は、結果的に、現場で実際に何が起きているのかを報告するいずれの記事の価値をも切り崩し、より人間的でより理解可能なコンテクストからそれを排除する。ゲリラを「イランに支援されたシーア派の戦士」と呼ぶことで、抵抗は非人間化され、違法性を付与される。四月二十八日のコラムでシュメマンは、侵攻の最終局面を「中東における当惑する終盤戦」として、これに対する適切な説明を見出せずにいる。彼に言えるのはせいぜい次のようなことだけだった。「なぜなら、これが中東というものだからである。これは、通常の論理が通用しない状況を説明するための、長い一連の小咄の落ちとして使われた昔なじみの台詞だ。その形式の特徴を例を挙げて示す必要があるなら、先週こそ、そのすべてがあったことになる。」

今日イスラームというものが描かれるとき、そこで犯される誤った表象や歪曲が意味するのは、理解したいという純粋な欲望でもなければ、そこに厳として存在する見るべきもの聞くべきものを進んで見たい、聞きたいという意志でもない。メディアが西洋のニュース消費者に対して考慮の対象としてイスラームを配信するそのイメージとプロセスは、イスラームに関してナイーブでも実用主義的でも到底ありえない説明によって、ノーム・チョムスキーが（エドワード・S・ハーマンとの *Manufacturing Consent*、それから *The Culture of Terrorism*、そしてとりわけ *Deterring Democracy* といった）一連の著作で見事に分析した敵意と無知をさまざまな理由によって永続化している。だが、私たちがこのような状況をいかなる動機に帰するにせよ、そして、状況は私が冒頭で述べたように、『カヴァリング・イスラーム』が一九八〇年に最初に出版された頃よりもはるかに悪化しているのだが、事実は次のようなものだろう。すなわち、マス・メディアに支配された公共領域で対話と交流――そのどちらも学問的な討論や芸術の生産活動において、またビジネスをしたり相互に影響を与えあったり、相手についてではなく相手に向かってふつうに話をする、通常の人間のあいだの出会いにおいて起きていることである――が、ほとんど希少価値になっていることである。センセーショナリズム、あらわな外国人恐怖、感受性を欠く喧嘩腰の態度といったものが、日々お決まりの状態となっている。そして、その結果、どちらの側も、非啓発的なこと甚だしい「我々」と「彼ら」のあいだに想像上の境界線を引くことになる。本書のようなささやかな努力が、何が間違いかということと、私たちが問題に気づき探求するためには何がなされなくてはならないかを指摘することで、かくも膨大に堆積してしまった否定的な作用をやわらげるための解毒剤として働いてくれることを願っている。

この新版のために本書を必要に応じて手直しし、時宜に適ったものにするさい、私の古い友人であるヌバル・ホブセピアンには大変世話になった。マリオ・オルティス・ロブレスとアンドリュー・ルービンはとくに参考文献に関して手を貸してくれた。ザイネブ・イストラバディの手助けは決定的に重要だった。そしてシェリー・ワンガーは並々ならぬ編集の手腕を披露してくれた。

E・W・サイード

一九九六年十月三十一日　ニューヨークにて

原　注

（1）Lustick, "Fundamentalism, Political Religion and Pietism," *MESA Bulletin* 30, 1996, p. 26.

訳　注

＊　英語の動詞 cover には「覆い隠す」と同時に「報道する」という意味もある。サイードは『カヴァリング・イスラーム』において、アメリカにおけるイラン・イスラーム革命の報道ぶりをはじめ欧米の主要メディアでイスラームがどのように表象されているかを分析し、イスラームを「報道する」ことがイスラームを「隠蔽する」ものであることを論じている。

〔岡 真理訳〕

序文

アラブとオリエントのイスラム世界を一方の側に置き、フランス、イギリス、そしてとくにアメリカという西洋を他方の側に置いて、私がその近代における関係を取り扱ってみた一連の著作の中で、この本は第三番目で、最後のものとなる。『オリエンタリズム』は最も一般的なもので、ナポレオンのエジプト侵略から植民地時代の最盛期や十九世紀ヨーロッパにおける近代オリエント学の興隆を経て、第二次大戦後のオリエントにおける英仏帝国の覇権の終結とアメリカ支配の登場に至る間の、さまざまな関係をたどっている。『オリエンタリズム』の基本的テーマは知識と権力の癒着である。[1] 第二の本、『パレスチナ問題』は、土着のアラブ、主としてパレスチナのイスラム住民とシオニスト運動（のちのイスラエル）の間の闘争に関する事例史である。シオニスト運動は、その発生も、パレスチナの「オリエンタルな」現実との格闘の仕方も、ほぼ西洋的である。私のパレスチナ研究はまた、『オリエンタリズム』におけるよりも明白に、オリエントに関する西洋の考え方の表面下にひそんでいるもの、この場合は自決を求めるパレスチナ民族闘争について、記述しようと試みている。[2]

『イスラム報道』"*Covering Islam*" では、私の課題は現代そのものである。一九七〇年代初め以来、大いに関わりがあるけれども、どうしても好きになれぬほどトラブルに満ち、かつ不確実性が高いと認識されているイスラム世界に対する、西洋とくにアメリカの対応である。この認識の原因として強く感じられているのは、エネルギー供給の不足である。その焦点はアラブとペルシャ湾の石油、石油輸出国機構（OPEC）にあり、狂乱的な影響が西洋社会のインフレと劇的に高価な燃料費に現われた。さらに、イラン革命と人質危機は、いわゆる「イスラムの回帰」について警鐘をならすべき根拠となった。最後に、イスラム世界で過激なナショナリズムが再興し、かつそれに対する奇妙に不幸な付属物として、超大国の熾烈な争いがそこで再発したのである。前者の一例はイラン・イラク戦争である。ソ連のアフガニスタン介入とアメリカのガルフ地域における緊急展開軍の準備は、後者の例となろう。

「イスラムをカバーする」という表現のしゃれは、この本の読者には明らかだろうが、はじめに簡単な説明を加える価値がある。私がこの本と『オリエンタリズム』で指摘することのひとつは、今日「イスラム」の言葉が使われる時、ひとつの単純なことを意味するようだが、実はある部分はフィクション、ある部分はイデオロギー上のレッテル、またある部分はイスラムと呼ばれる宗教の最短の呼称である。西洋の共通の慣用による「イスラム」と、八億以上の民衆、アフリカとアジアを中心とする数百万平方マイルの土地、多くの社会、国家、歴史、地理、文化をもつイスラム世界で進行中のきわめて多様な生活との間には、真に意味のある直接のつながりは何もないのである。他方、「イスラム」は今日の西洋では、妙に痛々しいニュースであるが、その理由はこの本の中で議論してゆく。ここ数年間、とくにイランの出来事が欧米の注意を強く引いて以来、メディアはイスラムを報道してきた。イスラムを描写し、性格づけ、分析し、インスタントの講座を開き、その結果、イスラムを「わからせた」のである。

だが、私が示唆してきたように、イスラム報道はイスラムの学問的研究者、「危機の三日月」を口にする地政学的戦略家、「西洋の没落」を嘆く文化思想家の業績とあいまって、まったく世を惑わすほど過剰である。それはニュースの消費者に対して、イスラムを理解したと思わせると同時に、この精力的報道の大半がとても客観的とはいいかねる材料に基づいていることは知らせていないのである。多くの場合、「イスラム」は明白に不正確に扱われただけでなく、無限の人種中心主義、文化的さらには人種的憎悪や、深く、しかも逆説的に自由奔放な敵意などが示されても、それに黙ってさらされてきた。このすべては、公正かつ均衡のとれた責任あるイスラム報道だと思われているものの一部をなしているのである。ともに、きわめて注目すべき再生（または「回帰」）を経験しているキリスト教とユダヤ教も、それほど感情的な扱いは受けていない。その事実は別としても、イスラムは不用意に一般的で、繰り返し使われるひと握りの決まり文句によって無限に性格づけが可能であるとの前提があり、それを誰も問題にしないのである。そして、いわゆる「イスラム」は「われわれの」石油供給がたまたま発見される場所に存在する何か現実の安定した対象物であると、常に考えられている。

この種の報道とともに、多くの隠蔽がなされた。『ニューヨーク・タイムズ』はイラクの侵略に対するイランの驚嘆すべき強固な抵抗を説明する時、「シーア派の殉教好み」についての決まり文句に訴える。表面上、そのような文句はある程度までもっともらしいが、実際はその記者が知らぬ多くのことを隠すために使われていると私は考える。言語を知らぬことは、さらに大きな無知にすぎない。というのは、きわめてしばしば、準備や経験もない記者がヒアリングがうまいとか、第一面用のニュースが起こりつつある場所のほぼ近くにたまたま居合わせたというだけの理由で、見知らぬ国に派遣されるからである。そのため、その国についてもっと知ろうともせずに、記者は一番手近にあるもの、たいていは決まり文句か自国の読者が反論しそうもない若干のジャーナリスティックな知恵にすがることになる。人質危機の初期のころ、テヘランには約三百人の記者がいたのに、ペルシャ語を話す者は皆無だった。このことからして、イランから伝えられるすべてのメディア報道が、出来事について本質的には同じ陳腐な説明を繰り返したのは不思議でない。もちろんその間、「イスラム的心理」や「反米主義」の例として容易には性格づけることのできぬ他の出来事や政治プロセスは、見落とされたのである。

かれらは、イスラムの「報道」と「隠蔽」の活動によって、それが予告する苦境について考えることをやめてしまった。つまり、あまりに複雑かつ多様のゆえに、容易でインスタントの一般化が不可能な世界について知り、そこに居住するという一般的問題のことである。イスラムは典型例であるとともに、西洋におけるその歴史がきわめて古く、かつ説明がゆきとどいているゆえに、特殊例でもある。ここで私のいう意味は、植民地以後の世界の多くのものと同様、イスラムは欧州にも、また日本のような先進工業国群にも、属していないということである。それは「開発の見通し」の範囲内に含まれるとみなされてきたが、この表現もイスラム社会が少なくとも三十年間は「近代化」が必要だということの別の言い方である。近代化のイデオロギーはイスラムに対するひとつの見方を生み出し、その頂点はイランのシャーのイメージであった。かれの絶頂期には「近代的」支配者として、また彼の政権の崩壊時には、中世的な狂信と信仰とみなされたものへの犠牲としてである。

他方、「イスラム」はつねに西洋への特別の脅威を象徴していた。その理由は『オリエンタリズム』の中で論じたが、この本でも再検討する。他の宗教や文化集団については、いまイスラムについていわれているほど断定的には、西洋文明への脅威を象徴するとはいわれていない。いまイスラム世界で起きている騒乱と動乱（そしてこれらはひとえにイスラムと関係があるというよりは、社会的、経済的、そして歴史的要素と関係がある）は、単細胞のオリエンタリストが使う「宿命論的」イスラム教徒についての決まり文句の限界を暴露している。同時に、それはまた、欧州の軍勢がインド亜大陸からはるか北アフリカまでの全イスラム世界を支配した古い日々への郷愁のほか何ものをも生み出していない。このことは決して偶然ではないのである。ガルフ地域の再占領を主張し、イスラムの野蛮に言及する議論を正当化する本や雑誌や公人が最近、人気を集めているのも、この現象の一部である。J・B・ケリーといえばウィスコンシン大学の帝国主義史の元教授で、アブダビのザイド首長の顧問をつとめた人物だが、[3] かれのような「専門家たち」がアメリカの著名人として浮上しているのも、同様に注目すべきことである。ケリーはいまや、イスラム教徒や、ケリーと違って、石油をもつアラブに内通する軟弱な西洋人を批判している。彼の本について時どきみられる批判的な批評のうち、かれの結論的一節の驚くべき率直な隔世遺伝について触れたものはない。この部分はその真に帝国主義的な征服欲とあからさまな人種差別的姿勢のゆえに、ここに引用する価値があろう。

西欧がスエズ以東の戦略的遺産を保持または回復するのに、どれほどの時間が残されているかは、予言できない。パックス・ブリタニカが持続していた間、つまり、十九世紀の四〇〜五〇年代から今世紀の中葉まで、東方の海や西インド洋の沿岸周辺には平穏が支配していた。そこには、はかない静寂がまだ残っているが、それは古い帝国主義秩序の名残りの影といえる。しかし、過去四〜五百年の歴史の示すところでは、このもろい平和もあまり永続きはしえぬということである。アジアの大半は独裁に、アフリカの大半は野蛮に、急速に陥りつつある。その状態は要するに、ヴァスコ・ダ・ガマが初めて喜望峰まわりで東方にポルトガル支配の基礎を築いたころに似ている。……アデンが紅海通過のカギであるように、オマーンは依然としてガルフとその海への出入り口付近を支配するカギである。西欧列強はすでにこれらのカギのひとつを放棄したが、他のひとつはまだ入手可能の範囲にある。ポル

トガルの司令長官たちと同様に、列強がそれをつかみ取るほど大胆かどうかはわからない。(4)

十五〜十六世紀のポルトガル植民地主義が現在の西側政治家に最適の道標であるというケリーの主張を、古風で面白いと考える読者もいるかもしれぬが、今日のムードを最もよく象徴するのはかれのような歴史の単純化である。植民地主義が平穏をもたらしたとかれはいうけれども、数百万人の人びとの従属は田舎の風景くらいにしか扱われず、そうした人びとにとって当時こそ最良の日々だったかのように片づけられている。「われわれ」に役立つもの、つまり貴重な資源、地理的・政治的な戦略地域、大量に貯えられた安い現地労働力を、「われわれ」が入手し続けられる限り、彼らの屈辱感、ゆがめられた歴史、不幸な運命などはどうでもよいのである。数世紀にわたる植民地支配の後に訪れたアフリカ・アジアの独立は、野蛮と独裁になりさがったと極めつけられている。古い帝国主義秩序の臆病な崩壊、とかれが性格づけるものの後に、残された唯一の道は新しい侵略であると、かれは主張するのだ。そして、正当に「われわれの所有物」となっているものを奪取すべきだとケリーがいう時、そこにはかれが「われわれ」に支配せよと望むアジアの土着のイスラム文化に対する深い軽蔑の念がひそんでいる。

ウィリアム・F・バックリーから『ニュー・リパブリック』誌にいたるアメリカの右翼インテリから敬服の称賛を受けたケリーの著述の逆コース的論理については、このくらいで放免してやりたい。かれの提示する展望についてさらに興味深いのは、混乱したこまかい問題に対して、何よりもまず十把ひとからげの一括解決を求めようとすることである。とくに「イスラム」に対抗して力の行使を勧める時にそれが感じられる。たとえばイエメンやトルコで、また紅海のむこう側のスーダン、モーリタニア、モロッコさらにエジプトにおいてさえ、その内部で何が起こりつつあるのか誰もいわない。人質危機の報道で忙殺されている報道界の沈黙、石油業界や政府にガルフの動向をどう予測すべきかを助言するのに忙しい学界の沈黙、「われわれ」の友人（シャーやアンワル・サダトのような人びと）がわれわれの注意を喚起する場所でのみ情報を探る政府の沈黙。「イスラム」は西側の石油備蓄を握るだけのものであって、他に問題にすべきことはなく、注目に価するものでもないのだろう。

学界のイスラム研究の現状からみて、改善によって発見できることはあまり多くない。この分野は全体として文化一般の周縁部にあたる一方で、政府や企業によって容易に取り上げられることもある。全体としてその結果、われわれがイスラム社会の表面下について知る以上に、学界が独自の方法でイスラムを紹介したり、もっと多くをわれわれに教えてくれるといった資格を失ってしまったのである。さらに方法論に関連した知的問題もたくさんあって、解決を待っている。さまざまなイスラム社会で毎日の生活レベルのイスラムと教義レベルのイスラムを結合するものは何か。モロッコとサウジアラビアとシリアとインドネシアを並べて理解するための概念として「イスラム」は実際どの程度に有効なのか。多くの学者が最近注目しているように、イスラムの教義は社会主義と同じく資本主義も、宿命論と同じく闘争精神も、排他主義と同じく普遍主義も、それぞれ正当化するとみてよい。このことに気づくならば、われわれは学界によるイスラムに関する記述（メディアでは決まって漫画化される）とイスラム世界内部で発見する特定の現実との間に、途方もない隔たりを感得し始めるだろう。

しかも「イスラム」についてひとつのコンセンサスが存在しており、世界の新しい政治的・社会的・経済的様式についてわれわれがたまたま好まないことは何でも、「イスラム」のせいにしてしまう。イスラムは右翼には野蛮、左翼には中世の神政、中道には嫌悪すべきエキゾティシズムを象徴する。ところがそのすべての陣営で、イスラム世界のことはあまりわからないが、そこには肯定すべきものもあまり存在しないということで一致している。イスラムで価値あるとされるものは、主として反共主義であるが、イスラム世界ではほぼ間違いなく、反共主義とは抑圧的な親米政権と同義語であるという皮肉がともなう。パキスタンのジアウル・ハクがその好例である。

イスラム弁護は私の目的にふさわしくなく、かつ無益でもある。この著作もイスラム弁護からはほど遠く、そこに記述されていることは、「イスラム」が西洋のためにどう利用されたかであり、また費す時間はそれより少ないが、「イスラム」が多くのイスラム社会のためにどう利用されたかである。したがって、西洋におけるイスラムの悪用に対する批判は、イスラム社会におけるイスラムの悪用を大目に見るということには決してなっていない。実際、多くの、あまりに多くのイスラム社会で、抑圧や個人的自由の廃止、非代議制でしばしば少数派による政権が、誤まって正当化されるか、またはイスラムをもち出して詭弁的に説明されている。この点でイスラムは他の偉大な世界的宗教と同様に教義上は何の責任もない。イスラムの悪用はまた、偶然にも多くの場合、集権国家の過度の権力・権威とも対応している。

にもかかわらず、私は信ずるのだが、たとえイスラム世界に関するすべての不健全を必ずしも西洋のせいにはしないとしても、西洋のイスラムについての発言と、それへの反応としていろいろなイスラム社会が起こした行動とのつながりを、われわれは認識できなければならない。両者の間の弁証法は、トマス・フランクやエドワード・ワイズバンドが「言葉の政治学」[5]と呼んだものを生み出した。イスラム世界の多くの地域にとって、西洋は旧植民大国または今日の通商相手として、きわめて重要な対話者であるからである。この本の目的はその点を分析し、説明することにある。西洋とイスラムの押し合い、挑戦と対応、特定の修辞的空間の開拓と閉鎖——これらすべてが「言葉の政治学」を形成するのだが、それによって双方が状況を設定し、行動を正当化し、選択の余地をせばめ、代案を他に無理強いするのである。こうして、イラン人がテヘランのアメリカ大使館を占拠したとき、かれらは元シャーのアメリカ入国に回答しただけでなく、優勢なアメリカの力によってイランに加えられた長い屈辱の歴史と感じられたものに対しても、回答していたのである。過去のアメリカの行動はイラン人の生活への不断の介入を「物語って」おり、したがって、かれらが自覚したように、自らの国で捕われの身となったムスリムとして、イラン人はアメリカ人を捕え、アメリカの領土つまりアメリカ大使館で人質としたわけである。行動自体がその点を衝いているものの、準備をととのえ、行動を大いに可能にしたのは言葉であり、かれらが示した権力の動きである。

このパターンは、言葉と政治的現実の密接な関係を示しているゆえに、少なくともイスラムを議論する際、きわめて重要であると考える。ほとんどのイスラム学者にどうしてもわかってもらいにくいのは、かれらの学者としての言動が、深く、かつある意味では不快なほど政治的文脈のなかでなされていることだ。現代の西洋におけるイスラム研究のすべては政治的重要性に満ち満ちているのだが、イスラムに関して書いている人は専門家か一般人かを問わず、発言の中でその事実をほとんど認めていない。西洋ないしイスラムのあらゆる社会は、外国の、見知らぬ、あるいは異なる社会について政治的・道義的・宗教的利害を抱いてきた長い歴史をもつにもかかわらず、他の社会に関する学術論文には本来的に客観性が備わっているかのように考えられている。たとえば欧州で、オリエンタリストは伝統的に植民行政当局と直接の関係をもってきた。学問と軍事力による直接の植民地征服との間の緊密な協力ぶりについて、われわれはやっと知り始めたところだが、それは教訓的であるとともに憂鬱なことである。(尊敬すべきオランダのオリエンタリスト、スヌーク・ヒュルフローニエがムスリムから得た信頼を利用して、スマトラのアチェ住民に対するオランダの残酷な戦争を立案・実施したのはその例である。)[6] しかも、西洋の学問の非政治的性格、オリエンタリストの学問の成果、「客観的」な学問の価値などを称賛する著作や論文があとを絶たないのだ。同時に、「イスラム」の専門家で、政府やいろいろな企業、マスコミのコンサルタントないし職員でなかったという者はほとんどいない。私のいいたいのは、そうした協力は認められるべきであり、考慮の対象にすべきであるが、それは単に道義的理由からでなく、知的な理由からでもあるということである。

イスラムに関する言説は、まったく汚染されていないにしても、それが生まれた政治的・経済的・知的状況によって色がついているのは間違いない。東洋についても、西洋についても、それはあてはまる。多くの明白な理由があるのだが、イスラムについてのあらゆる言説は、何らかの権威や権力に利害をもっているといっても、あまりいいすぎではない。他方、イスラムに関するあらゆる学問や著作がそのために無益だというわけでもない。まったく逆なのであって、いかなる利益に奉仕するかを示すものとして、それはきわめて有益であり、かつ雄弁でもある。人間社会に関係のある問題で、絶対的な真実とか完全に真実の知識といったものがあるのかどうか確信はない。おそらく、それは抽象のなかに存在するのであり、そのことを認めるのは困難ではない。だが、今日の現実に照らして、「イスラム」といった問題についての真実は、誰がそれを生み出すのかということと相関関係にある。注目すべきは、そうした立場は、知識の格づけ（良い、悪い、どちらでもない）を否定するものではないし、また物事を正確に表現する可能性を否定するものでもないことだ。それが求めるものは単純である。つまり、人間の現実についての教科書を書いたり読んだりする場合、「客観的」といったラベルで説明（ないし保護）しきれないほど多くの要素が作用するということである。文学の初歩の研究者なら誰でも知っているこのことを、「イスラム」について発言する者も記憶しておくべきである。

だからこそ、私は発言が生まれた状況を苦労して明確にし、また社会のなかで「イスラム」に利害をもつさまざまな集団に注目することが重要に思われるのである。西側一般、とくにアメリカにとって、「イスラム」に立ち向かう勢力の集中ぶりは、明白である。その構成集団（学界、企業、マスコミ、政府）を見ればわかるし、それが生み出した正説に対して異説があまりないことからもわかる。その結果、「イスラム」がきわめて単純化され、小細工を加えた目的がいくつも達成されることになる。たとえば新しい冷戦の煽動から人種的反感の掻き立て、侵略への動員、さらにはムスリムやアラブ人の名誉が引き続き損われることもある。(7) これは真実のためにはプラスにならないと信ずる。確実に、これら小細工を加えた目的に関する真実は、いつも否定され、その代わりに学問的、あるいは科学的な知識の衣をまとった声明や目的を聞かされるのである。滑稽なことに、ムスリム諸国がアメリカの大学のアラブ研究やイスラム研究に寄付金を出すと、アメリカの大学に対する外国の介入だとの声がわっと湧きあがるのに、日本やドイツが寄付してもそんな抗議は聞かれない。大学に対する企業の圧力がどんな衝撃を与えるかについても、一般には有益な性格のものとみなされている。(8)

オスカー・ワイルドは、冷笑家について、あらゆるものの値段を知っているのに価値を知らない人、と定義しているが、私もそう思われないように、最後につけ加えておくべきことがある。私も知識の豊かな専門家の意見の必要性を認めること、大国としてのアメリカは外部世界に対して中小国家とは異なる態度や政策をもつこと、目下の憂慮すべき状況がよくなる望みは大いにあること、である。にもかかわらず、多くの専門家、政策立案者、一般の知識人ほどには、私は「イスラム」の概念を強くは信用しない。反対に、私はしばしば考えるのだが、人びとや社会を動かすものを理解するにあたって、それは助けになるどころか邪魔になってきた。だが、私が本当に信ずるのは、批判精神の存在、および専門家の特殊利害や常識的見解を超越してその批判精神を発揮する能力と意志をもつ市民の存在である。良き批判的読者の技術を利用して無意味から意味をとり出すことによって、また正しい質問を問い適切な回答を期待することによって、「イスラム」あるいはイスラム世界を知り、そのなかに生息し、その言語を話し、その空気を呼吸し、その歴史と社会を生み出す男と女と文化を知ることは、誰にでも可能である。その段階で、人間的な知識が始まり、その知識を求める公共の責任がになわれ始める。その目標を前進させるために、私はこの本を著わしたのである。

第一章と第二章は、『ネーション』と『コロンビア・ジャーナリズム・レビュー』に掲載された。私はとくに、ロバート・マノフに感謝する。かれは、『コロンビア・ジャーナリズム・レビュー』の編集者としてそのあまりに短い任期を通じて、それをエクサイティングな刊行物とした。

この本の何か所かの材料を集めるにあたっては、ダグラス・ボールドウィンとフィリップ・シェヘデの有能なる援助を得た。ポール・リパリは、かれのいつもの文章能力と効率をもって、最終稿を準備してくれた。アルバート・サイードには、その惜しみない援助に感謝する。

知的批判と賢明な批評にかんして、私は多くの人びとに負うている。そのなかには私の会ったこともない人もいるのだが、アイディアを、研究を、注釈を提供してくれた。そのうち、何らかの形で使わせてもらった人びとは、フレッド・ハリデイ、ミリアム・ローゼン、ウィリアム・グレーダー、エルバンド・エブラハミアン、ウィリアム・ドーマン、マンスール・ファルハング、ニキ・ケディー、メロディ・キメル、チャールズ・キンボール、スチュアート・シャー、以上である。

わが僚友イクバール・アハマドには、格別の恩恵をこうむっている。かれの百科全書的知識とたえざる配慮は、混乱し模索している時期の私をしばしば支えてくれた。ジェームズ・ペックは、草稿を読んで、訂正のために実に鋭い細部にわたる示唆を与えてくれた。とはいえ残っている誤りについてかれはいかなる責任もない。私は喜んでかれの援助が必要不可欠なものであったことを認める。パンテオン・ブックスのジーン・モートンは、原稿を手ぎわよく細心の注意をもって編集した。かの女に私は深く感謝する。私はアンドレ・シフリンにもその賢明さと知的鋭さに対して感謝したい。かれは勇気ある友、編集者、出版者である。

執筆中の著者を何とか生かしてくれたのは、この書を捧げるマリアン・サイードである。かの女の愛、かの女とともにあること、かの女の生き生きとした存在そのものに、わが心からなる感謝をこめて。

一九八〇年十月

ニューヨークにて　E・W・S

追記

一九八一年一月二十日、アメリカ大使館で四四四日にわたって捕われていた五十二人のアメリカ人がついにイランを出発した。数日後彼らはアメリカに到着、帰国を喜ぶ国をあげての幸福感に迎えられた。「人質帰還」と呼ばれるようになった事態が、一週間にわたってマスコミの対象とされた。「帰還者」がアルジェリア、ドイツ、それからウェストポイント、ワシントン、そして最後にそれぞれの出身の町に移されるのにつれて、長時間にわたる、しばしば押しつけがましく、涙につつまれたテレビの生中継が行われた。ほとんどの新聞や全国週刊紙誌は、かれらの帰国について付録をつくったが、その内容はイランとアメリカの間の最終合意がどのようにして成立し、その余波は何かについての、くわしい分析から、アメリカの英雄主義の祝福やイランの野蛮主義にいたるまでである。その間に人質の苦労の個人的な体験談が入り、それを元気のいいジャーナリストがしばしば粉飾する。さらに行きすぎではないかと思われるほど多くの精神分析医が、人質の真の体験を熱心に解説した記事も含まれている。イラン人質事件の象徴とされた黄色いリボンのレベルを超えて、過去と未来に関する議論が真剣になされたところまでは、レーガン新政権がそのトーンを設定し、限界を定めたといってよい。過去に関する分析は、アメリカがイランと結んだ人質解放協定が妥当だったかどうか（そして順守すべきかどうか）に焦点があてられた。一九八一年一月三十一日、『ニュー・リパブリック』誌は予想通り「身代金」と、テロリストに屈したカーター政権とを攻撃した。次いで同誌は、イランの要求と取り引きするという「法的に問題のある仕事」の全体と、「テロリストをかくまい、かれらが運んでくる身代金をきれいに処理することによく慣れた」国、アルジェリアを仲介役に使ったこととを、非難したのである。未来に関する議論は、レーガン政権のテロに対する宣戦布告によってヤマ場を迎えた。人権ではなく、テロがアメリカの政策の新しい優先順位を得るはずだった。その場合、同盟国であれば「多少の抑圧政権」を支援することさえ覚悟のうえだったのである。

したがって、ピーター・C・スチュアートが一九八一年一月二十九日の『クリスチャン・サイエンス・モニター』紙上で報じているように、議会の公聴会は「人質解放協定の条件、人質の取り扱い、大使館の安全警備、（そして後に思い出したように）将来のアメリカ・イラン関係」について予定されているようだ、ということになる。人質危機の間、マスコミが取り組んだ問題の幅は（ほとんど例外なく）狭いものだったが、それに大いに調子を合わせつつ、イランの傷は何を意味するのか、将来について何を示しているのか、そこから何を学ぶべきなのか、などを慎重に検討することもなかった。ロンドンの『サンデー・タイムズ』が一月二十六日報じたところでは、カーター大統領は政権を去る前、国務省に対して、「イランへの恨みのうねりを盛り上げることに全国民の注意を集中する」よう勧告したというのである。本当かどうかはともかく、少なくともありうることと思われる。というのは、イランおよび他のイスラム世界へのアメリカの長い介入の歴史を再評価することに関心を持つ政府職員は皆無であり、そういう評論家やジャーナリストもほとんどいなかったからである。米軍を中東に駐留させるという報道はしきりだが、逆に一月の最後の週にサウジアラビアのタイフでイスラム首脳会議が開かれたとき、アメリカのマスコミはそれをほとんど無視している。

報復のアイディアや米軍事力を使えとの声高な主張には、人質の非難と誇らしげな帰還のシンフォニー風の苦心作がともなう。犠牲者はそのまま英雄や自由の象徴に変わり（各種の退役軍人やかつての捕虜のグループを当然あわてさせた）、人質を捕えたイラン人は人間以下のけだものになってしまった。その目的のために、『ニューヨーク・タイムズ』は一月二十二日の論説で、「釈放されたらすぐ憤激しよう」と書いた。次いでしばらく反省したのち、一月二十八日、次の設問を提示した。「何をすべきだったのか。港湾の機雷封鎖、海兵隊の上陸、数個の爆弾投下で理性的な敵ならばふるえ上がるかもしれない。だが、イランは理性的であったか、理性的であるのか？」フレッド・ハリデイが一月二十五日、『ロサンゼルス・タイムズ』に書いているように、たしかにイランには批判すべきことが多々ある。宗教およびとどまることのない革命的混乱のゆえに、近代国家を確立して、広く国民の利益になりそうな日々の決定を下すことができないのだ。国際的にイランは孤立して、弱点だらけである。また、大使館を占拠した学生が人質にやさしくなかったことも、たしかに明白である。しかし、五十二人の人質自身でさえも、拷問を受けたり、組織的に乱暴されたとまでは、いっていない。このことは、ウェストポイントでの記者会見の記録に示されている（『ニューヨーク・タイムズ』一月二十八日号参照）。そのなかで、エリザベス・スウィフトは、『ニューズウィーク』がかの女の発言について嘘を報道し、拷問の話(メディアによって大いに増幅された)をねつ造したが、これは事実と何のかかわりもないときわめて明快に語っているのだ。

人質の帰還をめぐってメディアや文化一般が示したのは、不快で、苦悩に満ち、みじめなほど時間の長い特定の経験から、イランおよびイスラムについての途方もない一般化への飛躍である。もう一度、いいかえれば、複雑な歴史的経験の政治的ダイナミックスが、異常な健忘症のためにあっさり抹殺されたということである。われわれは、古い基本点にたち返った。一月二十三日付けの『アトランタ・コンスティチューション』のなかで、ボブ・イングルはイラン人を「原理主義の奇人」にしてしまった。クレア・スターリングは一月二十三日、『ワシントン・ポスト』紙上で、イランの出来事は「恐怖の十年間の第一幕」、つまりテロリストの文明への戦争の一場面だと論じている。『ワシントン・ポスト』の同じページに書いているビル・グリーンによれば、「イランのけがらわしさ」は、イランについてのニュースを提供した「言論の自由」が「アメリカのナショナリズムと自尊心の核心にまっすぐ狙いを定める武器に悪用された」可能性を示しているという。ここにみられる自信と不安の注目すべき結合は、少しあとでグリーンが、いったい言論は「われわれ」が「イラン人の革命」を理解するのに役立ったかどうかと問うていることによって、やや後退している。この問いには、一月二十九日付け『ウォール・ストリート・ジャーナル』紙のなかで、マーチン・コンドラキが簡単に答えている。かれによれば、「アメリカのテレビは(わずかな例外はあるものの)イラン危機について、自己にムチ打つ苦行者とこぶしを振り上げる者を登場させる気まぐれショーか、あるいはソープ・オペラとして扱っている」のだそうだ。

だが、本当にものを考えているジャーナリストもいる。H・D・S・グリーンウェイは一月二十一日の『ボストン・グローブ』紙上で、「アメリカは人質危機に頭がいっぱいで、他の緊急の問題を放置してしまったため国益に打撃を受けた」と認めている。だが、かれはひとつの明白な結論に達している。「多元的な世界の現実は変わることがないだろう。そしてレーガン新政権は二十世紀末における力の実際の限界で束縛されるだろう」。同じ日の『グローブ』紙上で、スチーブン・アーランガーは、カーター大統領が人質危機を緩和させることによって、論議が「感情に走らず、理性でなされる」よう仕向けることに成功したと賞賛している。『ニュー・リパブリック』(一月三十一日号)はどうかというと、「いつも調和を求める『グローブ』紙」と非難している。その意味するところは、アメリカの力を再建し、共産主義と戦う過程から逸脱したものとして、イランは最良の扱いを受けたということである。たしかに、この本質的に強硬な姿勢は、アメリカの半ば公式のイデオロギーにまで格上げされたのだ。『フォーリン・アフェアズ』誌の一九八〇・八一年冬季号で、ロバート・W・タッカー教授は「アメリカの力の諸目的」と題する論文を書き、そのなかで「再興するアメリカ」を進める者と「孤立主義」を進める者との中間の新しいコースにカジを合わせるよう主張している。しかし、ペルシャ湾と中米については、かれの提唱する政策は介入主義そのものである。そのことは、かれがアメリカはそうした地域では、内部秩序の変動もソ連の影響力の拡大も「容認」できないと語っていることにうかがわれる。そのどちらの場合においても、容認できる変動とは何か、容認できぬ変動とは何かを決定するのは、アメリカ自身である。そこで心情的には同類のハーバード大学のリチャード・パイプス教授は、レーガン新政権は世界を二つの単純な陣営、つまり親共諸国と反共諸国に分類し直せと提唱しているのである。

冷戦への回帰があるレベルで新しい決意を生んだとすれば、同時に自己欺瞞の再生をも促したといえる。西側に対しその過去について、罪悪感からというよりも自己覚醒から検討するように求める者も敵にされてしまう。そういう人びとは無視されることになる。その象徴的に強力な一例がウェストポイントでの人質の記者会見でみられた。記者団の一人は、パーレビ時代にアメリカはイラン人の手足切断をそそのかしたことがあるというのに、「アメリカ政府が人質への拷問について云々するのは、偽善の最たるものだ」と発言した。テヘランの米大使館代理大使でイランにおけるアメリカの高級外交官であったブルース・ランゲンは、質問を聞いていなかったと二度言った後、イラン人の残酷とアメリカの無実についてのより気心の合った話題にさっさと切り換えてしまったのである。

非合法的な大使館占拠と人質帰還だけを取り上げてドラマ化し取材することにあてられた時間のごく一部分でも、シャー時代の弾圧と残虐を暴露することに使われていたら、どうであったか。そのことを考える専門家やメディアの司会者や政府当局者は皆無のように思われた。イランで本当は何が起きているのかを、当然知りたがる一般庶民に伝えるために、巨大な情報蒐集機能を利用するという発想には限界がなかっただろうか。それに代わるべき手段も、愛国心を盛りあげたり、狂気のイランに一種の大衆的怒りをあおることにのみ限定されるべきだったのだろうか。

嘆かわしく誇張されたこのエピソードが終わったからといって、こうした設問が無用のものだとは思わない。世界政治の枠組みがどう変化したかを考えることは、西側の人びと一般、とくにアメリカ人にとって、実際的であるとともに有益なことでもあろう。「イスラム」なるものは、テロに訴える石油供給者の役割に限定されようとしているのだろうか。定期刊行物や調査は「誰がイランを失ったか」に焦点をあてるべきなのか。それとも議論や反省は国際社会や平和の発展により適合した話題に向けられた方がよいのか。

たとえばメディアが巨大な情報拡散能力を責任ある方法で行使するためのヒントは、一九八一年一月二十二日と二十八日に放映されたＡＢＣテレビの三時間の特別番組『秘密交渉』にうかがわれよう。人質解放のためのさまざまな方法を明らかにしつつ、この放映は知られていなかった多くの材料を紹介したが、気づかれぬまま胸の底にひそんでいた姿勢に突然光があてられた時ほど感動的なことはなかった。

そんな瞬間の一例は、クリスチャン・ブールジェが一九八〇年末のホワイトハウスにおけるカーター大統領との会談のもようを語る時である。フランスの弁護士で、イランと関係をもつブールジェは、アメリカとイランの間の仲介役を演じていたのだが、元シャーの逮捕についてパナマと取り決めができていたにもかかわらず、シャーが急にエジプトへ出発したために、ワシントンにやって来たのであった。ブールジェとカーター大統領は情勢を再検討せねばならなかった。以下、ブールジェの発言である。

ブールジェ——ある時点で、（カーター大統領は）人質について語り、人質はアメリカ人で無実なんだよと言った。私はかれにいった。大統領、その通りです。人質が無実だと、あなたがおっしゃるのは理解できます。しかし、イラン人にとっては人質が無実でないことを、あなたは理解せねばならないと信じます。個人としては何もしなかったにせよ、かれらは無実ではないのです。なぜならば、かれらはイランでいろいろなことをした国家を代表する外交官だからです。

人質をとるという行為はかれら個人に対するものでないことを、あなたは理解すべきです。もちろん、あなたにそれはおわかりでしょう。人質は安全で何の危害も受けていません。殺害されそうになったこともありません。シンボルなのです。われわれがこの問題で考えねばならないのは、シンボルという面においてなのです。そのことをあなたは理解する必要があります。

（この放送記録はニューヨークのＡＢＣテレビのベロニカ・ポラードの好意で提供を受けた）

実際のところ、カーター大統領も大使館占拠を象徴的なものとみなしていたようだが、ブールジェと違って大統領独自の論拠の枠組みを持っていた。大統領にとって、アメリカ人の無実は明々白々であって、ある意味では歴史の外にあった。かれが別の機会に言明しているように、アメリカに対するイランの不満は古代史に属していた。いま問題とすべきは、イラン人がテロリストであり、たぶん潜在的にイランは常にテロリスト国家であったということだ。実際、アメリカを嫌い、アメリカ人を人質にする者は誰であろうと、危険で病的であり、理性と人間性と礼節を逸脱している。それがカーター氏の理解であった。

外国人のある者は、アメリカが長期にわたって独裁者を支持してきたと感じているが、カーター氏がそのこととテヘランで非合法的に捕われたアメリカ人に起こっていることとを結びつけられないのは、まことに象徴的というべきである。人質をとるという行為に完全に反対するとしても、また人質の帰還には喜びあるのみと考えるにしても、ある特定の現実を忘れやすいという公式の国家的傾向みたいなものからは、警告的な教訓を学ばねばならないだろう。民衆と国家の間のあらゆる関係には二つの側面がある。「われわれ」に対して「かれら」を好きになれとか承認せよと命令するものは存在しない。しかし、われわれは少なくとも二つのことを認めるべきである。第一は「かれら」がそこに存在すること、そして第二に「かれら」にとっての「われわれ」とは、あるがままのわれわれプラス、かれらがわれわれについて経験し、知っていることである。これは無実か有罪かの問題ではなく、愛国心や反逆の問題でもない。双方とも相手を無視できるほど完全に現実を支配しているわけではない。もちろん、われわれがアメリカ人として、相手は実体論的に有罪であるゆえに、われわれは無実だと信ずる場合は別である。

ここで、メディアが提供してくれたもうひとつの有益な材料を検討していただきたい。それは一九七九年八月十三日テヘランのランゲン代理大使からバンス国務長官にあてた機密電報のことだが、ブールジェとの会談で示されたカーター大統領の態度と完全に一致する公式記録である。『ニューヨーク・タイムズ』が一九八一年一月二十七日に報じたこの電報は、おそらくはイラン人とはどんな人間かをアメリカ国民に理解させる目的で掲載されたのだろうが、結果として、人質事件についての皮肉な脚注になったようだ。しかし、ランゲン代理大使の電報は、かれが論じている「ペルシャ精神」に関する科学的な説明ではない。かれは冷静な客観性と文化についての専門知識を持つかのように装っているにもかかわらず、である。電報はむしろイデオロギー的な意見表明であり、私の考えでは、そのねらいは「ペルシャ」を時代を超えたきわめてはた迷惑な実体に変えてしまい、そうすることによって人質交渉にあたったアメリカ側のすぐれた道義性と国家的な正常さを高めようとすることにあったと思われる。その結果、「ペルシャ」を説明するたびにその国家像を傷つけ、他方で「アメリカ」についての吟味と分析を避けて通っているのである。

自らの目を閉ざすこの姿勢は、二つの方法で修辞学的に完成されているので、それを詳細に点検する価値がある。第一に歴史が一方的に抹殺されているのだ。たとえば「イラン革命の効果」などはタナ上げされて、「ペルシャ精神」を特性づける「どちらかといえば恒常的で……文化的・心理的資質」が強調されている。そのため現代イランは時代を超越したペルシャになってしまう。この手法を非科学的に適用すれば、イタリア人はデイゴウ、ユダヤ人はイード、黒人はニガーになるといったぐあいである。（上品な外交官に比べて、街頭の戦士の方がなんとすがすがしくて正直なことか！）第二に、「ペルシャ」の国民的性格を説明するにあたって、イラン人の想像的な（つまり誇大妄想的な）現実感覚にのみ言及していることである。ランゲンはイラン人が体験した本当の背信と苦痛を認めようとせず、またイラン人がその目撃通りアメリカが実際にイランでなしたことに基づいて対アメリカ観を形成するに至った権利を認めてもいない。それはアメリカがイランで何もしなかったというのではなく、アメリカはイラン人から正当な不平や反発を受けることなく、好き勝手をする資格があることだけを意味している。イランでランゲンにとって大事なことは、他のすべての現実を圧倒する恒常的な「ペルシャ精神」のみなのだ。

ランゲンの言葉を読む人たちのほとんどが認めるのは、他の国民や社会をそんな単純かつ類型化した核に矮小化すべきではないということだろう。この点は、疑いもなく、ランゲン自身も認めているのだ。われわれはイランがアメリカを「大悪魔」と呼ぶようならこれを一笑に付すだろうし、実際にそうしているが、同様に公開の議論で黒人やユダヤ人にそんな扱いをするのを今日では許していない。あまりに単純、あまりにイデオロギー的、あまりに人種主義的である。

だが、この特定の敵イランに対しては、そうした矮小化が活用されている。たとえば、『ニュー・リパブリック』誌のマーチン・ペレッツが一九八一年二月七日号で、十七世紀のイギリス人が「トルコ人」について書いた明白に人種主義的な散文の一ページを再録したうえ、中東文化の研究者にとってそれは「古典」であるとしたのち、さらにイスラム教徒の行動様式をわれわれに教えてくれると述べているのも、同様の矮小化の活用である。もし、「ユダヤ人」について書いた十七世紀の散文の一ページが今日、「ユダヤ的」行動を理解する手引きとして公表されたなら、ペレッツはどう反応するのだろうか。問題は、ランゲンやペレッツの資料が、私の論ずるように、イスラムやイランについて何も教えてくれず、また革命後のイランとアメリカの間の緊張の中でイランに対する西側の行動手引きになっているとしたら、そうした資料は正確には何に奉仕するのかということである。

ランゲンの主張では、とにかく「合理的な（西側からみて）交渉過程という概念そのもの」に抵抗する「ペルシャ的性向」が存在するというのだ。われわれは合理的になれるが、イラン人はなれない。なぜなのか。かれによれば、イラン人は人を寄せつけぬほど利己主義的であり、イラン人にとって現実は意地悪であり、「バザール・メンタリティ」は長期的利益よりも目先の利益を優先させる。またイスラムの全能の神はかれらに因果関係の理解を不可能にし、かれらにとっては言葉と現実が結びついていないのだという。全体として、かれ自身の分析から得た五つの教訓によれば、ランゲンの「イラン人」とは、信用できぬ交渉者で、「相手側」への理解や、信頼または善意を受け入れる能力がなく、言葉の約束を実行しようとするに足る性格も欠いている。

この控え目な問題提起の優美さは、何の裏づけもなしにイラン人またはイスラム教徒の属性とされているものの文字通りすべてが、「アメリカ人」に適用できるということである。「アメリカ人」以外に誰が、歴史と現実を否認して、それは「イラン人」には無意味なのだと一方的に言い切るだろうか。ここで、次のような談話室のゲームをやってほしい。ランゲンが「イラン人」特有のものだといういくつかの性格について、ユダヤ・キリスト教文化・社会の中から相当するものを見つけようというゲームである。人を寄せつけぬ利己主義については、ルソー。現実の悪魔性については、カフカ。神の全能性については、旧約・新約聖書。因果関係の無理解については、ベケット。バザール・メンタリティについては、ニューヨーク証券取引所。言語と現実の混乱については、オースティンとサール。しかし、西洋の本質についての像を組み立てるのに、ナルシシズムにかんしてのクリストファー・ラッシュ、ファンダメンタリストの説教師の言葉、プラトンの『クラテュロス』、コマーシャル・ソングの一節、そして（不変のあるいは恵みに富む現実を西洋は信じる能力のない例として）レビ記から選ばれた詩句に飾られたオウィディウスの『転身物語』、そういったもののみを使うという人は、おそらくないであろう。

ランゲンのメッセージは、そのような説明の仕方と機能的に同じものである。別の文脈でみれば、それはよくいって風刺、悪くいえば粗雑でたいした打撃を与えぬ攻撃に思えるだろう。心理戦争の一部としても、それは効果的ではない。なぜならば、そこには相手の弱さよりも筆者の弱さが暴露されているからである。たとえば、筆者は相手について極端に神経質であり、鏡に映った自分自身としてしか他人を見ることができないことがうかがわれる。イラン側の考え方を理解し、あるいはそのためにイスラム革命そのものを理解するかれの能力はどこにあるのか。イラン革命とは忍耐しがたいペルシャの専制とそれを打倒する必要から生まれた直接の結果であると考えられているのである。

交渉過程の合理性に対する善意と信頼の関連では、一九五三年の出来事に触れないとしても、一九七九年一月末、アメリカのハイザー将軍が直接促した反革命の軍事クーデター計画については多くのことが語られてきた。さらに、各種のアメリカの銀行の行動があり（シャーの都合にあわせるよう規則を曲げることに異常なほど従順だった）、これらの銀行は一九七七年に結ばれたイランとの借款契約を、一九七九年に取り消したのである。取り消しの根拠は、イランが約束の時期までに利子を支払わなかったということであった。ところが、『ル・モンド』紙のエリック・ルーローは一九七九年十一月二十五、六日に、実際はイランが予定より早く利子を支払ったとの証拠をかれ自身が見たと報じている。これでは「イラン人」が相手を敵とみなすことに何の不思議もない。ランゲンも、自分が敵であり、危険にさらされていると明白に述べている。

だが、問題は公正さではなく、正確さであることをわれわれは認めよう。アメリカの出先スタッフはワシントンに対して助言する。その際、かれは何に頼るのか。ひと握りのオリエンタリストの決まり文句である。それらはサー・アルフレッド・ライアルが東洋精神について描写したもの、あるいはクローマー卿がエジプトの現地人と交渉したことの説明から、そっくり拝借した言葉かもしれない。ランゲンの報告通り、もし当時のイラン外相イブラヒム・ヤズディが「イランの行動がアメリカにおける対イラン認識を形成している」との考え方を拒否するとしたらどうだろうか。アメリカの政策決定者はその考え方を受け入れるつもりなのだ。しかもアメリカの行動がイランにおける対アメリカ認識を形成したという考え方を受け入れる以前に、である。ではシャーはなぜアメリカに入国を認められたのだろうか。われわれはイラン人と同様、「自らの行動に対して責任をとるのが大嫌い」なのだろうか。

ランゲンの報告は、物事を知らず、知性を欠いた権力の産物であり、他の社会を理解するのにはほとんど役立たぬことが確実である。われわれが世界にどう立ち向かうべきかの一例としては、何の自信をも湧き立たせない。アメリカの不注意な自画像として、それは端的にいって無礼である。では、それは何の役に立つのか。それが教えているのは、アメリカの代表、そしてかれらとともにオリエンタリスト体制の大きな部分が、どのようにしてアメリカ世界にもイラン世界にも合致しない現実を創出したかということである。だが、もしそれがそうした誤った説明を永遠に捨て去った方がよいということをも示していないとすれば、アメリカ人はさらに国際的な困難におちいり、その無邪気さが再び無益に傷つくことになろう。

イランとアメリカがこじれた不快を経験したのは事実であり、また大使館占拠が全般的にイランが非生産的で後退的な混乱に進む前触れとなったことも認めよう。しかし、最新の歴史から不十分な知恵を悦に入りながら蒐集する必要はまったくない。事実は、「西洋」に変化が起こっているのと同様に、「イスラム」にも変化が生じているということである。形とペースは異なるが、若干の危険と若干の不安は似ている。「イスラム」と「西洋」（または「アメリカ」）は、支持者たちを集める叫びとして、洞察よりも煽動を与える。また新たな現実の混乱に対する同等かつ反対の反応として、「イスラム」と「西洋」は分析を単純な論争に、経験を幻想に変えてしまうことができる。人間的経験の具体的詳細に対する敬意、他を慈悲深く観察することから得られる理解、道義的かつ知的誠実さを通じて入手、拡散される知識――たしかにこうしたものは現在、対決やはね返る敵意よりも、容易ではないにしても、好ましい目標である。そして、もしその過程において、われわれが残りの憎悪と、「ムスリム」「イラン人」「トルコ人」「アラブ人」あるいは「西洋人」といったラベルの不快な一般化を最終的に処分することができるならば、それだけ結構ということになろう。

一九八一年二月九日　ニューヨークにて　E・W・S

第一章　ニュースとしてのイスラム

1　イスラムと西洋世界

ニューヨークのコンソリデイテド・エジソン（ＣＯＮＥＤ）社は、一九八〇年夏、アメリカ人の代替エネルギー源についての考え方を述べるため、人目を引くテレビ広告を出した。ヤマニ、カダフィ、それにさほど有名ではないが、ひと目でそれとわかるアラブ服の石油輸出国機構（ＯＰＥＣ）関係者のフィルムと、ホメイニ、アラファト、ハーフェズ・アサドら、石油とイスラムに関わりのある他の人物のフィルムや写真とが、交互に写し出された。人物の名前には触れていなかったが、「これらの人物」がアメリカの石油入手源をコントロールしているのであると、ドスをきかせて語られた。バックに流れる重々しいナレーターの声は、「これらの人物」が実際に誰であり、どこの国の人かを述べず、この男ばかりの悪漢どもがアメリカ人を無遠慮なサディズムの手中にあずけてしまったのだという印象を、いやが上にも与えていた。かれらが新聞やテレビに現われるとアメリカの視聴者は、怒りや敵意や恐怖のいり混じった感じを抱くのだが、「これらの人物」も十分そのように見られたのだ。そしてＣＯＮＥＤ社が国内コマーシャルのために、即座に呼び覚まし、利用したのは、このように混じり合った感情である。ちょうどそれは、一年前、当時のカーター大統領の国内政策顧問スチュアート・アイゼンスタットが、「われわれは、明白な敵だった。

OPECとの現実の危機をめぐって、強力な措置で、国民を結集すべきだ」と大統領を促したことと同じ

CONEDのコマーシャルには二つのことがらが含まれており、合体するとこの書物の主題になる。もちろんひとつはイスラム、いや正確に言えば、西洋一般におけるイスラムのイメージ、とくにアメリカでのイメージである。もうひとつは、西洋とくにアメリカにおけるそのイメージの利用である。今後わかることだが、これらはいろいろな形で結びついており、やがてヨーロッパおよびアメリカについて明らかにし、さらにあまり具体的ではなく愉快でもない形ではあるが、イスラムについても明らかにするだろう。だが、当面の局面を検討する前に、イスラムとキリスト教支配の西洋との歴史的関係を、まず考えてみたい。

少なくとも十八世紀末からわれわれの時代に至るまで、イスラムに対する近代西洋の反応は、きわめて単純化された考え方に支配されており、いまだにオリエンタリストと呼ばれてもよいほどである。オリエンタリストの考え方の一般的基盤は、想像によって極端に分極化された地理学にあり、世界を二つの不平等な部分、つまりオリエント（東洋）と呼ばれる広大な「別の」世界と、オクシデント（西洋）または西側と呼ばれる「われわれ」の世界とに分割した。[1] ひとつの社会・文化が、それとは異なる別の社会・文化を考える時、そうした分割が生まれるのが常である。だがオリエントが、画一的に世界の劣勢部分と考えられている時でさえ、西洋よりも常に、より広い地域と、より強大な潜在的な力（通常は破壊力）に恵まれているのは興味深いことである。イスラムがいつもオリエントに属していると考えられる限り、オリエンタリズムの全体構造の内部におけるイスラムの特殊な宿命は、まず、それがあたかも一枚岩のように思われること、ついで、特別な敵意と恐れの目でみられることである。もちろんこのことには、宗教的・心

理的・政治的理由が多々あるが、もとをただせば、いずれの理由もひとつの感覚に由来している。つまり、西洋に関する限り、イスラムは手ごわい競争相手であるだけでなく、キリスト教に対しても後発の挑戦を表わすというものである。

ヨーロッパにおける中世の大半およびルネサンス初期には、イスラムは背信と冒瀆と曖昧の悪魔的信仰であると信じられた。[2] ムスリムがムハンマドを預言者とみなし、神とは考えないのは重大とは思えなかったが、キリスト教徒にとって問題なのは、ムハンマドが偽りの預言者、不和の煽動者、官能論者、偽善者、悪魔の化身であることだった。厳密にいえば、このようなムハンマド観は教義上の見方ではなかった。現実世界で起こる現実的出来事は、イスラムから相当に大きな政治権力をつくり上げた。数百年の間、イスラムの大規模な陸海軍はヨーロッパを脅かし、その在外基地を全滅させ、領土を植民地化したのである。あたかもより若く、力強く、活力に満ちたキリスト教の亜流みたいなものが東方に生まれ、古代ギリシャの学問をとり入れ、無邪気で恐れ知らずの好戦的信念で活性化し、キリスト教撲滅に乗り出していたかのようだった。イスラム世界が衰退期に入り、ヨーロッパが上昇期に突入しても、「ムハンマドの教え」の恐怖は続いていた。キリスト教以外のいかなる宗教よりもヨーロッパに近接するイスラム世界は、それゆえにヨーロッパ侵略や潜在的力の記憶を呼びさまし、再三にわたって西洋を悩ませた。他の偉大な東方文明、とくにインドや中国は敗北し、かつ遠方であると思われたため、いつも心配の種というわけではなかった。唯一イスラムだけが、完全には西洋に屈していないようにみえた。そして、一九七〇年代初めの劇的な石油価格の高騰以後、ムスリム世界がもう一度、初期の征服を今にも繰り返しそうだと、西洋全体がふるえ上がったようである。

その後一九七八年、イランはアメリカ人の不安をつのらせ激情に火をつけて、中央の舞台へと躍り出た。

アメリカからはるか遠くの、似ても似つかぬ国家が、アメリカをそれほど強く巻き込んだ例はまれである。アメリカが劇的事件の続発を食い止めるため、あれほどマヒし、無力に思えたことはなかった。しかも、この間ずっとアメリカは、イランをあわてさせるには至っていない。というのもイランは激しい反抗によって、各方面でアメリカ人の生活を侵害していたからだ。エネルギー不足の時期には、イランは主要な石油供給国であった。イランは変化が激しく、戦略的には死活的に重要と一般にみられている地域に属する。一九一七年十月以降ではほとんど先例のないほど、大きなスケールで革命的変動が荒れ狂った一年間に、重要な一同盟国としてのイランが、その王制と軍隊とアメリカの地球的思惑における価値を失うことになった。イスラム国家を自称し、民衆主義かつ反帝国主義と思われる新体制が、生みの苦しみを味わっていた。アヤトラ・ホメイニの姿と存在がマスコミを占拠したが、頑固で強力で、アメリカに対し深い怒りを示していることを伝えた他に、マスコミは彼のことを重視しなかった。結局、一九七九年十月二十二日、シャーがアメリカへ入国した結果として、十一月四日テヘランのアメリカ大使館が学生グループに占拠され、多くのアメリカ人が人質にとられたのである。本稿を執筆している段階で、この人質危機は終結に近づいている。

イランの事態への反応は、真空状態で起きたのではない。アメリカ民衆が潜在的に持っている文化的意識をずっとたどると、イスラム、アラブ、そして広くオリエントに対して、長い間持ち続けた姿勢がそこにある。それを私はオリエンタリズムと呼んでいる。最近もてはやされたV・S・ナイポールの『暗い河』やジョン・アップダイクの『クーデター』をみても、あるいは小中学校の歴史教科書、続き漫画、テレビのシリーズもの、映画、風刺漫画を眺めても、イスラムの描き方は画一的で、どの題材も同じ昔ながらのイスラム観からとられている。だからムスリムは石油の供給者やテロリスト、ごく最近では血にうえた暴徒として風刺漫画にしばしば登場するのである。逆に、文化一般の中で、とくに非西洋人に関する講演において、イスラムやイスラム的なものを同情的に話したり、考えたりする機会はなく、いわんや描写する場所は見当たらない。かりに現代イスラム作家の名をあげよといわれれば、おそらく大抵の人は、カリル・ジブラン（ムスリムではないが）しか探し出せないだろう。イスラム専攻の学者たちがイスラム教や多様なイスラム文化を扱うのは、創造されたり文化的に規定されたイデオロギー的枠組みの中においてだが、この枠組みは激情と保身上の偏見に満ち、しばしば急変さえするのである。つまりこのイデオロギー的枠組みのゆえに、イスラム理解は実に難しい仕事となっている。そして一九七九年春のイラン革命についての詳細なマスコミの諸研究やインタビューから判断すると、革命そのものを、アメリカにとっての敗北（もちろん、きわめて特殊の意味では、その通りだが）、あるいは善に対する悪の勝利とみなす受け取り方から、一歩も出ていなかった。

このようなイスラムへの一般の敵意をはっきりさせようとして、V・S・ナイポールが買ってでた役割は興味深い。『ニューズウィーク・インターナショナル』（一九八〇年八月十八日号）で発表された最近のインタビューで、彼は自ら執筆中の「イスラム」に関する本のことを語り、それから「ムスリム原理主義は知的内容に乏しく、したがって崩壊するだろう」と進言した。かれがとくに言及したムスリム原理主義とは何なのか、かれの考える知的内容とはどのような種類のものなのか、かれは何も言っていない。イランを意味することは疑いなかったが、同様にあいまいな表現で、第三世界を戦後襲ったイスラムの反帝国主義の全体をも意味していた。後者は、とくにかれが嫌悪してきたものである。ナイポールの最新の二つの小説『ゲリラ』と『暗い河』の中で、イスラムが問題にされているが、それは第三世界に関する彼の全般的な告発の一環をなしている。その告発の内容として、彼は一部のグロテスクな支配者の腐敗した悪、ヨーロッパ植民地主義の終焉、ついで植民地時代以降の土着社会再建の努力などを、アフリカ・アジアにおける全般的な知的失敗例として総括している。ナイポールによれば、痛ましい西インド諸島のゲリラがイスラムの姓を使っていることでも、またアフリカで奴隷売買が残っていることでも、「イスラム」が主役を演じているというのである。ナイポールやかれの読者にとっては、ともかく文明的で欧米風の合理主義的見地から、ほぼダメだとされることは何でも、「イスラム」が一手に引き受けてくれるのだ。(3)

「イスラム」あるいは現在イランやムスリム世界の他の地域で活性化しているイスラムが小説家、報道記者、政策立案者、いわゆる「専門家」の手にかかると、宗教的情熱、正義のための闘い、人間的弱点、政治闘争、そして目に見えるままの男や女や社会の歴史などの間の区別ができなくなるかのようだ。「イスラム」は多様なムスリム世界のあらゆる局面をことごとく飲み込んで、すべてを特別に悪意のある無分別な実体に矮小化してしまう。その結果として、分析や理解をするかわりに、われわれ対かれらといったもっとも露骨な形だけが浮き彫りにされるわけである。イラン人やムスリムが自分たちの正義感、圧制の歴史、社会のビジョンについて何かを述べたところで無意味に思える。そのかわりアメリカにとって重要なのは、「イスラム革命」が現在、何をしているか、いかに多くの人を革命委員会が処刑しているか、イスラムの名においてホメイニ師がいかに多くのすさまじい暴力行為を命じているかということだ。もちろんジョーンズタウンの大虐殺、シンシナティでのフーのコンサートで起こった破壊的熱狂やインドシナの荒廃を、キリスト教や西欧やアメリカの文化全体と同一視する者はいないだろう。その種の同一視こそ「イスラム」のために残してあったといえそうだ。

政治的・文化的・社会的、それに経済的な出来事までもが、しばしば条件反射的に、「イスラム」に還元できると思われるのはなぜなのか。素早くて慎しみのないそうした反応を誘い出すものは、「イスラム」

に関するどんな点なのだろうか。西洋の人びとにとって、「イスラム」やイスラム世界はたとえば他の第三世界やソ連とはどう違うのか。まったくのところ容易な設問ではないので、多くの条件をつけ、精密に区別しながら、ひとつひとつ回答を出さなければならない。

途方もなく大きく複雑な現実にレッテルを貼ろうとすれば、それは周知のごとくあいまいになるのもやむをえないだろう。「イスラム」が不正確でイデオロギーを満載したレッテルだというのが本当ならば、「西洋」「キリスト教」という言葉も同じく当然問題になる。だが、ムスリムがイスラム教を、キリスト教徒がキリスト教を、西洋の人が西洋を、そしてその全部の人々が他のすべてを、説得力があり正確だと思われるように話す以上、こうしたレッテルを避けるのは容易ではない。レッテルとつき合って行く方法を提案するよりも、レッテルは存在しており、客観的な分類というよりむしろ、文化的歴史の欠くことのできない部分として永い間使用してきたのだということを、最初に認める方がより即時的に有益だと思われる。そののちに、いわゆる解釈集団のために、かつ解釈集団によって生まれた解釈として、レッテルについて説明したい。したがって、「イスラム」「西洋」そして「キリスト教」でさえも、少なくとも二つの異なった機能と、二つの意味を持ち、いつの場合もそのレッテルが使われるということを記憶しておく必要がある。第一に、ホメイニはムスリムである、あるいは法王ヨハネ・パウロ二世はキリスト教徒であるという時のように、単純な身元確認の機能を果たす。そのような言い方は、あるものが何であるかを、他のすべてのものと対立的に説明する最低限のものにすぎない。このレベルでは、オレンジとリンゴの区別をすることはできるが（ムスリムとキリスト教徒との区別のように）、せいぜい異なる樹になる異なる果実であるとわかる程度でしかない。

第二の機能は、ずっと複雑な意味を生み出すことになる。今日の西側で「イスラム」を語ることは、私が述べているような多くの不愉快なことを意味するだろう。その上「イスラム」が意味するものは、直接的または客観的知識をいうのではなさそうである。同じことは「西洋」の用法についてもいえる。怒りをこめ、または確信しながら、これらのレッテルを使っている人びとのどれほどが、西洋の伝統のすべての面やイスラムの法制、イスラム世界の実際の言語を、しっかり把握しているだろうか。明らかにほとんどいないだろう。だがそのことは、人びとが「イスラム」と「西洋」について自信をもって性格規定し、あるいは自らの議論の対象を正確に理解していると信じ込むのに、何の妨げにもなっていない。

だからこそ、そのレッテルを真剣にとりあげてみる必要があるのだ。「西洋」について語るムスリムや、「イスラム」について語るアメリカ人の背後には、こうした途方もない一般化を同時に可能にもするし不可能にもする歴史全体が存在する。イデオロギー的であり、また強力な感情が込められているゆえに、レッテルは多くの経験を積みかさね、新しい出来事や情報や現実への適応を可能としてきた。現在、「イスラム」と「西洋」はいたるところで強力で新しい緊急性を帯びている。そしてイスラムと対抗させられるようにみえるのは、キリスト教ではなくいつも西洋だということに、ただちに留意しなければならない。それはなぜなのか。「西洋」はその主要宗教のキリスト教の舞台より大きく、超越しているけれども、イスラム世界はその多様な社会、歴史、言語にもかかわらず、依然として宗教、未開、後進性の苦境にはまりこんでいると考えられているからである。したがって、西洋はその構成部分の総体よりも近代的で偉大であり、豊かな矛盾に満ち、しかも、その文化的主体性ではいつも「西洋的」である。一方イスラム世界は、そのさまざまな矛盾や体験の豊かさが表面上、西洋並みにみえるにもかかわらず、「イスラム」以上のものではなく、わずかな不変の特性に矮小化しうるのである。

そのような意味のことを述べた最近の例では、一九八〇年九月十四日の『ニューヨーク・タイムズ』日曜版の「週間ニュース評論」にのった記事がある。問題の文章は、『タイムズ』の有能なベイルート特派員、ジョン・キフナーによるもので、その主題は、ムスリム世界へのソ連の浸透度ということである。キフナーの考え方は、その見出し（「マルクスとモスクは従来にくらべ、調和的ではない」）から十分明らかであるが、注目すべきは、彼がイスラムを利用して、抽象的概念と広大で複雑な現象をあまりに直接的かつ無条件に結びつけようとしていることだ。これは他のどんな場合でも、受け入れがたいことであろう。他のあらゆる宗教と異なり、イスラムは包合的で、教会と国家、宗教と日常生活の一体化が許されるにしても、その記事にはとくに――そしてたぶん故意に――無知な点や真実を知らせまいとする点があるのだ。それは、よくあることではあるが、たとえば次のような説明である。

モスクワの影響力が弱まっている理由は、疑いの余地のないほど簡単である。マルクスとモスクは両立しないものなのだ〔それでは、マルクスと教会、マルクスと仏寺はそれより調和しうるといえるのだろうか〕。

宗教改革以降、宗教の役割を着実に縮小させた歴史的・知的発展が形成した西洋精神にとって〔明らかにここがポイントだ〕、イスラムが発揮する力を把握するのは至難の業である〔イスラムは歴史や知性によって形成されたものではないらしい〕。だが、何世紀もの間イスラムはこの地域の生活で中心勢力をなし、少なくとも当面、イスラムの力は上昇中だと思われる。

イスラムでは教会と国家が分離されていない。それは、信仰だけでなく行動も含めた包合的制度で、日常生活の一定のルール、戦闘へのメシア的突進、異端者の改宗なども含んでいる。純粋に世俗的な人間観をもつマルクス主義は、熱心な宗教家、とくに学者や聖職者、さらに一般大衆〔つまり誰も排除されない〕にとって、異質であるだけでなく異端でもある。

キフナーは、歴史を無視し、イスラムとマルクス主義の間の、当然限定的ではあるが興味深い一連の対比のごとき複雑な問題を無視しているだけでなく（この問題を研究したマキシム・ロダンソンは自著の中で、マルクス主義が長年にわたってイスラム社会に若干の浸透を果たしたようにみえるのはなぜかを、説明しようとしている）[4]、議論の根拠を「イスラム」と西洋の間の隠された比較に求めている。つまり単純で、一枚岩的で、全体主義的イスラムより、西洋ははるかに多種多様で性格づけが不可能だということである。キフナーがそんな発言をしながら、間違いだとかばかげていると思われる危険性がまったくないというのは興味深い。

イスラム対西洋、この対置は驚くほど豊かな変奏曲のための通奏低音である。ヨーロッパ対イスラムとは、アメリカ対イスラムと同様、イスラムが包含するテーマだが[5]、全体として西洋とのまったく違った現実の体験が重大な役割を演ずる。というのはアメリカとヨーロッパではイスラム認識において非常に重要な差があるからだ。たとえば、フランスとイギリスは、つい最近まで、大きなムスリム帝国を所有していた。イタリア、オランダも、もっと小規模ながらフランス、イギリスと同様、ムスリム植民地を持ち、イスラム世界と直接体験を持った長い伝統がある[6]。これはオリエンタリズムというヨーロッパの高貴ある学問に反映されている。もちろん、オリエンタリズムは植民地所有国に存在したと同時に、植民地を求めたか、ムスリム地域に近接していたか、あるいはかつてムスリム国家だった諸国（ドイツ、スペイン、革命前のロシア）にも存在した。今日ソ連は、約五千万人のムスリム人口をもち、一九七九年末からムスリム国家アフガニスタンを軍事占領している。アメリカ人が今ほどイスラムについて書いたり、考えたり、話したりしたことは過去になかったとしても、このようなことはどれも、アメリカにはあまりあてはまらない。

アメリカでは、植民者としての過去やイスラムへの長期にわたる文化的関心がなかったので、現在の固定観念はますます奇妙で、抽象的で、受け売りのものとなったのである。比較しての話だが、本物のムスリムたちと実際に多くの関係を持ったことのあるアメリカ人は、ほとんどいない。アメリカと比べてフランスでは、人数の点で第二の宗教はイスラムであり、その結果、人気はとくに高くはないが、間違いなくよく知られている。近代ヨーロッパでイスラムへの関心が高まったのは、十八世紀末から十九世紀初頭にかけての、いわゆる「オリエンタル・ルネサンス」の一部としてである。それはフランスとイギリスの学者が、「東洋」――インド、中国、日本、エジプト、メソポタミア、聖地パレスチナ――を再発見した時代だった。イスラムは、東洋の一部として、良かれ悪しかれ、神秘、異国趣味、背徳、潜在能力といったものを分かち持っているようにみえた。事実、イスラムは、かつて何世紀もの間、ヨーロッパにとって直接の軍事脅威であり、また、中世およびルネサンス初期の間、キリスト教思想家にとっての厄介物であった。かれらは、イスラムとその預言者ムハンマドを何百年もの間、鼻持ちならぬ背信の一種とみなし続けたのである。しかし、少なくともイスラムは、多くのヨーロッパ人にとって一種の恒常的な宗教文化の挑戦であったが、ヨーロッパ帝国主義がイスラム地域にその諸制度を樹立するのを阻止するには至らなかった。そしてヨーロッパとイスラムの間にどれほどの敵対関係があったにせよ、そこには直接体験も存在し、ゲーテ、ジェラール・ド・ネルヴァル、リチャード・バートン、フロベール、ルイ・マシニョンのごとき詩人、小説家、学者の場合には想像力と洗練がともなった。

だがかれらのような人物がいたにもかかわらず、ヨーロッパでイスラムは歓迎されざる客であった。ヘーゲルからシュペングラーに至るほとんどの偉大な歴史哲学者は、あまり熱狂することなくイスラムをみつめてきた。アルバート・ホーラーニーは、冷静にして明快な論文「イスラムと歴史哲学」の中で、信仰システムとしてイスラムがつねに傷つけられてきた問題を議論している。[7] 風変りなスーフィ派の作家や聖人に対する一時的な関心は別として、ヨーロッパに人気のある「東洋の知恵」の中には、イスラムの賢人や詩人はほとんど入らない。現代教育を受けたヨーロッパ人に知られているイスラムの全人物リストといっても、オマル・カイヤーム、ハルーン・アル・ラシード、シンドバッド、アラジン、ハッジ・ババ、シェヘラザード、サラディンくらいのものだ。カーライルでさえ、預言者ムハンマドを広く認めさせることはできなかった。ムハンマドが広めた信仰の実体については、ヨーロッパ人にとって、キリスト教の基盤の上に受け入れることは基本的に不可能に思えたが、まさに同じ理由によって興味がないわけでもなかった。十九世紀末ごろ、アジアとアフリカにイスラム民族主義が抬頭するにつれ、ムスリム植民地はヨーロッパの保護下にとどまるべきものとする見方が世間に広まった。その理由としては、これら植民地は未開発で、西欧型規律が必要であると同時に、そこから収益をあげることができたからである。[8] それはともかく、イスラム世界に向けられた度重なる人種差別や侵略にもかかわらず、ヨーロッパ人はイスラムが彼らに意味するものについて、かなり精力的な理解をたしかに示した。だからこそ、十八世紀末から今日に至るまで、学問、芸術、文学、音楽、公開講演などヨーロッパ文化の全域において、イスラムの反映が認められてきたのである。

アメリカのイスラム体験には、こうした具体的なことがらはほとんどみられない。十九世紀におけるアメリカ人のイスラムとの接触は、きわめて限られたものだった。誰もが考えるのは、マーク・トウェインやハーマン・メルヴィルのように時たま訪れる旅行者、あちこちを巡回する布教団、それに短期駐留の北アフリカ遠征隊だろう。第二次世界大戦以前のアメリカには、文化的にイスラムが存在するという明白な場所がなかった。学界の専門家も、オリエンタリズムの華麗な脚光を浴びたり、一流雑誌のページを飾ったりすることはなく、神聖な象牙の塔の静かな片隅でイスラムを研究するのが通例だった。約一世紀の間、イスラム諸国へやってきた布教団と外交団、および石油会社のスタッフとの間には、ひそやかではあったが、すばらしい共生関係が続いた。そこから時には、国務省や石油会社の「アラビスト」を敵視する発言が飛び出したりした。「アラビスト」はとくに敵意をこめた反ユダヤ主義という形のイスラムびいきの傾向を持つと見なされている。一方、アメリカにおいてイスラム学専門家として知られる重要人物は、いずれも外国生まれである。たとえばプリンストン大学のレバノン人フィリップ・ヒッティ、シカゴ大学とカリフォルニア大学ロサンゼルス校のオーストリア人グスタフ・フォン・グルネバウム、ハーバード大学の英国人H・A・R・ギブ、コロンビア大学のドイツ人ジョゼフ・シャハトらである。にもかかわらずフランスのジャック・ベルクやイギリスのアルバート・ホーラーニーほどの文化的名声を高めた人は、彼らの中には一人もいない。

しかし、ヒッティ、ギブ、フォン・グルネバウム、シャハトらでさえも、アメリカの活躍の舞台から姿を消している。まさにそれは、ベルク、ホーラーニーらの学者がフランス、イギリスで後継者を見つけられそうにもないのと似た状況である。今日、かれらほど幅の広い文化と大きな権威を持ち合わせる人物はいない。今日、西洋のイスラム学専門家は、十世紀のバグダードにあった理論法律学派や十九世紀のモロッコの都市の様式について知ってはいても、文学、法律、政治、歴史、社会学などイスラム文化全般については まったく知らないか、ほとんど知らない。このことは「イスラムの思惟構造」や「シーア派の殉教好み」について、専門家がしばしば一般化させて議論するのを妨げないが、その意見が公表されるのは、まっ先にそうした見解を引き出す大衆的な雑誌やメディアに限られている。もっと重要なのは、専門家にせよ、素人にせよ、イスラムについて公然と議論するのは、政治危機が起きた時にほぼ限られることである。『ニューヨーク・レビュー・オブ・ブックス』や『ハーパーズ』でイスラム文化について啓蒙的な記事をみるのは、きわめてまれである。サウジアラビアやイランの安定が問題になる時だけ、「イスラム」は一般に論議する価値があるらしい。

考えてみれば、イスラムが、ヨーロッパやラテン・アメリカに詳しい学界や一般の知識人をも含め、大半のアメリカ人の意識の中に浸透してきたのは、石油、イラン、アフガニスタン、テロリズムなどニュース価値の高い問題と関係があるからであった。それだけではないにしても、主としてそうであった。[9] そして一九七九年半ばまでに、このすべてが、イスラム革命、「危機の三日月地帯」「不安定な弧」「イスラムの回帰」などと呼ばれるに至った。特記すべき例として、大西洋評議会の中東に関する特別作業部会（そこには、ブレント・スコウクロフト、ジョージ・ボール、リチャード・ヘルムズ、ライマン・レムニッツァー、ウォルター・レビ、ユージン・ロストウ、カーミット・ルーズベルト、ジョゼフ・シスコらが含まれていた）があげられる。このグループが、一九七九年秋に発表した報告書の題名は、『石油と混乱――中東における西側の選択』[10] であった。一九七九年四月十六日付け『タイム』誌が、イスラムの特集をしたとき、その表紙は、ジェローム の描いた絵で飾られ、ひげをつけたムアッズィン〔礼拝時報係〕がミナレット〔尖塔〕の中に立ち、静かに信者を礼拝に呼び出しているものであった。それは誰でも想像できるように、派手で大げさな十九世紀のオリエンタリスト美術の作品である。しかしながら、この静かな光景は、「戦闘的復活」というまったく無関係な見出しで飾られていて、時代錯誤もはなはだしい。イスラム問題に関するヨーロッパとアメリカの違いを象徴するこれ以上のものはなかろう。人間文化の一側面としてヨーロッパではほとんど日常的に描かれていた静かで落ち着いた装飾的絵画が、この言葉によって、一般のアメリカ人の固定観念に変形してしまったのである。

しかし、本当に私は言いすぎているのだろうか。『タイム』のイスラムに関する報道記事は、センセーショナリズムの趣向に合わせた、単なる下品な文章ではなかったのか。それ以上にもっと真剣な事を本当に明らかにしているのか。いつからメディアは実体や政策や文化の問題について大へん重要になったのか。さらにそれはイスラムが実際に自ら世界の注目を浴びたケースではなかったのだろうか。また、イスラムの専門家には何が起こったのか。かれらの貢献はなぜまったく無視されたり、あるいはメディアが議論し拡散した「イスラム」の中に埋没したりしてしまったのだろうか。

単純な説明ならば、まずいくつかそろっている。先に述べたように、イスラム世界に関するアメリカ人専門家で広範な人びとの注目を集めるほどの人物はひとりもいないのだ。その上、故マーシャル・ホジソンの『イスラムの冒険』三巻が一九七五年かれの死後に出版されたが、これは例外で、イスラムに関する包括的な研究書は、今まで読み書きのできる読者の前にまともに出版されたことがないのが実情である。[11]そうした専門家があまりに特殊なので、かれらが別の専門家だけを相手にしているのか、あるいは研究書が知的にあまりすぐれていないので、日本、西欧、インドに関する著書ほどには人びとの関心を集めなかったかのいずれかである。しかしこうしたことがらは二通りの作用を及ぼしている。まず、フランスのベルク、ロダンソンと比肩できるほど、オリエンタリズムの外で名声を持つアメリカ人の「オリエンタリスト」が見当たらぬという事実がある。同時に、イスラム研究は、アメリカの大学で正当に奨励されておらず、また自らの名声と本来的な才能によってイスラム体験を個人的にも重要なものとするような人物によって、イスラム研究が文化一般の中で支えられていないのも、事実である。[12]レベッカ・ウェスト、フレヤ・スターク、T・E・ローレンス、ウィルフレッド・セシガー、ガートルード・ベル、P・H・ニュービー、最近ではジョナサン・レーバンらと比肩しうるアメリカ人は誰だろうか。せいぜいマイルズ・コープランドやカーミット・ルーズベルトのような、かつてのＣＩＡの連中で、文化的にすぐれた著作家や思想家というにはほど遠い。

イスラムに関する専門家の見解がまったく不在である二番目の理由は、一九七〇年代半ばにイスラムが「ニュース」になった時、イスラム世界に起こっているように思われる事態について、専門家がわき役しか演じなかったことだ。もちろん、ペルシャ湾岸産油諸国が、突如として強力になってきたのは、残酷ともいえる印象的事実であった。レバノンでは、野蛮この上なく、いつ終わるとも知れない内戦が起こった。エチオピアとソマリアが長期戦に巻き込まれた。クルド族問題があっという間に重大化したが、一九七五年以降、やはりあっという間に鎮静化してしまった。イランは巨大かつまったく驚くべき「イスラム」革命の過程で、国王を引きずりおろした。アフガニスタンは一九七八年の共産革命に捕われ、一九七九年末、ソ連軍の侵攻を受けた。アルジェリアとモロッコは、南サハラ問題をめぐる長期紛争に引き込まれた。パキスタンの大統領は処刑され、新たな軍事独裁政権が生まれた。他にもいろいろと起こっており、ごく最近ではイラン・イラク戦争もあるが、このくらいで満足しよう。全体として、こうした出来事のほとんどは、西洋のイスラム専門家によってまだ解明されていないといった方がいいだろう。というのは専門家たちは、そのような事態をまったく予告しなかったばかりか、読者にも心の準備をさせなかったからである。その代わり、かれらの提供した読み物は現実の事態にくらべると考えられないほど遠い世界についてであり、目の前のメディアの上で繰り広げられる不穏かつ恐るべき混乱とは実際に関係のないものだった。

これは重要な問題でいまだに冷静に議論されていないので、慎重に進める必要がある。アカデミックな専門家は十七世紀以前のイスラムを対象とし、根本的には骨董趣味の分野で研究していた。さらに他の分野の専門家と同じく、彼らの研究は細分化されていた。かれらはイスラム史の現代における結果に取り組みたいとも思わなかったし、責任をもって取り組もうともしなかった。ある程度までかれらの研究は「古典的」イスラムの概念や、おそらく一定不変のイスラム的生活、古風な哲学的問題などに結びついていた。いずれにしても現代イスラム世界を理解するには役立たなかった。現代イスラム世界は、イスラム初期（つまり七世紀から九世紀まで）に予想されていたものとは全く異なった方向に発達していたのである。

現代イスラム、もっと正確には十八世紀以降のイスラム世界の社会、人、制度を対象とする専門家は、イスラム世界には絶対に当てはまらぬ概念に従ってつくられた研究の枠組みを認め合い、その中で研究をした。複雑、多様さの中で、この事実を過大にあげつらうわけにはいかない。しかし、オックスフォード大学やボストン大学に籍をおく学者が、研究対象のムスリムによってではなく、同僚によってつくられた基準や因習や期待に主として（それだけではないが）沿いながら、書いたり調べたりしていることは否定できない。多分これは、自明の理であるけれども、まさに強調しておく必要がある。学界での現代イスラム研究は、一般に西欧、ソ連、東南アジアなど、「エリア・プログラム」に属する。したがってそれは、国の政策を定めるメカニズムに結びついている。これは、個々の学者の選択の問題ではない。かりにプリンストン大学の誰かが、たまたま現代アフガニスタンの宗派を研究していたとすれば、とくに今日のような時期にはそうした研究が「政策的な意味」を持つであろうことは明白であろう。その学者は好むと好まざるとにかかわらず、政府や企業や外交政策団体の網の中に引き込まれるだろう。資金や会う人の種類が左右され、一般に報償や相互協力の形式が提示される。本意とかかわりなく、学者は「地域専門家」に変身せざるをえない。

学者の関心が政策問題に直結している場合（政治学者が主だが、現代史家、経済学者、社会学者、人類学者も含めて）、危険とまではいわないが、微妙な問題がからんでくる。たとえば、学者としての立場は、政府の要求とどのように調和されるのか。まさにイラン問題がぴったり当てはまるケースである。シャー体制の間、イラン学者は、パーレビ財団、そしてもちろんアメリカの諸機関からも資金をもらうことが可能だった。その資金は、現状を議論の出発点とする研究に対して支払われ（この場合の現状とは軍事的・経済的にアメリカに結びついたパーレビ体制の存在）、これがある意味で、アメリカの研究者にとっての研究範例となった。イラン危機の末期、下院情報特別委員会のスタッフがまとめた調査報告は次のように述べている。つまり、イラン王制に対するアメリカの評価は「好ましからざるニュースを故意に隠すことにより、直接的ではないにせよ間接的には、現行政策から影響を受けた。政策担当者はシャー独裁政治がいつまでも存続するのかどうか、遠回しに問いただすこともしなかった。つまり政策はシャー政権存続の予測を前提としていたことになる[13]」。このことは、シャー政権を評価し、シャーに対する民衆の反発の原因を明らかにしようとする真剣な研究が、ほんのわずかしかなされないという事態を招いた。私の知る限り、カリフォルニア大学バークレー校のハミド・アルジャー教授ただひとりだけが、イラン人の宗教的感情の持つ現代的政治力を正しく評価した。さらに、アヤトラ・ホメイニが王制を倒しそうだと予告までしていたのは、かれだけであった。他の学者、たとえばリチャード・コタム、エルバンド・エブラハミアンらも、その論述では現状から離脱していたが、実にひと握りの人たちであった[14]。（公平にいって、ヨーロッパの左翼系学者は、シャー存続については楽観的でなかったが、イラン人の反発の宗教的根源を明らかにする仕事ではあまり明快とはいえなかった[15]。）

イランを別として、他の地域でも同様に重大な知的失敗がたくさんある。いずれも、政府の政策と陳腐な考え方が結びつき、それに引きずられて無批判に従った結果なのである。ここでレバノンとパレスチナの場合は教訓的である。永年、レバノンは多元的またはモザイク的文化の典型のように考えられてきた。だが、レバノン研究に使われたモデルは、非常に具体的かつ静態的なものだったので、内戦の残忍さや激しさをまったく暗示することができなかった。過去においては、レバノンの「安定性」というイメージで、専門家の目は異常なほど固定していたらしい。研究テーマも伝統的指導者、エリート、党派、国民性、近代化の成功といったものであった。

レバノンの政治が不安定だと書きたてられ、あるいは不完全な「開明度」が分析されても、なおかつレバノンの諸問題は全体としては対処可能で、極端な破壊からはほど遠いというのが共通した憶測だった。[16] 六〇年代にレバノンは「安定している」といわれていた。その理由は、ある専門家が述べているように、「アラブ諸国間の」情勢が安定しているからで、その状況が保たれる限りはレバノンも安全だというのである。[17] アラブ諸国間が安定しているのにレバノンが不安定だという状況は考えられもしなかった。その主な理由として指摘されたのは、レバノンの内部分裂と近隣アラブ諸国の無策にもかかわらず、常識的な知恵では、レバノンは恒常的な「多元性」と調和のとれた継続性を備えているということだ。だから、レバノンにとっての難題はイスラエルやアメリカからでなく、周辺のアラブ世界に端を発するはずだった。イスラエルもアメリカもレバノンに対して特定の思惑を抱いてはいたが、それはまだ分析されてはいなかった。[18] それからまた、近代化の神話を体現したレバノンもあった。今日、この種の浅はかな古典を読むと、レバノン戦争が実際に始まった一九七三年に至るまで、いかにのんびりとオトギ話が語られてきたかを痛感させられる。レバノンは革命的変化をとげるかもしれないといわれたが、それは「遠い」可能性であった。はるかに可能性の高いものは、「現存の政治機構内部における、民衆を巻き込む将来の近代化」[19]（最近のアラブの歴史上、最も血なまぐさい内戦のための悲しくも皮肉な婉曲的表現）であった。また、高名な人類学者は次のように述べている。「レバノンの『素敵なモザイク片』は無傷で残っている。たしかにレバノンは深い基本的な分裂症をきわめて効果的に封じ込め続けている。」[20]

その結果、レバノンでもその他の地域でも、専門家たちは、植民地以後の国家について本当に問題となることの多くは、「安定」という表題のもとでは、容易に探究できないことを理解しなかった。レバノンで国土を残酷に引き裂いたものは、社会的混乱、人口変化、宗教的忠誠、思想潮流といった、まさに破壊的な変動力だったのだが、そうした力について専門家は実証したこともなく、常に過小評価してきたのである。[21]同様にパレスチナ人についても、近東の正確な評価のために大きな重要性を持つ政治権力としてではなく、単に再定住可能の難民としかみないのが、永年の常識的な知恵である。一九七〇年代半ばまでにパレスチナ人は、アメリカの政策にとって大きな問題の一つに認められたが、[22]それでもまだかれらは、その重要性にふさわしい学問的・知的な関心を受けるには至っていなかった。その代わり、パレスチナ人をエジプト、イスラエルに対するアメリカの政策の付属物として扱うのが一貫した態度であり、レバノン戦火のさ中にもかれらを文字通り無視した。この政策に対しては、学者や専門家の側からの重要なバランスとりがなく、アメリカの国家的利益に破滅的な結果をもたらしそうである。とくにイラン・イラク戦争の勃発でも、アメリカの情報機関があわてふためいたようで、両国の軍事能力の評価でもとんでもない誤りを犯しているからだ。

従順で地味な学問的態度と焦点の定まらぬ政府の関心が軌を一にしているところへ、さらに悲しい真実が加わる。それはイスラム世界についてのあまりに多くの専門的な書き手が適切な言語を自由にあやつれず、そこで情報蒐集のために記者や西側の他の書き手に頼らざるをえなかったことである。このように事態の公式解釈や常識的解釈に頼りすぎるのは一つのわなであり、革命前のイランでの全般的取材でメディアはそこにはまり込んだのだ。同じ対象に固く焦点を絞って研究に研究を重ねることにはなったが、その場合の対象はエリート、近代化計画、軍部の役割、目立つ指導者、地政学的戦略（アメリカ的見地から）、共産主義の浸透などである。[23] これらは、当時、一国家としてのアメリカにとって興味深いことだったかもしれない。実はイランでは革命によって、ものの数日とたたないうちに、文字通りすべてが一掃されてしまった。王制全体が崩壊し、数十億ドルを投じた軍隊も分解した。いわゆるエリートは姿を消すか、あるいは新しい国務に進路を見出したけれども、以前のように、かれらがイランの政治的態度を決定づけるとはいえなかった。「一九七八年の危機」の行くえを予言して評価された専門家の一人、テキサス大学のジェイムズ・ビル教授は、にもかかわらず一九七八年十二月になると、アメリカの政策担当者に対して、アメリカ政府は「シャーに政治体制の開放」[24]を促すべきだと勧告している。いいかえれば、意見を異にすると思われた専門家までが王政維持に固執していたわけで、ビル教授がそれを主張していたまさにその時、文字通り数百万人の民衆が、近代史上有数の大規模な暴動を起こしていたのだった。

だが、ビル教授は、イランに関するアメリカ全体の無知について重大な指摘をしており、次のように述べたのは正しかった。つまりマスコミ報道は表面的で、公式情報はパーレビ王制の望むところに合致し、またアメリカはイランを深く知ろうとか、反体制派と接触しようとかの努力もまったくしていない。ビル教授はそれ以上述べていないが、このような失敗は、イスラム世界、そして後に知る通り、第三世界に対するアメリカやヨーロッパの一般の態度を示していたし、今も示している。実際、ビル教授がイランについて正確に発言していたことを、イラン以外のイスラム世界に結びつけなかった事実もまた、そうした態度の一部といえる。第一に、「イスラム」やイスラムの再興について語る価値は何かという重要な方法論的疑問に責任をもって取り組んでいない。第二に、政府の政策と学者の研究とはどんな関係にあるのか、またはあるべきなのか。専門家は政治より上に位置するのか、あるいは政府に対する政治的付属物なのか。ビル教授とブラウン大学のウィリアム・ビーマン教授は、異なる機会に次のように論じている。すなわち一九七九年のアメリカ対イラン危機の大きな原因は、まさにイスラム世界を知るために高価な教育を受けた学術専門家の意見を聞かなかったことだという[25]。けれども、学者があいまいで、知識人たちにも、また政府にとっても信頼できない人物にみえるのは、学者がそうした役割を求めながら自分自身を学者と呼んでいたゆえではないのか[26]。この可能性については、ビル教授もビーマン教授も検証してはいない。

さらに、独立した知識人（結局のところ、学者をさすはず）が、自らの独立を維持しつつ、直接、国家のために仕事をする方法はあるのだろうか。露骨な政治的加担と優れた識見とを結びつけるものは何なのか。一方は必ず他方を排除するものなのか、またはある場合に限り、そうなのだろうか。アメリカのイスラム学者全体（といっても明らかに少数）があまり意見を求められないのはなぜなのか。アメリカが最も指針を必要とすると思われた時なのに、なぜそうなのか。もちろん、こうした質問はどれも、西洋とイスラム世界の関係を歴史的に規定する実際的かつ主として政治的な枠組みの中でのみ答えることができるものだ。では、この枠組みを見つめ、専門家にとってどんな役割がそこに存在するのか考えてみたい。

中世以降の欧米の歴史の中で、イスラムが激情や偏見や政治的利害によってつくられた枠組みの外で、広く議論をされ、考えられた時期はまったく見当たらない。これは何も驚くほどの発見ではないかもしれないが、そこに含まれるものは、十九世紀初頭以来、総合的にオリエンタリズムと呼び、組織的にオリエントを扱おうとしてきた学問および科学の全研究分野である。尊者ペトルスやバルテルミー・デルブロのような初期のイスラム解説者が、彼らの言説において熱烈なクリスチャンの論客であったということに、異議を唱えるものはないであろう。ヨーロッパや西側が近代の科学時代に突入し、迷信や無知から脱してからは、オリエンタリズムも進歩の洗礼を受けたに違いないというのは、未検証の仮説である。シルベストル・ド・サシ、エドワード・レーン、エルネスト・ルナン、ハミルトン・ギブ、ルイ・マシニョンらが学識のある客観的な学者だというのは本当だったのか。また、二十世紀の社会学、人類学、言語学、歴史学のあらゆる進歩を引き継ぎながら、プリンストン、ハーバード、シカゴなどの場所で、中東やイスラムを教えるアメリカの学者が、偏見を持たず、自分の仕事に対して特別な弁解もしないというのも本当なのか。答えは否である。オリエンタリズムが他の社会・人文科学よりも偏向しているというわけではないが、他の研究分野と同様、まさにイデオロギー的で世間の汚染を受けているのである。主な相違といえばこうである。つまり、オリエンタリストは、自分の「客観性」と「科学的公平」を証明するために、専門家の立場を利用して、権威ある言葉で、イスラムに関する自己の胸奥の感情を否定し、時には隠蔽さえしてきたということだ。

それが第一の点である。別の点は、特定の歴史的パターンを生んでいることで、それがオリエンタリズムを特徴づけている。近代において、西洋とそのオリエントとの間で（または西洋とそのイスラムとの間で）、厳しい政治的緊張が感じられた時、西洋では、直接的暴力ではなく、まず科学的で準客観的な表現という冷静かつ比較的公平な手段に訴える傾向があった。こうして「イスラム」がより明確になり、その脅威の「本性」が現われると、それに対抗する暗黙の行動方針が提案される。そんな状況で、多くのムスリムはさまざまな環境の中に生きながら、次第に科学と直接的暴力の両方を、イスラムに敵対する侵略の形成とみなすようになる。

私のテーマはよく似た二つの例によって説明できる。いま、振り返ってみると、十九世紀の間、英仏両国は、東方イスラム世界の一部を占領する以前に、オリエントの特質を明らかにし、かつ理解するためのさまざまな学問的手段が、技術的に著しい近代化と発達をとげた時期を持っていたことがわかる。[27] 一八三〇年のフランスのアルジェリア占領に先立つ約二十年間に、フランスの学者は、オリエント研究を、文字通り骨董収集から合理的学問の分野へと変えてしまっていた。もちろんそれ以前の一七九八年には、ナポレオン・ボナパルトのエジプト占領があり、かれが自らの大事業をより効果的にするため、学識高い科学者グループを集めて遠征に備えた事実に注目すべきことはいうまでもない。けれども重要な点は、次のようなことである。ナポレオンの短期エジプト占領でひとつの章は終わったが、新たな章は長期間にわたっており、その間、フランスのオリエント研究の諸機関を管理していたシルベストル・ド・サシのもとで、フランスはオリエンタリズムにおける世界的リーダーとなった。それからまもなくの一八三〇年にフランス軍がアルジェリアを占領し、この章はクライマックスに達するのである。

私は二つのことの間に偶然の関連があるというつもりはなく、またすべての科学的知識が必然的に暴力や苦痛を導くなどという反知性的な考えを採るつもりもない。私のいいたいのは、帝国は即座に誕生するものではなく、また近代では帝国が即興的に運営されてきたわけでもないということだけである。学問の進展に伴い、科学者が自らの研究材料を超えて、人間経験の分野を見直し、再編成するのであれば、政治家の間で同様のことがあってもおかしくない。つまり世界の「劣った」地域で、新しい「国家」利益がみつかり、後に緊密な管理が必要と思われるようだと、政治家の権威の範囲を組み換えて、そうした地域を含めるようになる。[28]

イギリスにしても、エドワード・ウィリアム・レーン、ウィリアム・ジョーンズらの学者が最初に手がけたオリエント研究に対する永続的投資がなかったならば、あれほど長期かつ大がかりに制度化したやり方でエジプトを占領できたかどうか大いに疑問に思う。親密であること、近づきやすいこと、説明できること、オリエンタリストがオリエントについて誇示したものはこんなことだった。オリエントは見ることも、研究することも、また管理することも可能な対象であった。オリエントははるかなる、素晴らしい、理解不能の、しかしこの上なく豊かな土地、ということにしておく必要はなかった。オリエントは手近に引き寄せることができた。というよりも、ヨーロッパは、やがて実行したように、オリエントで気楽にくつろぐことができたのである。

第二の例は、現代のことである。今日のイスラム・オリエントは、資源と地政学的位置の二つから明らかに重要である。しかしどちらも、かつて、オリエント現地の人たちの利益、欲求、願望と交換することはできない。第二次世界大戦終了後も、英仏がイスラム世界で確保していた支配と覇権の地位を、アメリカがとって代わっている。この帝国主義体制の移動によって、二つのことが生み出された。ひとつは、危機志向の学者や専門家のイスラムへの関心が徐々に芽ばえてきたこと、第二は主として民間の報道機関や電波ジャーナリズム産業の目ざましい技術革新である。イランのような国際紛争の地が、メディアによって、これほど即時的かつ定期的に報道されたことは、これまでなかったことだ。そのためイランは、アメリカ人の生活の一部になったように思えたが、しかしまったく異質であり、違和感の強さも前例がなかった。この二つの現象——二番目の方がはるかに大きい——がイスラム世界のほぼ全体、少なくともニュース価値のある側面については人びとの身近なものにした。その現象を通じて多くの大学、政府、企業の専門家が、イスラムや中東を研究するようになり、西洋のニュース消費者にとって、イスラムが親しみある問題となった。歴史的にみても、イスラム世界は文化と経済の面できわめて深く西洋に浸透した問題となったけれども——というのは非西洋の世界で、今日のアラブ・イスラム世界ほどアメリカによって強く支配されているところはない——イスラムと西洋（この場合アメリカ）との交流はきわめて一面的で、イスラム世界でもニュース価値のない部分に関する限り、まったく見向きもされないのである。

ムスリムとアラブは、本質的には石油供給者または潜在的テロリストとして報道され、議論され、理解されているといってもあまり誇張ではない。イスラム世界を報道する職業の人でも、その細部や人間的深みやイスラム・アラブの心情について、ほとんど頭に入っていない。代わりにあるものといえば、限られた量だが、イスラム世界についての粗雑に要点を強調した風刺もので、とくにイスラム世界が武力侵略されやすくなるような紹介の仕方をするのだ。[29] アラビア湾に対するアメリカの武力介入またはカーター・ドクトリンに関する最近の論議、緊急展開軍をめぐる論争などに先立って、テレビという冷静なメディアや「客観的な」オリエンタリストの研究を通じて、「イスラム」を理性的に紹介する時期があったが、それは偶然とは思われない。（そうした紹介はいずれも、今日の現実に「合致しない」か、宣伝臭の強い「客観的」寄せ集めであるため、逆説的に人びとが顔をそむけるのである。）つまり多くの点で、今日のわれわれの状況は、前にあげた十九世紀の英仏の例と、ぞっとするほど類似している。

これについて、他にも政治的・文化的理由がある。第二次大戦後、アメリカが英仏の重要な役割を引き継いだ時、一連の世界政策が立案されたが、それはアメリカの利害と相互に影響しあう地域ごとの特性と問題に合致していた。戦後復興を目ざすヨーロッパに対しては、他の類似のアメリカの政策のうち、マーシャル・プランが適していた。もちろん、ソ連はアメリカの最も手強い競争者として登場し、冷戦が超大国関係を今日も支配する政策、研究、意識を生み出したことはいうまでもない。そこからいわゆる第三世界が取り残されたが、そこは米ソ間だけでなく、ヨーロッパの植民地から独立を手中にしたばかりの多くの土着の勢力とアメリカとの間の競争舞台ともなっている。

アメリカの政策立案者にとって、第三世界は例外なく「発展途上に」あり、無用に古風で変化のない

「伝統的」生活様式にとらわれ、共産主義者の破壊活動や国内不況にさらされる危険があるように思われた。第三世界にとって「近代化」は、アメリカのみる限り、時代の命令となった。そしてジェイムズ・ペックが示唆する通り、「近代化理論は革命的騒乱が持ち上がる世界に対するイデオロギー的な回答であって、伝統的な政治エリートの間に反動を招き続けた」[30]のである。共産主義を抑止するため、アフリカとアジアに対して、莫大な援助を注入し、アメリカとの貿易を促進させた。とくに現地の同盟機構づくりを進めたが、その明白な存在理由は、後進諸国をミニ・アメリカに変えることのようだった。やがて最初の投資は追加援助を求め、それを維持していくために軍事援助も増大した。それは逆にアジアやラテン・アメリカ全域への介入を導き、その結果、アメリカはほとんどすべての現地ナショナリズムと判で押したように対立を引き起こした。

第三世界の近代化と開発のために、アメリカが努力した歴史を、完全に理解するには、次のことにも注目する必要がある。つまりその政策自体が考え方のスタイルや第三世界を見る習慣を生み、近代化の概念そのものの中に、政治的・心情的・戦略的投資を増やしていったということである。これにぴったり当てはまるのがベトナムの例である。ベトナムを共産主義から救い、実際ベトナム自身から救済すべきだとの決定がひとたび下されるや、ベトナムを近代化するための全科学が誕生した。（その最新で最も高価な局面は、後に「ベトナム化」の名で知られるようになる。）政府の専門家だけでなく、大学の専門家までもそれにかかわった。やがてサイゴンに存続する親米・反共政権がすべてを支配した。その間、大半の民衆はその政権を外国製で圧制的と判断し、そうした政権に代わって敗けいくさを戦ったためにベトナム全土を荒廃させ、リンドン・ジョンソン大統領に再選をあきらめさせた。しかも、伝統的社会を近代化するという美点についての大量の論調は、アメリカ国内でほぼ疑う余地のない社会的、そして確かに文化的な権威を得たが、同時に第三世界の多くの地域では、民衆の心の中で、「近代化」は愚かな支出、不必要な装置や軍備、腐敗した支配者、そして弱小国家に対する情け容赦のないアメリカの内政干渉と結びつけられたのである。

近代化理論の中に生きている多くの錯覚のうち、イスラム世界にとくにふさわしいと思われるものもあった。すなわちアメリカの出現以前、イスラムは永遠の子供のような存在で、古風な迷信によって真の発展から取り残され、その奇妙な僧や法学者によって中世から近代世界への移行を阻まれた、というものである。この点で、オリエンタリズムと近代化理論とがぴったりとつながっている。オリエント研究が伝統的に教えているように、もしムスリムが、自らの精神構造やウラマー〔学者・宗教指導者〕や目の血ばしった政治指導者によって、西洋や進歩に背を向けるように仕向けられるだけの宿命的な子供にすぎなかったならば、信頼に足る政治学者、人類学者、社会学者は一致して、適当な機会さえあれば、消費物資や反共宣伝、「良い」指導者を通じて、イスラムにアメリカ的生活様式に似たものを導入しうると考えたであろう。しかしながらイスラムを相手にする時の大きな困難は、インド・中国とは違い、イスラムが一度も本当に鎮圧されたり征服されたりした経験がなかったことだ。いつも学者には理解できぬ理由によって、イスラム（またはその亜流）は信徒を支配し続けた。きまって議論されるようになったことだが、信徒は、現実、少なくとも西洋の優位が明白な現実の一部を容認しようとしなかった。

第二次大戦後二十年間にわたり、近代化の努力は続けられた。イランは事実上、近代化の成功物語となり、その支配者は「近代化された」卓越せる指導者となった。イスラム世界の他の部分については、それがアラブ民族主義者であれ、エジプトのガマル・アブドル・ナセル、インドネシアのスカルノであれ、またパレスチナ民族主義者、イランの反体制グループ、あるいは多くの無名のイスラム教師、同志会、宗教団体であれ、近代化理論やイスラム世界におけるアメリカの戦略的・経済的利益を重点的に研究してきた西側の学者からは敵視され、あるいは研究対象から除外されたのである。

七〇年代の激動の十年間に、イスラムは基本的な非妥協性をさらに立証した。たとえばイラン革命である。シャーを倒したのは容共派でも、近代化推進派でもなく、近代化理論が想定する行動規範では単純に説明しえないものであった。かれらは、車、巨大な軍隊、治安機構、安定政権など近代化の平凡な恩恵を喜ぶようにはみえず、また「西洋の」考え方を儀礼的に賞賛することにはまったく無関心のようだった。[31] かれらの態度についてとくに厄介だったのは、ホメイニ師に代表されるように、細部まで自分たちのものでなければ、どんな型の政治（あるいは、ここでは合理性）も、受け入れを猛烈に拒否したことだった。なかんずく、イスラムに対するかれらの献身は、とくに挑戦的にみえた。皮肉なことに、イスラムの先祖返りや中世的論理形式についての批評家のうち、イランの西方遠からぬところに位置するベギン率いるイスラエルに注目した者は少なかった。そこには宗教的権威やきわめてうしろ向きにみえる神学的教義によって、思うままに行動を命令する政権が存在していた。[32] イスラム信仰の高揚の気運を非難する批評家のうち、それを何百万人もの信徒を持つアメリカのテレビ教の高揚と結びつけたり、一九八〇年の三人の大統領候補のうち二人が熱烈な純正クリスチャンだった事実に結びつけたりする者は、さらにわずかであった。

宗教的な強さは、イスラムだけのものと思われがちだが、宗教的感情は至るところで著しい広がりをみせていた。イスラムへの態度がいかに一方的な悪意に満ちているかは、明らかに不自由な宗教人、ソルジェニーツィンやローマ法王ヨハネ・パウロ二世が自由な立場の報道によって共感あふれる扱いを受けているのを思い起こせばわかるだろう。[33] サウジアラビアからパキスタン、アフガニスタン、アルジェリアに至る大半のイスラム諸国を説明しうる方法は、宗教に逃げ込むことだった。サウジの場合、妙なイスラム的論理とおぼしきものでキャンプ・デービッド合意の批准を拒んだのだ。このように、イスラム世界は、一般に西洋、とくにアメリカの判断からすると、冷戦の分析を適用できる地域といかに異なっているかがわかる。たとえば、サウジアラビアとクウェートを「自由世界」の一員として語ろうとしても、その方法がみつからないだろう。シャー政権下のイランでさえも、その圧倒的な反ソ公約にもかかわらず、英仏とは違って、実際のところ「われわれ」の側に決して属さなかった。それでもやはり、アメリカの政策担当者は、過去三十年間に中国、ベトナム、アンゴラを「失った」と語るのと同様に、イランをも「失った」と言い続けたのである。そのうえペルシャ湾のイスラム諸国群はアメリカの危機管理当局者によって、米軍の占領のために用意された場所とみなされる、まことに不幸な存在になっている。そのため、一九七〇年六月二十八日発行の『ニューヨーク・タイムズ・マガジン』でジョージ・ボールは、「ベトナムの悲劇」は国内での「平和主義と孤立」へ導いているようだが、他方、中東でのアメリカの利害がきわめて大きいので、大統領は中東で武力介入がありうることを米国民に「教育する」べきだと、警告した。[34]

ここで、もう一言つけ加える必要があるのは、第二次大戦後、イスラム世界に関する西洋とりわけアメリカの考え方の調整役を演ずるイスラエルについてである。まず第一に、イスラエルの確固たる宗教的性格については、西側報道ではめったに触れられないことだ。ごく最近、イスラエルの宗教的狂信に関して公然と触れられているが、そのすべてはグーシュ・エムニムの狂信者たちについてである。かれらの主要活動は、ヨルダン川西岸地区に非合法の入植地を力で建設することである。だが西側におけるグーシュ・エムニムについての大半の説明では、現在、騒ぎを引き起こしている宗教的狂信者だけでなく、占領したアラブの土地に非合法の入植地を最初に建設したのは、「非宗教的な」労働党政府だったという都合の悪い事実を除外してしまっている。私のみるところ、この種の一方的報道は、中東で「唯一の民主国家」で

「信頼できる同盟国」のイスラエルがいかにイスラムの引き立て役となっているかを示すものである。このようにイスラエルは西洋文明の城塞として（大きな賛同および自己満足とともに）、イスラムの荒野から切り取られてしまったようだ。第二に、アメリカの目からみたイスラエルの安全保障は、イスラムを追い払い、西側の覇権を永続させ、近代化の長所を誇示すれば、都合よく元がとれるということである。こうして、三つの錯覚が経済的に支えあい、再生産しあって、西洋の自己イメージの高揚と西洋のオリエント支配力の強化に役立っている。三つの錯覚とは、イスラム観、近代化のイデオロギー、そしてイスラエルの全般的価値が西洋にとって好ましいとの考え方である。

さらにイスラムに対する「われわれ」の態度をもっと明白にすれば、アメリカのあらゆる情報機関と政策立案機関が、こうした錯覚に頼り、それを世間に広めているということである。地政学的戦略家の集団に属する多くの知識人は一緒になってイスラム、石油、西洋文明の将来、混乱やテロリズムから民主主義を守るたたかい、などについて広範な考えを述べている。学問的イスラム研究のうち、地政学や冷戦イデオロギーにみられる文化的・政治的ビジョンに直接汚染されているものはほんの一部にすぎないのは否定できない事実ではあるが、すでに論じてきた理由で、イスラム専門家はすでにこの大きな潮流に入り込んで生きている。その少し下位にマスメディアがくるが、マスメディアは情報機関と政策立案機関から入手したものを、いとも簡単に凝縮してイメージをつくり上げる。風刺漫画、恐るべき暴徒、「イスラム流」刑罰への関心の集中などである。このすべては強大な組織、つまり石油会社、マンモス会社、多国籍企業、国防・情報部門、政府行政部によって統轄されている。カーター大統領が一九七八年に、就任以来初めての新年をシャーとともに過ごし、イランは「安定の島」だと語った時、かれはこの強大な組織の力を動員して発言し、アメリカの利益を代弁し、同時にイスラムを隠蔽していたのである。

2　解釈の社会集団

アメリカにおける地政学の戦略家やリベラルな知識人が、イスラムをどのように利用してきたか、ここでちょっと注目してみる価値がありそうである。一九七四年初め、OPECの石油価格が突然上がるまでは、「イスラム」そのものが文化やマスコミに登場することはほとんどなかったといっても、さほどいい過ぎではあるまい。アラブ人やイラン人、パキスタン人、トルコ人については見聞することはあっても、ムスリムについてはめったになかった。だが、輸入の石油価格の劇的な高騰は、人びとの胸の中で多くの不愉快な問題と結びつくようになった。「外国の石油生産者に翻弄されている」とつねにいわれるようなアメリカの輸入石油への依存や、ペルシャ湾地域から個々のアメリカ人に伝えられる非妥協的態度による不安などがそれである。とくに、エネルギーはもはや、「われわれ」が自由に入手できなくなったというひとつのサインが、まるで新しい正体不明の勢力のようなものから、送られてくることだろう。「独占」「カルテル」「ブロック」などの言葉が選別的ではあるが、突如として通用するようになった。ただし、OPEC加盟国につけられるカルテルというレッテルを、アメリカの多国籍企業の小グループに使う者はきわめてまれであった。しかし全般的には、経済に加わる新たな圧力とともに、文化的にも政治的にも同様な新しい情勢が訪れているように思われた。アメリカは世界の支配国家であるがゆえに、劇的に防備を整えることになった。このことはフリッツ・スターン氏が『コメンタリー』誌で述べたように、いまや戦後期の終わりを告げていた。[36]

この変化に関する初期の最も意義ある見解としては、一九七五年初めに『コメンタリー』に載った一連の論文がある。まずロバート・W・タッカー氏の「石油：アメリカの介入問題」(一月号)、そしてダニエル・パトリック・モイニハン氏の「反対の立場に立つアメリカ」(三月号)があるが、ともに一目瞭然の題名といってよい。モイニハン氏はずっとアメリカの国連大使だったが、そこでかれは、「西側の民主主義国家」は腕をこまぬいて傍観することはできないし、ただ自動的に多数派になっただけの植民地独立国家から脅されるわけにもいかないということを、世界に知らせる演説をたびたびぶち上げていた。そうした表現は、モイニハン氏とタッカー氏がかつて『コメンタリー』に書いた論文の中に含まれている。

両氏ともイスラムについては何も触れていなかった。だが一年後明らかになった通り、タッカー氏やモイニハン氏が突然で受け入れがたいとよんだ変化に対応して、「イスラム」が一つの役割を演じることになる。次にこんどはそうした変化が、アメリカ国内でたくさんの人びとが現実に経験しているものに、形とレトリックと劇的な構造を与えたのである。タッカー氏が述べたように、アメリカの歴史上初めて、国外からアメリカそのものに平等主義が適用されつつあるように見えた。モイニハン氏によれば、こうした国ぐにには、もともとイギリス帝国主義の産物で、その考え方やアイデンティティはイギリス社会主義からの借り物である。かれらの原理は、土地収用あるいは、それがうまくいかぬ場合は、富の分配ということに基づいている。つまり、かれらの関心は単なる平等にあり、生産や、それからおそらく自由にも無関心であったと思われる。タッカー氏は「われわれは自由の党派に属する」といい、さらに軍事的な気勢をあげつつ、「もしそうした主張を旗じるしに掲げたら、どんなに力が湧き立ってくるか、われわれ自身も驚くだろう」[37]とつけ加えた。このような新興諸国、とくに産油国は「われわれ」と「かれら」の間の不均衡を平等にすることに関心を向けるようになったが、タッカー氏が考えたことは、険悪な「相互依存」関係を作り出し、必要とあらばそれら諸国を侵略して、そうした動きに抵抗する構えを整えた方がよいというものである。[38]

この二つの記事の中のいくつかの戦略には、とくに触れておく価値がある。タッカー氏のいう産油国にも、モイニハン氏のいう新しい第三世界にも、独自の主体性や歴史や国の進路がなく、一群の集団として気楽に語られ、あっさり性格づけられ、そして切り捨てられてしまう。昔の植民地は昔の植民地であり、産油国は産油国なのだ。そうとでもいわなければ、両者とも顔がなく、不思議かつ危険なほど頑固にみえる。まさに存在そのものが、「われわれ」にとって何か危険をはらんでいるようである。第二にこの新興諸国は分離した存在であり、それに対して既成の列強がいま戦いの布陣をしている。タッカー氏はのちに石油と力についてこう書いている。「突如としてわれわれの住む国際社会は、『世界の生産物』と称されてきた石油の秩序ある分配が不可能になるかもしれぬ情勢にある。それは大きな力を持つ先進資本主義諸国家が、もはや秩序を創造したり生み出したりする中心勢力ではなくなったからであろう[39]」。そこで、もし、これら新興諸国が秩序を創造したり生み出したりする勢力でないとすれば、秩序を破壊する勢力にほかならない。そして第三に、かれらは一集団のように、逆の意味で平等かつ「われわれ」に敵対的であり、またそれが可能なために、秩序を乱すのである。

タッカー氏とモイニハン氏の主張は、包囲された西洋精神に捧げられる教会の賛美歌の論理に従った面もあるが、そうした傾向は西洋の現代史上、定期的に再三現われている。たとえば、アンリ・マシスの

『西洋の防衛』(一九二七年)やもっと最近のアンソニー・ハートリーの論文「野蛮な関係:文明史における『破壊的要素』について」[40]をみてもわかる。しかしながらタッカー氏やモイニハン氏にとって、西側の敵対者とは、「われわれ」の知るものとは異なっている。つまり、ヨーロッパの帝国主義者なら、実際に東洋人を支配したという事実において、東洋人を「われわれが知る人びと」として語れるという意味である。モイニハン氏によれば、第三世界の新しい国家はせいぜい模倣であり、かれらが何であるかによってではなく、かれらが何を模倣しているかによって、知られるにすぎない。タッカー氏のいう新しい「国際社会」については、ここで触れる意味はなさそうだが、それが古い秩序を侵害しているという点だけは注目すべきだ。かれらは一体どんな人間で、現実にどんな願望をもっているのか。またどこからやって来て、なぜそうした行動をするのか。そんな問いかけはなされないので答えもあろうはずがない。

ほとんど同じ時期、アメリカはインドシナから退却していた。近年、アメリカ政治における「ベトナム以後症候群」について多くが書かれているが、はるかかなたのアメリカの利益を不安定と暴動から軍事力で防衛せねばならぬという主張が、いつの間にかベトナムからより近いイスラム世界へ全面的に移されることになったことについて誰も注目していない。これに伴って、第三世界の一般的な大義、とくに裏切られたかにみえる大義に対して、次第に進歩的リベラルの覚醒が始まってゆく。たとえば、ジェラルド・シャリアンの『第三世界の革命』について考えると、それはベトナム、キューバ、アンゴラ、アルジェリア、パレスチナ解放運動の有名な支持者による苦悩に満ちた激しい抗議であった。一九七七年に書かれた同書は、結論として、植民地解放努力の大半は、普通の抑圧的国家を生む結果となり、ほとんど西洋が大喜びするには価しないと述べている。[41]さらに一九七八年秋発行の『ディセント』誌の場合もある。同誌が後援・掲載したシンポジウムは、「カンボジアにおける最近の出来事(クメール・ルージュの勝利とその後に伝えられる大量殺害）によって、われわれはベトナム戦争への反対を再検討すべきなのか」という質問をめぐるものだった。回答ではないにしても、その質問さえも、一九六〇年代の熱狂が退いてゆき、代りにいずれも差し迫った破局を告げる新たな国際的現実を伴うわずらわしい不快感が広まりつつあることを示すものだ。そうした議論の中で、国際経済システムの全般的な破産が指摘されたのは当然のことである。

ニュースおよび石油の消費者が感ずるのは、要するに、顔も身分も明かさずに損失と破壊をもたらす空前絶後の潜在力である。われわれがあたりまえと思っていたものが、まさに取りあげられようとしていることだけはわかる。もはや、いままで通り車の運転をすることはできなくなる。石油がきわめて高価なものになり、快適さや習慣が急激に好ましからざる変化をとげようとしているように思える。石油というい ま現実に問題になっている物質についてさえ、それを失うという脅威のほかは、何もわからずにきている。たとえば、本当に石油は不足しているのかどうか、ガソリンを求める長い車の列はパニックによって引き起こされたのかどうか、あるいはまた容赦なく稼ぎまくることが石油危機と関係があるのかどうかなど、誰にもわからないようである。[42] 他にはもっとはっきりしていることもあるらしい。途方もない富を手にし、武器も十分に備えた長い衣服のアラブ人が、西洋のいたるところに姿を現わしているのが、ひどく目ざわりである。新しいイスラムの主張は、一九七三年十月のいわゆるラマダン戦争にまで容易にさかのぼることができる。その時、エジプト軍は堅固きわまるバーレブ・ラインを突破したのだが、かれらアラブ兵士たちは一九六七年当時と違って、逃走することなく驚くほどよく戦った。それから一九七四年、パレスチナ解放機構（ＰＬＯ）が国連に登場してきた。シェイク・ヤマニは、ムスリムであり石油大国サウジアラビア出身ということ以外に、確かな理由もなく権威ある人物になった。イランのシャーもまた世界的指導者となった。インドネシア、フィリピン、ナイジェリア、パキスタン、トルコ、湾岸諸国、アルジェリア、モロッコなどが一九七〇年代半ばに、突如アメリカを悩ませるようになったのは、かれらの歴史や正体が困ったことにほとんどわからないことによるものであった。したがって多くのイスラムの国、人物、妖怪が、ほとんど存在も認められない状態から、人びとの気づかぬうちに、「ニュース」の状態へ移行したのである。

しかし、ひとつのものから別のものへ、まったく変ってしまったわけではなく、新しい現象のごとくみえる事態を説明し明らかにできるしかるべき人物も見当たらなかった。例外的にモイニハン氏やタッカー氏のように、イスラムをあっさり取り込みはするが、イスラムに特別の配慮はしない枠組みの中で、世界史的結論を引き出そうとする人びとは存在した。結論として、今日のイスラムのイメージは、出会う場所にかかわらず、抑制がなく直接的である。まず、暗黙の前提がひとつある。それは、「民主主義」とか、ある人物とか、カトリック教会のような団体を指す場合と同様に、「イスラム」という固有の名称は、直接に指し示せる単純なものを意味しているということである。たとえばこの直接性は、すでに触れた『タイム』の特集記事でも現われている。しかしながら、さらに困ったことに、重要なリベラル刊行物のより高度な一般的文化論の中でも、それがいつもはっきり現われていることだ。その場合、たいていは重要かつ深刻に検討されるべき課題として議論されている。この点で私が前に述べた知的・地政学的な考え方が変化したために、そうした刊行物とマスメディアとの間の差はほとんどない。

著名な一例として、一九七九年十二月八日発行の『ニュー・リパブリック』誌に載ったマイケル・ウォルツァー氏の論文がある。題名は「イスラムの爆発」といい、自ら専門家ではないと断わって、フィリピン、イラン、パレスチナなど(かれによれば)ほとんど激烈かつ不快ながらも重大な二十世紀の出来事をたくさん扱っている。かれはこれらの出来事がイスラムという同一のものの現象例として解釈されると論じている。こうした出来事すべてに共通するのは、第一に、西洋を侵害しようとする永続的な政治権力のパターンを示していること、第二に、いずれも驚くべき道義的熱情に端を発していることである（たとえばイスラエルの植民地主義に対するパレスチナ人の抵抗は、政治的、市民的、人道的なものでなく、宗教的なものだというのがウォルツァー氏の確固たる主張なのである）。第三にこれらの出来事は、「見えすいた植民地主義者の見せかけだけの自由主義、世俗主義、社会主義、民主主義」を打破するものである。この三つの共通した特徴の中で、はっきり識別されるのは「イスラム」であり、この「イスラム」こそ時間と場所の隔りを埋める力であって、「イスラム」がなければこれらの出来事はみなばらばらになってしまう。ふたたびウォルツァー氏によれば、人びとがイスラムについて語る時、多かれ少なかれ自動的に場所や時間を無視し、民主主義、社会主義、世俗主義といった政治的に複雑なものを無視し、さらに道義的抑制をも無視してしまうのに気づく。かれがいが「イスラム」という言葉を口にする時、イスラムという現実の実体について語っているわけで、それはきわめて直接的な実体であるがゆえに、調整や修飾を加えることがまさに余計なおせっかいに思われる、とウォルツァー氏は論文の結論部分で（少なくとも）自分を納得させている。この直接性のため、必然的に出てくるのは、イスラムを独自の歴史がないものとして扱う傾向である。あるいは、イスラムに歴史を認めるとしても、その歴史は無意味なものにみえる。こうしてモイニハン氏やタッカー氏のような保守主義者の議論が、左翼リベラル派によって確認され、肉づけされたのである。

新しい地政学的・知的背景の下でイスラムに対して世間が抱くイメージのもう一つの側面は、正常で、西洋的で、日常的な「われわれ自身のもの」との対決関係にいつもみられる。これは、ウォルツァー氏の論文やウォルツァー氏の信頼する学者の論文を読めば必ず得られる印象である。イスラム世界という概念そのものが「われわれ」の世界に対する反抗を意味する。一九七九年十二月二十八、二十九、三十、三十一日付け『ニューヨーク・タイムズ』に載ったフローラ・ルイス記者による四回の連載記事（これについては第二章で扱う）の主題は、イスラム世界の概念であったが、たしかに連載を企画した理由そのものが、イスラム（つまりアメリカ人を人質にとっているイラン人）はわれわれに「反抗」しているということであった。この感情が強まったのはイスラムの外見上の常軌逸脱ぶりを、ルイス記者が列挙して報ずるにおよんだからである。すなわちアラビア語の特殊性、イスラムの風変りな信仰、その信徒を支配する偏狭な全体主義などである。もしイスラムの直接性によって、イスラムに直接手を触れられそうにみえるとしても、われわれの馴れ親しむ現実や規準から逸脱しているがゆえに、イスラムは直接的、脅迫的、かつ徹底的に、われわれと対抗する形をとる。そして最終的にはイスラムは、実体を持ち、判別可能な現実を備えるさまざまな形の地位を与えられ、それについて多くの意見表明や理論的戦略（ほとんど人間と神を同一視するもの）を遠慮なく打ち出せることにある。

このようにイスラムは、ほとんどのムスリムと同一視することが可能である。ホメイニ師はその最適の候補者だろう。ついで、その場合、主張が正しいかどうかは無関係なのだ。嫌いなものは何でもイスラムにたとえることができるが、たとえば、ホメイニ師の著書『イスラム政府』は『ホメイニ師のわが闘争』のタイトルでマノー・ブックスのペーパーバックに入っている。この本にはジョージ・カルポジ・ジュニア（『ニューヨーク・ポスト』のベテラン記者）の分析がついているのだが、かれは勝手にホメイニはアラブ人で、イスラムは紀元前五世紀に始まったと主張している。この分析は次のように快調に始まっている。

別の時代にアドルフ・ヒトラーが現われたかのように、アヤトラ・ルホラ・ホメイニは圧政者、憎悪する人、誘惑者であり、世界の秩序と平和に対する脅威である。『マイン・カンプ』の著者と、たいくつな『イスラム政府』の編者との間の主な違いは、一方が無神論者であるのに対し、他方は神のような人間であるとみせかけていることだ。[43]

このようなイスラムの紹介を通していつもわかるのは、世界を親米と反米（または親共と反共）に分ける傾向があること、政治的プロセスを報道したがらないこと、自民族中心または見当違い、あるいはその両方を含んだパターンや価値の押しつけ、まったくの誤報や繰り返し、細部を避け、真の展望を欠いていることなどである。これはいずれも、イスラムに原因があるのではなく、西洋社会のさまざまな側面や、上述の「イスラム」観が反映し奉仕しているマスメディアにまで、その源流をたどることができる。その結果、われわれは世界を東洋と西洋に再分割しているわけだが、ここには古くさいオリエンタリストの命題が少しも変らずに生きている。そのことは、われわれを世界に対して盲目にするのに役立つだけでなく、われわれ自身について、またいわゆる第三世界とわれわれが現実にどんな関係を持ってきたかについても、われわれの目をくもらせてしまうのである。

すでにかなり重要な影響がいくつも出ている。第一に、イスラム特有の像が提供されていることだ。第二に、全体としてその意味やメッセージが限定され、型にはめられ続けている。第三に対決的な政治状況がつくられ、「われわれ」を「イスラム」に敵対させている。第四に、この矮小化されたイスラムのイメージは、イスラム世界そのものにも明白な結果をもたらした。第五に、マスコミの描くイスラムおよびイスラムに対する文化的態度が、「イスラム」についてだけでなく、文化の制度、情報や知識の政治、そして国家政策についても、多くのことを教えてくれるのである。

だが、現在ひろまっているイスラムの全般的イメージをいろいろあげつらうことによって、「真の」イスラムは別のところに存在し、卑劣な動機から行動しているマスコミが誤解しているのだ、などというつもりはない。そうした意図はまったくないのである。非ムスリムにとってと同様、ムスリムにとっても、イスラムは客観的事実であり、また主観的事実でもある。なぜならば、人びとは自らの信仰、社会、歴史、伝統の中でそうした事実を創造してゆくからであり、あるいは非ムスリムの部外者の場合は、集団としてまたは個人として自分たちに対立すると感ずるものの正体について、ある意味で確定し、人格化し、さらに踏みつぶさなければならないからである。つまり、マスコミにとってのイスラム、西洋の学者にとってのイスラム、西洋の記者にとってのイスラム、ムスリムにとってのイスラム、それらはすべては歴史の中で生まれる意志と解釈のなせるわざであり、ただ意志と解釈の行為としてのみ、歴史の中で取り扱うことができるのである。ある人間が自分は特定の信仰を信じて疑わないと明言するのは理解できることだが、私自身は信心もなく、イスラムの背景もない。だが、信仰の議論が可能であると感ずるとすれば、そうした議論は人間の歴史や社会で起こる人間行為の中に現われる信仰を解釈する形式においてである。たとえば、パーレビ政権を倒した「イスラム」革命を論ずるとき、革命家たちが本当にムスリムであったかどうかは何もいうべきでない。だが、イスラムに対するかれらの考え方について発言することはできる。なぜなら、その考え方に従って、かれらは反イスラム、圧制、暴政とみなす政権に(イスラム的表現では)自ら意識しつつ立ち向かったからである。ついで、かれらのイスラム解釈と『タイム』誌や『ル・モンド』紙のイスラムやイラン革命に関する報道とを比較できるのである。

いいかえれば、ここで扱っていることは、たいへん広い意味で解釈の社会集団である。多くの集団が対立しあい、多くの場合、文字通り戦う準備をしており、すべての集団が自らを創造し、明らかにし、自らの存在のまさに中心的な特徴として解釈を生み出している。誰もが、真実や現実に直接接触して生きているわけではない。われわれ一人ひとりは実のところ、人間によってつくられた世界で生きている。そこでは「国家」とか「キリスト教」とか「イスラム」といったものは合意された慣習や歴史的変遷の結果でもあり、とくにそうしたものに認知可能なアイデンティティを与えるため進んで費やした人間労働の成果でもある。真実も現実も実際には存在しないというのではない。近所の樹木や家屋を見たり、骨を折ったり、愛する者の死に苦悩を味わう時にわかるように、真実も現実も存在している。しかし、われわれは現実感覚のために、それぞれ自分用につくる解釈や意味に依存するだけでなく、他人から受け入れる解釈や意味にも依存するのだが、全体としてわれわれはその依存の程度を無視したり過小評価しがちなのだ。そのため、他から受け入れる解釈は社会で生きていくのに欠くことのできない要素となっている。このことはC・ライト・ミルズがはっきり書いている。

人間の条件を理解する第一のルールは、人間は間接の世界に生きているということだ。人間は個人的に経験するよりずっと多くのことを承知している。自分自身の経験はいつも間接のもので、人生の本質は他人から受け入れる意味によって決められる。誰もがそうしたさまざまな意味の世界に生きており、誰も確たる事実の世界と直接ひとりで対決しているわけではない。そんな世界は手に入らない。事実の世界に一番近い人間というのは幼児か気違いで、かれらは無意味な出来事や無意味の混乱のおそろしい場面の中でしばしば、全面不安に近いパニック状態に襲われる。しかし日常の生活では、確たる事実の世界を経験することはない。つまりかれらの経験そのものは、類型的な意味によって選択され、既成の解釈によって形成される。世界のイメージや自分自身のイメージは、出会ったこともなければ、今後も出会うことの絶対にない多数の証人によって与えられる。しかし、すべての人にとって、見知らぬ人間や死者から与えられるこうしたイメージこそ、人間としての人生の基礎そのものなのである。

人間の意識は人間の物的存在を決定しないし、人間の物的存在も人間の意識を決定しない。意識と存在の間に他人が伝達した意味と意志とコミュニケーションが存在するのだが、その伝達はまず人間の発言そのものの中で、ついでシンボル操作によって行われる。このようにして受けとり操作された解釈は、人間の存在意識に決定的な影響を与える。その解釈は、人間が何を目撃し、それにどう反応するか、それについてどう感じ、その感情にどう反応するか、などについての手がかりを提供するものなのである。シンボルは経験に焦点を合わせる。意味は知識を組み立て、生涯の願望と同じく、一瞬の表面的な知覚作用の手引きをする

たしかに誰でも自然や社会の出来事や自分自身を観察する。だが人間は自然や社会や自分について、事実だと考えるものの大半を、観察していないし、観察したこともない。誰もが自分の観察するものを解釈する。また観察したことのないものをも同様に解釈するが、解釈の言葉は自分自身のものではない。つまり解釈の言葉を個人的にあみだすことはしないし、点検することさえしない。誰でも観察や解釈について、他人に語るけれども、その報告の言葉は、どちらかといえば他人の言葉やイメージを自分のものとして引き継いだものなのだ。いわゆる確固たる事実、正しい解釈、適切な発表などの大半について、誰でもますます観察基地、解釈センター、発表本部といった場所に依存するようになっている。今日の社会では、こうした場所は、私が文化的装置と呼ぼうとしているものによって確立されている。(44)

大半のアメリカ人にとって（一般的にヨーロッパ人にも同じことがいえるが）、イスラムを主として伝えている文化的装置の支柱にはテレビ、ラジオ、日刊新聞、大発行部数のニュース雑誌などが含まれる。もちろんフィルムも一つの役割を演じているが、それは歴史や遠隔地への視覚がわれわれに伝える程度の

ことであり、それはしばしば映画館を通して伝えられる。全体として、このマスメディアの強力な集中こそ解釈集団の核をなしているといえ、それがイスラムの特定の像を提示し、またもちろんマスメディアが奉仕する社会の強力な関心を反映しているのである。このイスラム像は単なる像ではなく、像に関する伝達可能な感情の集まりでもあるが、この像とともにいわゆる全体的な枠組みができあがる。枠組みという言葉の意味は、像の背景、現実の中の位置、内包される価値、それらにも増して、見る者の内面に揺り起こす態度である。こうして、もし、イラン危機が、叫び続ける「イスラム」暴徒のテレビ映像と「反米主義」論評つきで、繰り返し描写されるとすれば、イランとアメリカの隔たり、珍奇さ、状況の険悪さがわれわれと対決しているという感情を生み出す。このことは逆に、根本的に魅力のない否定的なものがわれわれと対決しているという感情を生み出す。このことは逆に、根本的に魅力のない否定的なものがわれる以上、イスラムに対してわれわれ自身も対決的反応を採用すべきことは疑問の余地がなくなろう。そして、ウォルター・クロンカイトが自分の毎夜の番組で決まって「これがありのままの状況です」というのを見聞していると、目前の場面はそのようにテレビ会社が見せようとしたものではなく、それがたしかにありのままの状況なんだと、われわれも思いこむだろう。それは自然で、変わらず、「異国」のもので、「われわれ」に敵対している状況である。『ヌーベル・オプセルバトゥール』誌のジャン・ダニエルが、一九七九年十一月二十六日発行の同誌で「アメリカはイスラムに包囲されている」と述べることができたのは不思議でない。

「イスラム」についてはテレビ、新聞、ラジオ、雑誌に大きく頼っているけれども、それだけがわれわれの情報源ではない。本、専門雑誌[45]、講演も利用可能であり、それらの見方はもともと断片的で速報的なマスコミのものよりも複雑である。また重要なことは新聞、ラジオ、テレビにも、編集方針の違い、評論原稿の見解の相違、代替イメージまたはカウンター・カルチャーのイメージと因襲的イメージの間の違いといった多様さがみられることだ。要するに、大量のプロパガンダが実際にマスコミや著名な学者によってさえ生み出されているとはいっても、われわれは中央に統一されたプロパガンダ機関に翻弄されながら生きているのではない。だがその多様性や相違にもかかわらず、またどんなにわれわれが否定したところで、マスメディアの生み出すものは、任意のものではなく完全に「自由な」ものでもない。「ニュース」というものはただ発生するものではない。映像も発想も、単純に現実から人の目や心に入ってくるわけではなく、真実は直接に手を触れることができない。つまりわれわれは、無限に多様なものを掌中にしているわけではないのである。あらゆる形のコミュニケーションと同じく、テレビ、ラジオ、新聞も事態をわかりやすく納得させるために一定のルールや慣習を守るが、こうしたルールや慣習はしばしば、伝えられる現実以上に、マスコミが伝える内容を決めてしまう。この暗黙に一致したルールは、手に負えない現実を「ニュース」や「記事」にうまく矮小化する役目を果たし、また現実について画一的な仮説に支配されていると思われる同様な受け手に、マスコミは接近しようと努力する。その結果イスラム像（したがって他の像も同様だが）はまったく画一的なものとなり、ある意味では矮小化され、かつ単色になりがちである。いうまでもなくマスコミは営利追求企業で、そのため当然ながら他より現実のイメージを高めたがっている。かれらがそれを行うのは、無意識のイデオロギーによって活発に機能する政治的枠組みの内部においてであり、マスコミの側は重大な留保をつけたり反対を唱えたりもせずにそれを広めているのである。

いまや、たくさんの条件が出そろってきた。西側工業諸国が抑圧的で、プロパガンダに支配された政治の下にあるとはいえない。もちろんそんなことはない。たとえば、アメリカではほとんどどんな意見でも表明できるし、市民やマスコミには、新しく、自由で、不人気な見解に対しても無類の受容性がある。さらに、本や小冊子はいうまでもなく、身近な新聞、雑誌やテレビ・ラジオ番組もあまりに多彩で、特徴の描写や性格づけはほとんど不可能なほどだ。したがってそのすべてがひとつの一般的な見解を表明しているなどといったら、公正でもないし正確でもない。

そんなことはもちろん誰にもいえないし、私もいおうとさえ思わない。しかしこの異常な多彩さにもかかわらず、現実について特定の見方や表現方法をとくに好む傾向が質的にも量的にもあるように思う。これまでに述べたことを手早く要約し、マスコミのある側面にどのようにあてはまるかを示してみたい。われわれは自然界に生きているのではないし、新聞やニュースや意見のようなものも、自然に生まれるものではない。それらは、人間の意志、歴史、社会環境、制度そして職業上の慣習の結果としてつくり出される。客観性、真実性、現実に即した報道、正確さといった報道の目ざすものは、多分に相対的な言葉である。そうした言葉はおそらく意図は表現しているが、実現可能な終着点は表現していない。当然そうなるものと考えてはならぬことは間違いない。というのは、共産主義諸国や非西洋諸国の新聞は宣伝的で思想的だとみなされる一方、われわれの新聞は信頼でき、かつ事実に基づくと考える習慣ができているだけなのである。ハーバート・ガンスがその重要な著書『何がニュースかを決めるもの』の中で書いているように、実際にはジャーナリスト、通信社、放送網が何をどう表現すべきかなどを意識的に決定している。[46] いいかえれば、ニュースは与えられた不活性物質というよりも、たいていは慎重な選択と表現の複雑なプロセスを経た結果なのである。

最近、ニュースを集めて配信する西側の大きな機関がどのように機能しているかについて十分な裏づけが得られている。ゲイ・タリーズの著書、『ニューヨーク・タイムズ』紙上でのハリソン・ソールズベリの評論、デイビッド・ハルバースタムの『権力の姿』、ゲイー・タックマンの『ニュースをつくる』、ハーバート・シラーによる情報産業の諸研究、マイケル・シャドソンの『ニュースの発見』、アーマンド・マテラートの『多国籍企業および文化支配』[47]などで、これらは、異なる立場からなされた研究の一部にすぎない。異なる立場とは、広く社会全般においてニュースや意見が、ルールにしたがい、枠組みの内部で、慣習によって形成されるのをどこまで認めるかをめぐるものだが、これらのルール、枠組み、慣習がその全プロセスにまぎれもない全体的な独自性を与えている。あらゆる人間と同様に、記者もあることを正常だと推測する。つまり価値は内在し、必ずしも常には試される必要がなく、ちょうど人間社会の習慣が当然のこととして認められているのと同じである。外国の社会や文化を説明する時、その教育、国民性、宗教を忘れることはない。職業的な倫理・行動基準の自覚は、何を述べるか、どのように述べるか、誰のために述べるのか、ということに関連してくる。ロバート・ダーントンは論文「ニュースの執筆と話の伝達」の中でこの問題をきわめて巧みに論じている。つまり記者活動の現実に対してだけでなく、「記者とニュース・ソースの間に生まれる共生と対立」、「標準化と類型化」の圧力、記者が対象の出来事から離れずもっと接近する方法、などに対しても、われわれの注意を喚起しているのである[48]。

アメリカのマスコミは、フランスやイギリスのマスコミとは違っている。なぜならば、社会も受け手も組織も利害も大いに異なるからである。アメリカの記者の誰もが気づかなければならないのは、アメリカは他の諸国にはない利益を持ち、それをさまざまな手段で追求している超大国だということである。報道の独立は、実際上も理論上も称賛できることである。だが、アメリカの大半のジャーナリストは自分の会社がアメリカの権力への参加者であることを潜在的に意識して世界のことを報道し、その権力が外国の脅威にさらされると、報道の独立は後退し、忠誠愛国や単純な国家的一体感を暗にうたいあげるものになることがしばしばである。だがこのことは、もちろん驚くにはあたらない。驚くべきことは、独立した報道が通常は外交政策に関与するとは考えられていないのに、実際はいろいろなやり方で実に効果的に関与していることである。海外で働くジャーナリストをＣＩＡが利用する問題は別として、アメリカのマスコミは当然のことながら、政府の政策が支配する枠組みの内側で、外部世界についての情報を集める。ベトナムの場合のように、政府の政策と衝突する場合、マスコミは独自の意見を組み立てる。しかし、そういう時でも、重要なのは、政府の政策を変えないまでも、政府の政策にその独自の見解を向けることだ。結局、政府の政策が、報道人も含むアメリカ人全体にとって大切なのである。

海外で、アメリカ人ジャーナリストが自分の最もよく知るものに頼るのは当然である。これは人が外国文化にさらされた場合の常であるが、ジャーナリストが海外にやって来て、そこでの出来事を本国の人たち（政策立案者も含む）の理解できる言葉に翻訳しなければならないと感ずる時、とくにあてはまる。かれは海外在住の他のジャーナリストと努めてつき合うが、自国の大使館や他のアメリカ人居住者やアメリカ人と親しい関係の人たちとも接触を絶やさない。

過小評価してはならぬのは、海外にいる間、自分が知り学ぶことだけでなく、アメリカのマスメディアの海外代表として知るべきこと、学ぶべきこと、言うべきことにも、信頼をおこうとするジャーナリスト感覚である。『ニューヨーク・タイムズ』の特派員は、『タイムズ』とは何か、組織として自らを何であると考えているかを正確に知っている。たしかに『タイムズ』のテヘラン特派員が記事として送るものと、フリーのジャーナリストが、『ザ・ネーション』や、『イン・ジーズ・タイムズ』に記事をのせたいと考えてテヘランで書くものとの間には重要で、おそらく決定的ともいえる違いがある。マスメディア自体が大きな圧力をおよぼすのである。『タイム』誌のカイロ支局長が長い期間をかけて記事を書く場合と、ＮＢＣテレビの「ナイトリー・ニュース」にカイロ特派員が短いニュースを流す場合とでは、やり方が異なる。

また、特派員の外国からの記事が、本国で編集者たちによって書き直される場合もあるが、ここでは、別の無意識の政治的・イデオロギー的な規制が働くことになる。

アメリカのマスコミの外国報道は、それだけで創造の意味があるだけでなく、「われわれ」の外国への関心をさらに深くする。マスコミの見方は、アメリカ人に対してはこの点を、イタリア人、ソ連人には別の点を、といったふうに強調点が異なる。そのすべてはひとつの共通の中心、つまりコンセンサスを求めて集合するが、あらゆるマスコミ媒体はそうしたコンセンサスを解明し、具体化し、つくり上げているとほぼ確実に自覚している。ここが重要な点である。マスコミはなんでも可能で、あらゆる考え方を代弁でき、また常軌を逸したもの、思いがけず独創的なもの、異常なものさえ、いろいろと提供する。しかし結局、彼らは「アメリカ」さらには「西洋」といった共同のアイデンティティに奉仕し、増進させる団体であるため、みんな同一の中心的コンセンサスを心に抱いている。少し後に取り上げるイランの場合でわかるように、これがニュースを形成し、何がニュースか、どのようにしてニュースになるのかを決定づける。しかし、意図せずにニュースを指定し、決定するのではない。つまり決定論的法律や陰謀や独裁の所産ではない。それは文化の所産であり、よくいえば文化である。アメリカのマスコミの場合、それは現代史の目につく構成要素なのである。もしマスコミがわれわれの存在やわれわれの期待にこたえていないのであれば、こうした現象を分析、批判しても無意味であろう。(49)

このコンセンサスの内容は、規範的ないし抽象的に述べるよりも、現実に起こるものとして述べる方が好都合である。イスラムとイランに関するマスコミ報道については、次の章での分析に出てくるので、コンセンサスもおのずから明らかになろう。ここではこの問題について二つの結論的なコメントだけをしておきたい。

第一に記憶すべきことは、アメリカは、しばしば対立する多数の下位文化（サブカルチャー）から成る複雑な社会なので、マスコミによってある程度、標準化された共通の文化を伝える必要があるととくに痛感されるということである。これは現代のマスコミにのみかかわる特徴ではなくて、アメリカ共和体制の創立にさかのぼる特別な由来をもつ特徴である。この国には、「荒野をさ迷う」清教徒をはじめとして、特異なアメリカ人意識、アイデンティティ、宿命、役割などを表わす思想的な美辞麗句がずっと根づいてきた。その役割にはいつも、アメリカの（そして世界の）多様性をできるだけ多く取り込んで、唯一無二のアメリカ式のやり方でつくり変える作用があった。アメリカ人の生活に根づくこうしたレトリックについて、ペリー・ミラーやごく最近ではサクバン・バーコビッチなど多くの学者が説得力のある分析を行っている。[50] そのひとつの結果がコンセンサスという幻想（必ずしも現実ではない）である、自らの奉仕する社会の代わりに行動するマスメディアも、本質は国家主義的なこのコンセンサスの一部として機能していると自覚している。

二番目は、このコンセンサスが、実際にどのように作用するかにかかわっている。[51] 最も単純かつ正確に性格づけする方法は、コンセンサスが限界を設け、圧力をかけるのだといえる。コンセンサスは内容を左右せず、機構的に特定の階級や経済グループの利益も反映しない。コンセンサスとは、記者や解説者が、これ以上踏みこえる必要がないと思うような目にみえない境界線だと考えるべきである。したがってアメリカの軍事力を悪意で使ってもよいという考えは、どちらかといえばコンセンサスの範囲ではありえないことであり、それはちょうどアメリカが世界で善をなす力だとする考え方が普通で正常なのと同じことだ。同様にして、アメリカ人は、悪用やヤクザ者から土地を奪い取る開拓者的な新しい精神を具体化している外国の社会や文化（たとえばイスラエル）と一体化する傾向がある。[52] ところが、彼らはしばしば、伝統文化、とくに革命的再生のさ中にある伝統文化さえ信頼せず、あまり関心を持とうとしない。アメリカ人は、共産主義者の宣伝が同じような文化的・政治的規制で動かされると考えているが、アメリカの場合、マスコミが限界を持ち圧力を受けているにもかかわらず、実際にそんなことがあるとは認めず、また気づいてさえいないのである。[53] これもまた設定された限界のひとつの側面である。もうひとつ、わかりやすい例をあげてみよう。テヘランでアメリカ人が人質となって拘束された時、すぐにコンセンサスが働き出し、イランについて重要なのは人質にかかわることだけだという判断を下した。イランのその他のこと、政治の展開過程、日常生活、性格、地理、歴史などは頭から無視されてしまった。イランやイラン人は、親米か反米かで説明された。

報道や配信における質的な特徴に関する一般的要点はこのくらいにとどめるが、解釈としてのニュースの量的な面については、率直に述べることができる。ほんのひと握りの組織が、最も広範に情報を配信し、したがって最も強力な影響を与えている。二、三の通信社、三つのテレビ放送網、数種類の日刊新聞、二、三種類の週刊ニュース雑誌などである。[54] 問題をはっきりさせるには、いくつかの名をあげるだけで足りる。つまりCBS、『タイム』、『ニューヨーク・タイムズ』、UPI通信である。これらは、他の弱小なニュース配信機関よりも、多くの人びとに手をのばし、深い印象を与え、特定のニュースを広める。外国ニュースに関する限り、このことの意味は明白である。というのは、このような会社は他より大勢の記者を現場に配置しており、したがってかれらが基本的なニュースを提供すると、これらの会社に加盟する新聞社、地方テレビ・ラジオ局がそのニュースをもとにして直接の受け手に配信するのである。外国ニュース報道の絶対量と密度が大きければたいてい権威を高め、そのニュースの利用者によってしばしば引用される。その結果、『ニューヨーク・タイムズ』やCBSの報道は、ニュース源、確立された名声、頻度（毎日、毎時間など)、専門的知識と経験を備える風格によって、信頼性を集めてゆく。全体として、ひと握りの大ニュース配信会社と、独立しているものの多くの点で大会社に依存する数えきれぬほどの小さな配信会社が、現実に対するアメリカのイメージを提供しており、そこにはたしかに首尾一貫したものが認められる。

そこから出てくる深刻な結果は、アメリカ人は矮小化して、威圧的、対立的に見る以外に、イスラム世界を眺める機会を持たぬことだ。それがアメリカとイスラム世界の双方で、矮小化への反発作用を引き起こすという悲劇を生んでいる。「イスラム」はいま一般的には二つの意味しか持たぬが、いずれも受け入れ不能で不毛なものとされている。西欧人やアメリカ人にとって「イスラム」は復活する先祖返りを表わしており、それは中世に逆もどりする脅威だけでなく、いわゆる西洋世界の民主主義的秩序なるものの破壊をも暗示している。他方、大多数のムスリムにとって「イスラム」は、イスラムを脅威とみなす第一イメージに対する反発的な対抗反応を表わしている。イスラムについて何かいう場合、イスラムの人道主義、文明や発展への貢献、道徳的正義に触れるなど、どうも謝罪的な形をとらざるをえなくなる。その種の対抗反応は、時としてそれに対する対抗反応というばかげた行動を引き出してきた。つまり、「イスラム」を、特定のイスラム国家の当面する状況、あるいは特定のイスラム権力と同一視するのである。サダトがホメイニをイスラムにとって狂気で不名誉だと呼び、ホメイニがお返しをする。するとアメリカのさまざまな人びとがそれぞれの功罪を議論する。イランのイスラム革命委員会による処刑者の毎日の数字に接する時、また一九七九年九月十九日にロイター通信が報じたように、アヤトラ・ホメイニがイスラム革命の敵を徹底的にたたきのめすと発言する時、イスラムの弁護者は何というべきだろうか。私のいいたいのは、「イスラム」のこうした相対的で、矮小化された意味は、すべて相互に依存しあっており、二重の束縛を永続化するゆえに、すっぱり拒絶すべきだということである。

この二重の束縛がいかに恐るべきものかは、実例をみればわかる。アメリカによるシャーの近代化支援は、反シャーのイラン人たちを結集させる叫びとみなされるようになったが、そのことはまた、王制とはイスラムへの侮辱だとする政治的解釈を生んだ。イスラム革命は部分的にアメリカ帝国主義への抵抗を目標とし、アメリカ帝国主義の側は、ニューヨークでシャーを象徴的に復権させることによってイスラム革命に抵抗したように思われる。それ以来、あたかもオリエンタリストの筋書きに従うかのように、ドラマは展開している。いわゆる東洋人は、いわゆる西洋人の望む通りの役を演じ、西洋人は東洋人の目の前で、自分たちの地位を悪魔だと確認している。(55)

こんなことだけではない。現在、イスラム世界の多くの地域には、アメリカがつくるテレビ・ショーがあふれている。第三世界の他のすべての住民と同様に、ムスリムもひと握りの通信社に頼る傾向がある。そうした通信社は第三世界にニュースを伝える仕事をするが、多くの場合、第三世界に関するニュースさえ外部から打ち返すのである。第三世界一般、とくにイスラム諸国は、ニュース源であることをやめて、ニュースの消費者となっている。歴史上初めて（初めてとは、そのように大きなスケールでは、ということだが）イスラム世界は、西洋のつくるイメージや歴史、情報によって、自らを学んでいるといえるかもしれない。さらに次の三つの事実をつけ加えるならば、メディア革命（その生みの親の社会のごく一部にしか奉仕していない）が、「イスラム」に何をなしたかについて、正確かつきわめて気の重い状況が手にとるようにわかる。第一は、イスラム世界の学生も学者も、いわゆる中東研究のために欧米の図書館や研究所になお依存しているという事実である（アラブ関係資料を真に完備する重要な図書館が、イスラム世界を見わたしてひとつも見あたらないことを考えてみよ）。第二は、アラビア語、ペルシャ語、トルコ語と違って英語が世界言語だという事実である。第三は、経済的に石油を基盤とするイスラム世界の多くの地域では、いまや、自国民の中から支配階級を生み、エリート集団を形成しているが、かれらは経済や防衛体制、さらに多くの政治的機会に関連して、西洋がコントロールする世界的な消費市場システムの恩恵を受けている事実である。[56]

これまで述べてきた対抗的な展開とは無関係なイスラムの復活も、実際にないわけではないが、いろいろ異なる角度から論ずる方が、もっと正確なものとなろう。私個人としては、よほど抑えて多くの修飾をつけるのでなければ、「イスラム」とか「イスラム的」という言葉を使わぬ方が気楽に感ずる。というのは、ムスリムの多くの社会や国家（それからもちろん西洋）では、「イスラム」がまったく宗教と関係ない多くのものに対する政治的なカバーになっているからにほかならない。ではイスラムに関するムスリムの解釈や、その内部での展開について、どのように責任ある議論をしたらよいだろうか。

まず、マキシム・ロダンソンにしたがって、われわれは神の言葉と考えられるコーランに含まれるイスラム教の根本教義を、他と断絶しなければならない。[57] これはイスラム信仰の根本的本質だが、どのようにコーランを解釈し、直ちに実践するかがわれわれをコーランから引き離すことになる。第二段階は、コーランのさまざまな対立する解釈にかかわることで、そうした解釈が多数のイスラム宗派、法理学派、解釈学の形式、言語理論などを生むのである。コーランから派生した集団はたいてい組織を、時には社会までつくりあげているが、そうした派生集団の巨大な網の内部には、ロダンソンが「原点への回帰」と呼んでいる大きな傾向が認められる。これは本来、イスラム的なものの初期の精神に激しく到達しようとする衝動を意味し、ロダンソンがイスラム内部における「永久革命」になぞらえるのはこの衝動のことである。だがかれは述べていないのだが、すべての一神教や大半のイデオロギー運動は、内部にこうした衝動を秘めているもので、イスラムがこの点で他の宗教よりも一貫して革命的であったかどうか、何ともいいがたい。いずれにしても、「原点への回帰」ということが運動を始動させ（たとえばワッハーブ派、あるいは明らかにイラン革命の宗教勢力もそうである）、その社会に与える衝撃は、時と場所によって同じでない。十九世紀、スーダンに起こったイデオロギーとしてのマハディ主義は、今日のスーダンのマハディ主義と同じではない。同様に、一九四〇年代後半から一九五〇年代半ばにおけるエジプトのムスリム同胞団は、今日のムスリム同胞団よりかなり強力なイデオロギー運動だった。そしてともに、シリアのムスリム同胞団とは組織や目的を異にしている。

ここまでは、主として（それだけではないが）教義やイデオロギーとしてのイスラムを論じてきたが、すでに変型や矛盾の分野にも踏みこんでいる。結局、「イスラム」とか「イスラム的」というレッテルは、どの（したがって誰の）イスラムのことをいっているのかを明らかにしつつ、使用しなければならない。ふたたびロダンソンに従いながら、われわれの分析の第三段階に進むと、その問題はさらに複雑となる。ここではかれの文章を長めに引用するのが最良である。

イスラム内部に第三の段階があり、他の二つとは注意深く区別する必要がある。そこに含まれるのは、多様なイデオロギーの実行のされ方、イデオロギーが結びつく実践、イデオロギーを鼓舞しないまでも確実に影響を与えた実践などである。中世イスラムが自ら分化してできたさまざまな体系は、それぞれ異なる方法で実践され、対外的な文献やテキストでは一致していても内部から変革されている。ここでの問題を、一方では「異端派」の教義とテキスト、他方ではムスリムの過半数によって認められたムスリム「正統派」との間の単なる対照だけに帰すわけにはいかない。信奉者の世界では、他と同様にここでも、聖典の一句を再解釈するだけで、存在にかかわる変化をもたらし、批判的ないし革命的態度をとらせる場合がしばしばである。それは、個人の態度にとどまるかもしれぬし、さらに他人にまで波及するかもしれない。比べてみると、革命的ないし革新的な前進も、時とともに保守派や信奉者や静寂主義者の感覚で解釈されるようになることがよくあるものだ。そのような経過をたどった例はたくさんあるが、まさにイデオロギーの一般法則と呼べるだろう。イスマイル「派」の展開は、とくに目ざましい。中世において、イスマイル派は既成の秩序を革命的に打倒すべしと説いた。今日、その指導者は大富豪のアガ・カーン一家で、かれらの大きな関心は、スキャンダル雑誌があきもせずに暴きたてるように、映画スターや有名人と一緒に甘美な生活を楽しむことなのだ。

結論として、聖典はなんら明白な判断を下してはいないのである。たとえ、より明白な公式説明や宣言、教義テキスト、あるいは創始者が呼びさます態度などに照らしてみても、一般に文化の伝統というものは、まことに変化に富んだ様相を示しており、相互に矛盾し合う命題のほとんどを正当化させてくれるものである。[58]

さて、この段階は解釈の第三の形であるが、他の二つがなければ起こらない問題である。コーランなしにイスラムはありえないし、逆に、それを読み、解釈し、制度や社会的現実に取り入れようとするムスリムがいなければ、コーランは存在しえない。スンニー派イスラム（スンナ自身、コンセンサスに基づく正統派を意味する）におけるように、解釈について強力な正統派が存在する時でも、革命的混乱がたやすく起こる。エジプトのサダト政権と、さまざまないわゆるイスラム原理主義の各派との間の争いは、まさに同じ正統派の場をめぐって起きており、サダトおよび体制派ムスリムがスンナの党を主張するのに対して、反対派も自分たちこそスンナの真の信奉者であると強く訴えている。

これらイスラムの三つのレベルのほかに、過去・現在・未来にわたるたいへんな数のムスリム、七世紀から現在に至るまで続けられた「イスラムの冒険的事業」のきびしい歴史の期間、さらに驚くほど多様なイスラム社会の地理的環境（中国からナイジェリア、スペインからインドネシア、ソ連・アフガニスタンからチュニジアまで）を加味すれば、これら全部を「イスラム」の一語で片づけてしまう西洋のマスコミと文化の試みが、どのような政治的な意味を持つかを理解し始めるのではないかと思う。そして、西洋ならびにイスラム世界の状況に対応するさまざまなイスラムの試みも、そのあらゆる多様性と矛盾において、同様に政治的なものであり、解釈の過程、たたかい、戦略という点でも、同様に分析しなければならないことに気づくだろうとも思う。[59] ここで、驚くほど複雑なことがらのからまりぐあいを、むしろあっさり示してみたい。その場合、まず断わっておくべき最大の問題は、本質的に評価せねばならぬことの多くが資料的に実証できないということである。

イスラム世界をたとえばヨーロッパや日本と区別する初歩的方法を除けば、「イスラムの歴史」と呼べるようなものが存在するかどうか、何ともいえない。それ以上にイスラム世界や西洋の学者は、イスラムのルーツがある特定の地理的場所にあるかどうかについても意見の一致をみていない。その理由は、生態学や社会経済上の構造、さらには定住型と遊牧型の間の特別な関係などのためである。イスラムの歴史の期間については、これもまた単純に「イスラムの」という性格づけをするにはあまりに複雑である。アラウィー、オスマン、サファビー、ウズベク、ムガルの国々（これらは二十世紀までのインド、トルコ、近東、中東のイスラム史における偉大な国家組織である）と、現代のイスラム国民国家との類似点は何か。イスラム地域のうちいわゆるトルコ・イラン地方とトルコ・アラブ地方との相違（および、せめてその起源）をどのように説明すればよいのか。結局、アルバート・ホーラーニーが以下に明快に説明するように、イスラム内部の定義、解釈、性格づけの諸問題はあまりに大きく、西洋の学者はためらうのである（西洋の学者でない人はいうまでもない)。

明らかに、イスラムの歴史という言葉は、異なった脈絡のもとでは同一のことを意味せず、またどんな脈絡においてもイスラムの歴史という言葉だけでは、存在することのすべてを説明するには不十分である。いいかえれば、「イスラム」およびそれから派生した言葉は「観念型用語」であって、歴史の説明の原則として役立たせるには、無限の留保をつけ、意味を調整し、他の観念型用語と関連させながら、微妙な使い方をしなければならない。こうした言葉を使用できる範囲は、われわれの書く歴史の種類により異なる。経済の歴史には一番不向きである。つまりロダンソンがその著『イスラムと資本主義』の中で示している通り、イスラムの支配的な社会における経済生活は、宗教上の信念や法によっては根本的に説明することができない。商業のやり方には、イスラム法の影響があるけれども、別の説明の仕方のほうが適切である。つまりケーヘンらの人たちの示唆する通り、「近東の」、「地中海の」、「中世の」、「前工業化段階の」社会といった概念は、イスラムの概念よりも有効である。社会政治史にとって、イスラムは若干の説明材料は提供できるが、必要なもののすべてとは決していえない。最も熱烈な「イスラム」国家についても、地理的位置、経済的欲求、王家や支配者の利害などを考慮に入れなくては、その制度や政策を説明することはできない。イスラム法に基づいていると思われるそうした制度の歴史ですら、イスラムの言葉では必ずしも全体的な説明ができないのだ。だが「イスラムの奴隷制度」といった概念は、詳細に点検すれば分解してしまう。また、モロッコの混交文学に関するミリオットの考察が示唆するように、地域的習慣は実践されているイスラム法と一体化しているのが通例であった。少なくとも近代以前のある種の知的歴史だけは、主としてイスラムの言葉で説明できる。それは、自我を維持し自我を発展させる制度をつくるために、外からのアイデアがイスラム自身の中から発生したアイデアと混じり合った過程としてである。「ファラーシィファア」という言葉も、現在は、アラブの衣をまとったギリシャ哲学者としてではなく、ギリシャ哲学の概念と方法を使ってイスラム信仰を自ら説くムスリムとみなさなければならない。[60]

これ以上引用しても、ホモ・イスラミカスという人種がいるかどうか、またそうした人種が分析的あるいは認識論上の価値をはたして持つのかどうか、人類学者からの答えは得られそうもない。イスラムの法理学上の掟と施行との関係、あるいは宗規の概念とその適用、変形、持続との関係をどう評価すべきかを述べるためには、イスラム社会の権力と権威の配分について知る必要があるのだが、多くの異なるイスラム社会が歴史的・地理的に広範囲に散乱していることを考えれば、われわれの知ることはほんのわずかだといってよい。たとえば、どれだけのイスラム社会が、権威の基盤として、神の概念から法律的教義の概念へ乗りかえたか確信をもっていえない。言語、美感の構造、嗜好の社会学、儀式、都市空間、人口移動、意識革命――これらはムスリム学者か非ムスリム学者かを問わず、これまでほとんど研究を始めていない問題である。ムスリムの政治行動といったものがあるのだろうか。ムスリム社会で階級はどのようにして形成され、ヨーロッパの場合とどのように違うのだろうか。一般のムスリムの日常生活を知るのに最良の手がかりを得られる概念、調査の道具、組織的な枠組み、公式文書とは、いかなるものなのか。結局のところ、「イスラム」は概念として有効なのか、それとも実際よりも隠し、歪曲し、偏向し、イデオロギー化しているのだろうか。なかんずく、こんな質問のどれか、またはすべてを問う人の立場というものは、回答にどんな関係を持つのだろうか。イスラム神学者がイラン、エジプト、サウジアラビアでその質問をする時、十年前と今日ではどのように違うのか。そうした発言とソ連のオリエンタリスト、フランス外務省のアラビスト、またはシカゴ大学のアメリカ人類学者の発する質問とを比べると、どうだろうか。

政治的にイスラムの平均的な反応として現れているものは、西洋における「イスラム」と同様、抽象観念の表現であり、不健康で、多くのひどい矛盾を隠蔽するものとなりうる。ほぼどの例をとっても、北アフリカから南アジアに至る重要なイスラム地域における国家は、意識的にイスラムの言葉で自らを表現している。これは文化的事実のみならず、政治的事実でもあり、西洋でもつい最近に認められるようになったばかりである。[61] たとえばサウジアラビアは、その名が示す通り、サウド王家の国家で、サウド家はその地域の他の有力部族を征服して国家を築いた。サウド王家が国家とイスラムの名において行う言動は、国際社会の一員として生まれてくるものや、国民に対する大きな権力や正統性によって集めるものに加えて、王家そのものの権力をも表現している。同様のことはヨルダン、イラク、クウェート、シリア、革命以前のイラン、それからパキスタンについてもいえるが、ただし必ずしもひと握りの支配勢力が家族とは限らない。だが、多くのケースで相対的な少数派が、宗派、単一政党、家族、地域グループのいずれかを問わず、国家とイスラムの名において他のすべてを支配しているのは事実である。例外はレバノンとイスラエルであり、両国はイスラム世界に属するものの、レバノンではキリスト教少数派、イスラエルではユダヤ教徒が支配している。だが、彼らもまたその覇権の大きな部分を宗教用語で表現している。

だいたいこれらすべての国は独自の方法で外部からの脅威に対応していると考えているが、反動として宗教、伝統、ナショナリズムに頼ってきた。だが、どの国も（ここが重要な点なのだが）異常に困難なジレンマに陥っている。一方で、国家の構造は複数の国籍、宗教、そしてそこに含まれる宗派に対して、必ずしも敏感に反応しているとは限らない。そのためサウジアラビアでは、さまざまな部族や家族はおそらく、サウド家のアラビアと自称している国家に束縛されていると感じているだろう。イランでも今日まで、国家体制がアゼルバイジャン人、バルーチー人、クルド人、アラブ人などを効果的に抑え込んでいるが、こうした民族は結果としてそれぞれのエスニックな存在が危くなったと考えている。さらに広い地域にわたって同じような緊張が、シリア、ヨルダン、イラク、レバノン、イスラエルでも繰り返されている。他方、こうした諸国の支配権力は、外部からの脅威と感じられるものに対して結束ぶりを示すために、国家イデオロギーや宗教的イデオロギーを利用した。これはサウジアラビアについて明白にいえることであり、そこでのイスラムは、国民を結集できるほど広範で正統性の高い唯一のイデオロギー潮流である。サウジアラビアと革命後イランでは、結果として「イスラム」は国家の安全保障と一体化することになった。つまりこれらの政府がイスラムについての西側のステレオタイプを実行すれば、外部からも内部からも、さらに大きな圧力を招くことになる。

このように、「イスラムの回帰」は、統一運動や結集運動にさえほど遠いものの、多くの政治的現実を体現している。アメリカにとって、それは分裂のイメージであり、抵抗する時もあれば、促す時もある。われわれは反共サウジアラビアのムスリム、アフガニスタンの勇敢なムスリム反乱勢力、サダトやサウド王家やジアウル・ハクのような「話のわかる」ムスリムについて語るが、一方では、ホメイニのイスラム強硬勢力やカダフィのイスラム的「第三の道」をののしる。またわれわれは（イランのカルカリが執行したような）「イスラムの刑罰」に病的に幻惑されているうちに、権力維持装置としてのその力を逆説的に強化している。エジプトではムスリム同胞団、サウジアラビアではメッカ・モスクを占拠したムスリム強硬派、シリアではバース党支配に反対するイスラム同胞団と前衛党、イランではフェダインやリベラル勢力のほかにムジャヒディン——これらは民衆の間を流れる反体制潮流の小さな一部分を構成しているが、詳細はほとんどわかっていない。加えてさまざまのムスリム国民が、自らのアイデンティティをいろいろな旧宗主国に阻まれながらも、自分たち自身のイスラムを求めて叫びをあげている。そしてこれらすべての底流としてイスラム世界のいたるところの学校、モスク、クラブ、同胞団、ギルド、党、大学、運動、村、都市で、さらに多様なイスラムが大波のように湧きたち、その多くは所属メンバーを「真のイスラム」に導き戻すのだと主張している。[62]

西洋の人たちは現在、マスコミや政府スポークスマンから「イスラム」をよく考えてほしいと要請されているが、上述の多様なムスリムのエネルギーはほとんど利用できる状態にない。イスラムの「再生」が求められる時、最も深刻な誤った説明がなされる。[63] 信者の心や胸の中で、イスラムが常に思想、感情、人間的所産として再生し、生き、豊かになっているのは確実である。そして信者の思想の中でいつも「イスラムのビジョン」（W・モンゴメリー・ワットの有効な言葉[64]）が、創造的ジレンマに信者を巻き込んできた。何が正義で、何が悪なのか。正統と伝統はいつ信頼できるのか。イジュティハード（個人的な解釈）はいつきちんと行われるのか。疑問は増幅し、その作業は進んでいるのに、西洋にいるわれわれには、それがほとんど見えず、また聞こえない。イスラムの生活はそれほどコーランに束縛されたり、また人物や整った組織に局限されているのではなく、したがって「イスラム」という使いすぎの言葉がわれわれの理解したいものに関する信頼できぬ指標となっているわけでもない。

にもかかわらず「イスラム」と「西洋」の争いはまさに現実のものである。すべての戦いには二組の陣地、二組のバリケード、二組の武器が存在することを忘れがちである。そしてイスラムとの戦いは西洋をイスラムの力に反対すべく統一したが、同じように西洋との戦いもイスラム世界の多くの地域を統一した。というのは、たとえイスラムがアメリカで比較的新しい要素であるとしても、多くのムスリムにとって、アメリカは西洋の一部と思われ、したがって何十年の間、イスラムの多くの各界で大いに熟考されたことがらであったはずである。多数の西洋のイスラム文化研究家はここ二百年間におけるイスラム思想への「西洋」の影響を誇張したがる傾向を持ち、大西洋からペルシャ湾にかけてのイスラムの自覚の中心は、長い間、「西洋」と「近代化」でいっぱいであったとの誤った見方をしているように思われる。それは正しくない。なぜならば、すべての社会と同様、イスラム社会も、時として焦点の向け先が異なるからだ。「西洋」がイスラム世界の多くの人物や党、運動に、さまざまな事業や仕事を与えたほか、多くの論争術や論文や解釈の技をもたらしたことは事実である。[65] しかし、イスラム世界全体が結局、外的なものによってのみ悩まされたと考えるのは間違いであり、控え目にすぎよう。

イスラム文化の偉大な特徴の一つは、豊かでたいへん精緻な解釈力であることも記憶しておくべき重要点である。イスラムが強力な視覚美術の伝統を生まなかったことはたぶん正しいが、他方、イスラムほど大規模に言語解釈の手法を発展させた文明はほとんどないというのは興味深く、同様に事実である。すべての制度や伝統や思想の学派は、注釈のシステム、言語理論、解釈の手法などから築き上げられた。同じことが、他の宗教的伝統の中に見あたらないわけではない。見あたりはするのだが、しかしイスラムにおける口述や言語の体験は、他とくらべて競争が少なく、他を排除した形で発展したことも記憶にとどめる必要がある。それからイランの新憲法が、ファキーフを国民の指導者と規定したのは不思議ではない。ファキーフとはマスコミが思いこんでいるような哲人王でなく、文字通りフィクフ、つまりイスラム法学の解釈者のことで、いいかえると偉大な読み取り手ということになる。

主としてマスコミがつくりあげる解釈されたイスラム社会と西洋ないしアメリカ社会の双方とも、悲劇的に大きなエネルギーを費して相互のわずかな対決点のみに注目し、その過程で、この対決に無関係のことはまったく無視している。われわれは、ムスリムが「悪魔的な」アメリカに反対するのだとずっと信じこんできたので、実際には何が起こっているのかを少し見てみる価値がある。西洋での「ニュース」や「イメージ」の管理にムスリムが手を出せないことは疑いもなく正しいが、一方、ムスリムはなぜ西洋に

読者カード

みすず書房の本をご購入いただき，まことにありがとうございます．

書　名

書店名

・「みすず書房図書目録」最新版をご希望の方にお送りいたします．

（希望する／希望しない

★ご希望の方は下の「ご住所」欄も必ず記入してくださ

・新刊・イベントなどをご案内する「みすず書房ニュースレター」（Eメール）を
ご希望の方にお送りいたします．

（配信を希望する／希望しない

★ご希望の方は下の「Eメール」欄も必ず記入してくださ

(ふりがな) お名前　　　様	〒
ご住所　都・道・府・県	市・郡 区
電話　（　　　）	
Eメール	

ご記入いただいた個人情報は正当な目的のためにのみ使用いたしま

ありがとうございました．みすず書房ウェブサイト https://www.msz.co.jp で
刊行書の詳細な書誌とともに，新刊，近刊，復刊，イベントなどさまざまな
ご案内を掲載しています．ぜひご利用ください．

郵便はがき

料金受取人払郵便

本郷局承認

6392

差出有効期間
2025年11月
30日まで

113-8790

東京都文京区
本郷2丁目20番7号

みすず書房営業部 行

通信欄

（ご意見・ご感想などお寄せください．小社ウェブサイトでご紹介させていただく場合がございます．あらかじめご了承ください．）

依存するのかの理由を、ムスリム全体がなかなか理解しないがゆえに、そうした事態に何もできないでいるのも同様に事実である。石油大国は、自分の側から資源の欠乏を嘆くわけにはいかない。欠乏しているのは、真剣に世界に入っていくための歩調を合わせた政治的決断であるが、それが欠けているということは、ムスリム諸国が統一した力にはほど遠く、まだ政治的に動員または結集されていない証拠である。まず、奮起を促すべき才能はたくさんあるが、たとえばとくに意識した強力な自己イメージをつくり明確に表現する能力だ。しかしこれは、ムスリムがいろいろ異なる方法で表わす実践的価値（単に反発的、防御的なものだけでなく）を真剣に評価することになる。この問題についての大論争が、普通はトゥラート（つまり、特別にイスラム的な遺産）を議論する形で、イスラム世界で続いている[66]。いまや、イスラム以外の世界にも、その結果や論点を伝えることが必要である。もはや、アラブやイスラムに対する「西洋」の敵意を嘆き悲しみ、はずかしめを受けた正義をまとって手をこまねいていては、あまり言いわけがたたない。この敵意の原因とそれを助長する「西洋」のそうした側面を、恐れずに分析する時、変化への重要な第一歩が踏み出されるのだが、決してそれだけには終わらない。新しい巨大な反イスラム宣伝が起こらないとしても、何かが代わって登場してくるに違いない。目下のところ、一部のムスリム、一部のアラブ、一部のブラック・アフリカの人たちに限られてはいるが、イスラムについて拡散している敵対的イメージに、実際に追従し、実際にそれを実現させようとする大きな危険性が今日たしかにある。だが、そうした動きこそ、今後なすべきことの重要性を強調するものだ。

急激な工業化、近代化、開発の中で、多くのイスラム諸国は、時としてあまりに素直に、自らを消費市場に変えようとしてきた。オリエンタリズムの神話やステレオタイプを払拭するために、なすべきことは何か。ムスリムや東洋人は別の形の歴史、新しい種類の社会学、新しい文化の自覚を生み、さらに重要なことだが、それを広める。マスメディアとムスリム自身は、そうした動きを見つめる機会を世界全体に与えなければならない。要するにムスリムは、新しい形の歴史を生きるという目標を強調し、マーシャル・ホジソンが「イスラム化世界」(67)と称した世界やその多様な社会を研究する必要があるのだ。そうした社会は、ムスリム世界の外部にも、その成果を伝えたいという真剣な目的と急務を持っている。たしかにそれは、アリ・シャリアティが、メッカからメディナへのムハンマド聖遷(ヘジュラ)を人間の概念にまで普遍化した時、かれがイランのムスリムのために考えていたことである。かれによれば、人間は「選択、闘争、不断の転化である。果てしない移民である。自身の内部における移民で、人間から神に移ってゆく。自身の魂の中の移民である」(68)。

シャリアティのような考え方は、初期の段階のイラン革命を鼓舞したのだが、つまり、本質的にムスリムが真の革命をとげる能力がないとか、暴政や不正を根本から排除する能力をもたないといった独断的仮説を、一挙に吹きとばしてしまった。さらに重要なことだが、シャリアティがいつも議論するように、初期のイラン革命は、イスラムとは人間の権威や宗教の権威に対する受け身の屈服としてではなく、人間の存在にかかわる勇気づける挑戦として、実践すべきものだということを示した。シャリアティによれば、「固定した基準」がなく、人間の肉体から神へ「移る」という神聖な命令だけをもつ世界で、ムスリムは自分自身の道を開拓しなければならなかった。人間社会はそれ自体、「カインの極」(支配者、王、貴族政治、つまりひとりの人間に集中する権力)と「アベルの極」(国民の階級、つまりコーランでいうアル・ナスで、民主主義、自己中心、共同社会)との間を、移動している、というよりも、むしろさ迷ってきたといえるだろう(69)。

当初、アヤトラ・ホメイニの道徳的教えも、まったくこれと同様に強制的なものであった。というのは、シャリアティよりも柔軟さに欠けるかれは、ムスリムの苦しみとは、ハラールとハラーム（正義と悪）の間で常に生きた選択をすることだと理解した。そこからかれは「イスラム」共和国を求めるようになり、それによって正義を制度化し、アル・モスタザフィン（被抑圧者）を苦境から救い出そうとしたのである。

そのような考え方はもちろんイランに大変革をもたらした。しかしながら、イスラム革命は西洋では同情的な関心を引かなかった。イランの体験は、その活力と銃火と、破壊的で、至福千年の到来を信じるかのごとき熱情のゆえに、イスラム諸国においてさえも恐れられることとなった。そのためにイスラム世界では、イスラムの生活に関する公認の正統的な見解と、それにいろいろな形で反対するカウンター・カルチャー的イスラムとの間に大きな分裂が生じた。カウンター・カルチャー的イスラムの前衛的表現のひとつがイラン革命である。[70] 刑罰、独裁政治、中世風の論理、神政政治などは、現在の情勢の中で多くのムスリム自身が反対しているものだが、西洋のイスラム観が全体として、そうしたものを「イスラム」と結びつけたがるのは、皮肉というほかない。

3 「王女」エピソードの背景

いま、目の前にあるイスラムは、われわれの力で弱められ、われわれの目的に合うような姿を見せ、しばしばわれわれの求めに応じて国や政府や集団が矮小化している。つまり本来のイスラムとはとても言いがたいものであり、現在、「われわれ」と「かれら」が出会っても、双方にとってあまりプラスとならない。もっと重要なのは、イスラム報道においては、明らかにされるものよりも、隠されるものの方がはるかに多いということだ。悪名高いひとつのエピソードを分析して、その意味を説明したい。

一九八〇年五月十二日、アメリカのPBSテレビは、イギリスの映画作家アンソニー・トマスが制作した『王女の死』というフィルムを放映した。一か月前、そのフィルムは、イギリスとサウジアラビアとの間に外交上の事件を引き起こし、その結果、サウジアラビアはロンドン駐在大使を引き揚げさせ、サウジ人の休暇地としてイギリスをボイコットし、さらに新たな制裁で脅迫したのである。なぜそうなったのか。サウジ側によれば、フィルムはイスラムを侮辱し、アラブ社会一般、とくにサウジの司法について間違った描写をしていたからである。若い王女と平民の愛人の有名な処刑をもとにしたフィルムは、その真相を追求するドキュメンタリー・ドラマの形で制作された。あるイギリスの記者が、二人の間に何が起きたのかを正確に知るため、ベイルートへ旅に出る。そこで、レバノン人やパレスチナ人に問いかけ、ついでサウジアラビアへ行って、当然のことながら公式的な言いのがれを聞かされる。その過程で、かれが知るのは、王女の話は政治的・道徳的ジレンマの象徴として、人びとに理解されていたということだけだった。パレスチナ人にとって、王女は、自分たち同様、自由および政治的な自己表現を求める、見捨てられた存在である。あるレバノン人にとっては、王女は、レバノンを引き裂くアラブ同士の闘争を象徴している。サウジ当局者にとって彼女は、自分たちの問題であって、他人にはかかわりなく、西洋の人間が関心を抱くのは、単にこの事件がサウジ政府の信用を傷つけるからだとみている。最後に少数の内情を知る者にとって、王女の苦境は体制の偽善を告発するものであり、そこでは「イスラム」およびイスラム的な「目には目を」の等価報復が、王家の腐敗を隠すのに利用されている。フィルムは結論なしで終わる。どの説明も現実に起きたことを十分伝えているようには思えないが、いくぶんかの真実は含んでいる。

アメリカでサウジ政府は、フィルムの公開に反対を表明した。不愉快な二つの結果が現われた。ひとつは、国務省のウォーレン・クリストファー副長官が、サウジの不機嫌を公然とPBSに知らせたことだ。さらにエクソン社は、有力新聞に広告を出し、PBSの決定の「見直し」を求めた。あちこちの都市で、放映は中止された。フィルムが、論議を呼びそうなことに配慮して、PBSは放映後、ただちに一時間のパネル討論を流すことにした。六人の参加者と司会者が、フィルムについて話し合った。一人はアラブ連盟代表、二人目はハーバード大学の法律学教授、三人目はボストン地区のイスラム聖職者、四人目は若いアメリカ人の「アラビスト」(学者でも役人でもない者への特異の呼称)、五人目は中東で商売と報道の経験をもつ若い女性、最後は、サウジ嫌いを正直に公言するイギリス人のジャーナリストであった。一時間にわたる六人の話がまとまりを欠いていたのはあたりまえであった。この地域のことを多少とも知っている人は、しばしば、自己の立場にしばられて、公式に弁明する調子の「ムスリム」のやり方を守った。わずかしか知らない人は、当然ながらそのことを暴露し、その他の人は、かなり見当違いだった。

フィルムの公開反対の圧力は、まさしく憲法修正第一条〔言論の自由などを規定〕の問題を引き起こした。私はフィルムを公開すべきだったと信じている。このフィルムは、私のみるところ、映画技術的にはまことに平凡なものだが、まだ述べられていない重要なことがあった。すなわち⑴ムスリムが制作したものでないこと、⑵一般の観客が見そうな、ムスリムに関する唯一のフィルムであり、唯一でないとしても最も印象深いフィルムだったこと、⑶パネル・ショーその他の場所での討論で、背景や権力や意見表明などの問題にほとんど触れていなかったこと、である。トマスのこの企画には、たとえば、イエメンについてのフィルムにはない、既製の魅力があったのは明らかである。つまり、セックスおよび「イスラム流」刑罰(とくにムスリムは残酷ではないかという「われわれ」の最悪の疑念を確認するような)が、まじめなドキュ・ドラマに仕立てあげられると、まことに多くの観客を動員できるのであった。一九八〇年四月に『エコノミスト』誌が論じたように、「おおかたの西洋の人びとにとってイスラムの法律といえば、イスラム流刑罰を意味する。単純な神話だが、このフィルムはそんな神話を助長したと思われるのだ」。サウジ政府が背後で糸をあやつり、エクソンを締めあげていたことが、ひとたび知れわたると、観客はさらにふえた。そしてこのことが全体として強く示しているのは、『王女の死』が明らかにムスリムのつくったフィルムではなく、ムスリムが言いたいことも言えず、あまり一般受けせずに効果もない批評だけを加えていたフィルムだということである。

フィルムの制作者とPBSが気づくべきだったことがある。それはムスリム世界や第三世界の人は誰もが承知していることだが、フィルムの内容がどうであろうと、フィルムの制作、つまり情景を映像にする行為そのものが、いわゆる文化的力、この場合は西洋の文化的力に由来する特権なのである。[71] サウジがたくさんのお金を持っているということは、どうでもよいことである。つまり、ニュースや映像を実際につくって配信すること自体、お金よりも強力であった。単なる資金よりも西洋でものをいうのは、このようなシステムであるからだ。このシステムに抗するように、サウジがフィルムのイスラム侮辱に対して加えた反論は、いわゆる西洋の意見表明のシステムを無力化するために、別のはるかに弱体な意見表明のシステムを動員しようとするものであった。それはイスラムの擁護者としてのサウジ政権の自己イメージにほかならない。

ＰＢＳのパネル討論では、西洋のこのシステムがもうひとつの勝利を得ている。一方で、ＰＢＳは気をつかって問題の討論会を放映してサウジの不快にこたえたと主張しており、それはその通りだ。他方でＰＢＳは、討論をコントロールし、さほど有名でない代表的「個人」の、ばらばらであまりすっきりしない考え方を「調和」させて、密度の高い、あるいは長時間の分析の方はお茶をにごしてしまった。討論の見せかけだけで、細心の分析の代わりをさせてしまった。この企画の成功には、次のようなことも含まれる。フィルムの『羅生門』型構成と、「調整された」パネル討論によって、現代ムスリム社会という現実問題についての判断を避け、誤解の余地を残したのに、誰もとやかく言わなかったことである。王女が実際に何をしたのか、われわれにはさっぱりわからず（たぶん本当はどうでもよいと思っているのだが）、ちょうどパネル討論で「悪いフィルム」だとか「率直で良いフィルムだ」などと言いあうのを聞いていたのと似ている。しかし、フィルムと討論を通じて気づかれていない事実は、サウジアラビアがキリスト教やアメリカやカーター大統領を傷つけると思われるフィルムをつくったとしても、それよりはるかに深刻な結果をもたらすフィルムの制作と公開が可能だったということである。

サウジ政府は、活発にフィルムの放映阻止に動きながらも、本当はどうしても否定することのできないもの（事件そのもの）を否定し、同時にイスラムとはこういうものなんだと反駁しうるものも提示できない、そういう立場に置かれてしまった。前に述べたイスラムに対する二重の矮小化に縛られて、フィルムへのそうした反論は、効果のうすいものになった。どちらの場合も、「いや、実はそうではないのだ」とか、「それはこうなんだ」と述べることも可能である。もちろん、それを効果的にいう方法があり、さらに立ち上がってそれを主張する場所があることが条件になる。サウジの公式スポークスマンにとっては、そんな方法も場所もなく、ただひたすらフィルムの放映を頭から阻止するという文化的に信用を失う道をとるほかなかった。サウジの当局者は、イスラムの「良い」面を示そうと、身の入らない努力をしてはみたが、議論のうえでは共感を得られなかった。さらに悪いことに、そのフィルムは芸術的にも政治的にもあまりに的はずれであり、何か重大なことを伝えるのは不可能だと指摘するほど強力な支持者が、アメリカの文化的土壌には存在しないようだった。不幸にも、アメリカでもイギリスでも、フィルムへの反対者がサウジの金銭上の利益のおこぼれにあずかっているように思われたのは最悪であった（一九八〇年五月十七日の『ニュー・リパブリック』誌で、J・B・ケリーは、あからさまに侮辱して、それをほのめかしている）。要するに、フィルムへの反対者は、フィルムに批判的に対抗する手段としての広報宣伝装置を使いこなせなかったのである。マルセル・オフルスの『正義の思い出』や『ホロコースト』についての論争、あるいはレニ・リーフェンシュタールのフィルムが再映されたときの論争に比べれば、今度の議論がいかに陳腐なものか、ただちに明らかとなる。

『王女の死』の放映によって、世界はそれ以上のことを知ることができた。王女のことが話題になるかなり以前から、アメリカのメディアおよび周囲の知的・文化的環境は、公然たる反イスラム・反アラブの中傷で文字通りあふれていた。少なくとも過去二度の機会に、サウジアラビアの国王はニューヨーク市長から挨拶を拒まれ、最も通常の儀礼さえも示されないという、直接の辱しめを受けた。詳細な調査の示すところによると、ゴールデン・タイムに、ムスリムに対する明らかに人種差別的で軽蔑的な風刺表現の出てこないショーは、ほとんどない。すべてのムスリムは、適切でない断定的かつ総括的な言葉で表現されやすい。つまりひとりのムスリムは、全ムスリムおよびイスラム全体の典型としてみられるのである。[72]

ハイスクールの教科書、小説、映画、広告などのうち、イスラムについてとても好意的とはいわぬにしても、真に有益な知識を伝えているものはどれだけあるか。シーア派イスラムとスンニー派イスラムの違いは、どの程度、知られているか。全然である。アメリカの大学で提供している教養課程の人文科学コースを見てほしい。講義題目の全部ではないにせよ、大半のものは「人文科学」とはホメロスや古代アテネの悲劇作家から、聖書、シェークスピア、ダンテ、セルバンテスを経て、ドストエフスキー、T・S・エリオットに至る傑作を並べればよいと考えているのである。キリスト教ヨーロッパに隣接するイスラム文明は、そのような自民族中心の体制と、どこで調和するのだろうか。最近出版された著作、たとえば『闘争的イスラム』『イスラムの短剣』『アヤトラ・ホメイニのわが闘争』などを除けば、イスラム文明についてどんな総合研究が広められ、言及され、求められているだろうか。イギリスびいきやフランスびいきと呼ぶのと同様に、ある種の人びとをイスラムびいきと特定できるだろうか。

『王女』に関する論議が鎮まって後、『アメリカン・スペクテーター』誌がエリク・ホファーの論文「ムハンマドの怠惰」（副題「重い足どりの使者ムハンマド」）を公表した時、不幸にも、サウジアラビアは抗議するのを忘れている。サウジ当局はさらに、領土がアメリカの同盟国に占領されているのは世界でたった三か国だが、それらはイスラム国家であるという指摘をも、イスラム誤解のリストに含めていない。王家の評判が直接汚された時だけ、サウジ国王は懲罰を加えるといって脅したのだ。イスラムは、どうして、ある場合にだけ傷つき、他の場合には傷つかないのか。今日までなぜサウジは、イスラム理解の促進を助ける努力をあまりしてこなかったのだろうか。これまで、かれらの主たる教育上の貢献は、南カリフォルニア大学の中東研究計画に対して向けられてきたが、この研究計画はアラムコの元の従業員が運営しているものだ。

しかし、『王女の死』のエピソードの全容は、さらに複雑なものである。ペルシャ湾でのアメリカの軍事介入は少なくともこの五年間、共通の話題となっている。サウジが、キャンプ・デービッドの和平交渉に参加しなかった一九七八年秋以降、サウジ王制の多くの失敗や弱点を目だたせようとする記事(中には、一見もっともらしいニセ情報がふんだんに入っている)が、定期的に登場している。こういう話のいくつかの背後には、CIAが存在していたことが、一九八〇年七月末に明らかとなった。それは、デービッド・レイ記者による「失敗したワシントンの情報もらし——サウジアラビアを揺るがせたCIAのヘマ」(一九八〇年七月三十日付け『ワシントン・ポスト』紙)の記事をみればわかる。『ニューヨーク・レビュー・オブ・ブックス』は創刊以来十六年間、多かれ少なかれ、ペルシャ湾のことを無視してきた。キャンプ・デービッド合意後の一年間に、同誌はペルシャ湾についていくつかの論文を掲載したが、いずれも現在のサウジの支配体制のもろさを強調したものであった。同時に日刊紙が発見したものは、イスラムの台頭、刑罰や法体系の中世的特質、女性観などである。イスラエルの律法学者が、女性や非ユダヤ人、個人の摂生法や処罰について実によく似た考え方を持っていること、あるいはレバノンのさまざまな聖職者がものの見方においてまことに残酷で中世的であることには、誰も注目しなかった。サウジアラビアのイスラム政権に向けられた焦点は、その弱点と特異性の周辺で同調しているようにみえたが、いずれもそうした弱点や特異性を少しでも除去することはなかった。だが、そうすることの意図は、次のように思われた。つまりサウジアラビアはアメリカに反抗したのであるから、いまや「正直な」報道の恩恵を耐え忍ぶとともに、サウジの検閲による隠蔽をやめさせようという要求を受け入れるべきだということだ（ところが、イスラエルからのすべてのニュースが軍の検閲を通る必要があるという事実には誰も不平を述べていない）。サウジアラビアに報道の自由がないことでは、いつも激しい怒りが広く表明されていた（だが、ヨルダン川西岸におけるアラブ人の新聞や学校・大学に対するイスラエルの規制にどれだけの怒りの感情が表明されただろうか）。サウジアラビアは、突然、リベラルとシオニストにいっせいに厳しく批判され、他方で保守的な金持ちや政府高官からはいっせいに称賛され、大事にされるという、特異なケースとなった。このことが、いよいよサウジの地位を引き下げ、受け入れにくくし、知的にはばかげた存在にした。

これらすべてから、ひとつの結果が現われた。『王女』のフィルムの事件が起き、「われわれ」が「かれら」の偽善と腐敗を、声を大にして嘆いた時、「かれら」の側では「われわれ」の力と無神経に憤慨したのだ。そのような対立が、さらに、「われわれ」と「かれら」の間の議論の溝を広げたため、真の討論や分析や交流は事実上、問題外となってしまった。こうして、ムスリムのアイデンティティは、「西洋文明」という一枚岩の勢力圏との会戦に敗北することにより、強化される傾向にある。それを感じとった西洋の煽動家が、中世的狂信や残酷な専制政治を痛烈に非難しているのだ。たいていのムスリムにとっては、イスラムのアイデンティティを主張するだけで、ほとんど宇宙的な挑戦の行動となり、また生存に必要な行為となるのだ。戦争がきわめて論理的な結末のように思われる。

今回、もうひとつ、予想外の非軍事的な結果が生まれた。アメリカやイスラム世界の人びとの中には、「西洋」とか「イスラム」という強制的なレッテルに、嘆かわしい限界を見出す者もあるかもしれないことだ。レッテルやそれを支える体制が、それによって統制力を失うということはおそらく期待できまい。だが、「イスラム」とはますます一枚岩でも恐ろしいものでもなく、われわれの当面の政治目的に役立ち、われわれの懸念をそのまま反映するような解釈いかんであると思われるようになりそうだ。その場合、「われわれ」がムスリムであっても非ムスリムであっても変わりはないだろう。結局、われわれがひとたび解釈の本当の力と主観的要素をつかみ、そして、われわれの知っていることの多くが、通常認める以上に多くの点で「われわれのもの」であることに気づいた時に初めて、われわれ自身やわれわれの住む世界についての無神経、多くの誤った信念、多くの神話などを克服しつつあるのだと考えてよい。このように、たとえ「ニュース」を理解するということも、ある意味では、自分が何者であり、自分の住む社会の特定地域がどのように機能しているかを、理解することなのである。これらのことを理解して初めて、われわれのものとしての「イスラム」およびムスリムのために存在する別の種類のイスラムを、なんとか把握することができるのだろう。

そこで「われわれ」と「イスラム」の間に起こった最も面倒な事件だったイラン人質危機について、詳細に分析してみよう。この事件にはまだ不明なことが多く、また政治的混乱も大きい。というのは第一に、われわれにとって傷が深く重苦しいものだったうえ、第二に批判的に眺めると、ムスリム世界で今日も作用しているプロセスについて多くのことが明らかにされるからである。ひとたび、イランに接近すれば、最新の局面でイスラムと西洋を結びつける広範囲の問題を議論することもできよう。

第二章　イラン報道

1 聖なる戦い

イランはアメリカ人の間に、煮えたぎるような激情を湧き立たせた。それは、一九七九年十一月四日にイラン人学生がテヘランのアメリカ大使館を占拠した事件がきわめて侮辱的で非合法的だったからというだけでなく、報道メディアが信じられぬほど詳細かつ集中的にこの出来事に関心を払ったからでもある。アメリカの外交官が捕われて、アメリカがかれらを釈放させられないということと、連夜、テレビの最良の時間にその成り行きを眺めることとは、まったく別の問題である。だが、アメリカ人の意識のうえに占めるいわゆる「イラン報道」の位置を理性的に、激情を混じえずに理解するためには、「イラン報道」の意味を批判的に評価する必要が出てきたように私は考える。とくにアメリカ人は最近イランをかれらなりに知るようになったが、その知識の約九割までが、ラジオ、テレビ、新聞を通じてであるからだ。アメリカ人を人質にとられたことによる苦痛と怒りや、イスラム世界内部の紛争がもたらす混乱を鎮める方法は存在しないが、ひとつの機会を除いて、アメリカが軍事力を行使しなかったことをわれわれは喜ぶべきだと思う。ともかくアメリカおよび西欧とイスラム世界の関係の全般的脈絡のなかで、アメリカにとってイランが何であったかをまず吟味しなければならない。メディアを通じてイランは連日、アメリカ人にどのように見えたのか、文字通りどのように提示され、さらに再提示されたのかである。

大使館占拠の直後、イランは夜のテレビ・ニュースの大きな部分を占めた。五、六か月にわたってABCテレビは毎日夜おそく、「人質になったアメリカ」という特別番組を組み、PBSテレビの「マクニール・レーラー・レポート」もこの危機について前例のないほど多くのショーを流した。数か月にわたって、ウォルター・クロンカイトは「これが目下の状況です」の決まり文句を使う番組に、人質が捕えられている日数を想起させる言葉をつけ加えたものだ。「二〇七日目です」といったぐあいにである。人質事件の間、国務省スポークスマンだったホディング・カーターは約二週間のうちにスターの地位を獲得した。その一方で、一九八〇年四月末に人質奪回作戦が失敗したのち、サイラス・バンス国務長官もズビグニュー・ブレジンスキー大統領補佐官もあまり目立たなかった。アボルハサン・バニサドル、サデグ・ゴトブザデ、人質の両親とのインタビューなどがほかの場面と定期的に交互に繰り返される。イラン人のデモとか、イスラム史についての三分間学習とか、前国王の病院からの速報、もっともらしい顔つきの評論家や専門家の分析、反省、論争、熱弁、そして理論や行動コースや出来事の将来の解釈や心理、ソ連の動き、ムスリムの反応についての推測の提示などである。そして約五十人のアメリカ人は監禁されたままだった。

その間、イラン側がメディアを自分たちに有利とみなす方向に利用していることが明らかとなった。この配慮がテレビに払われていたのは間違いない。しばしば大使館内の学生は、衛星送信の締め切り時間やアメリカにおける夜のニュース放送にあわせて「イベント」の予定を組んだ。時どきイラン当局者は、それによってアメリカ国民を政府の政策に反対するように仕向ける計画であるといっていた。最初、これは悪い誤算であったが、のちにこの政策は奇妙だが必ずしも悪いばかりでもない効果をもたらした。つまり、メディアを刺戟して、もっとまじめに調査する姿勢をとらせたことである。しかし、ここで議論したいのは、最も緊迫した危機の間、イランがアメリカ人の目にどのように映ったかだ。もう一方の話は、この関心にくらべれば二の次とすべきものである。

第一章で述べたように、イランだけでなく、アラブ・イスラエル紛争、石油、アフガニスタンも含めて、過去十年間の最も劇的なニュースの多くは、「イスラム」に関するニュースであった。このことがなによりも明白であったのは、永いイラン危機である。この間、アメリカのニュースの消費者は、ひとつの国民、ひとつの文化、ひとつの宗教についてずっと減食型の情報しか与えられなかった。実際、それは意味不明でひどく曲解した要約以上のものではなく、イランの場合はつねに闘争的で、危険で、反米であると描写されたものだ。

なぜイラン危機がメディアの仕事を検討する好機となるかは、まさになぜイラン危機が多くのアメリカ人にとって苦悩に満ちたものだったことがわかるのかと同じ理由による。つまりその期間、イランがアメリカとイスラム世界の関係を象徴するにいたったという事実などである。にもかかわらず、注意してみなければならぬと思うのは、最初の二、三か月間におけるメディアの姿勢やかれらのやり方で明らかになったことである。それは西洋が今後、新しい挑戦、前例のない政治変革と危機に直面しなければならないというのに、これらの姿勢を永続化するにすぎないやり方でなされたのだった。だが、やがてメディアの報道に変化が現われた。その変化は全体として当初に考えられたよりも勇気づけられるものである。

テヘランのアメリカ大使館占拠から出てきた膨大な材料を点検すると、多くのことに気づく。第一に、「われわれ」は追いつめられており、そしてわれわれと一緒に、正常で民主的で合理的な秩序もまた追いつめられているようにみえることだ。そこでは全般的に「イスラム」が自己挑発的に激情してのたうちまわっており、当面の表出物がはた迷惑な神経症イランということになる。十一月二十六日の『タイム』誌ではイランのシーア派イスラムに関する目立つ囲み記事の見出しに、「殉教のイデオロギー」とあった。同時にそれをまねするように、『ニューズウィーク』誌の十一月二十六日号も「イランの殉教複合体」という題で一ページの読み物をのせている。

そのための証拠にはこと欠かなかったようだ。『セントルイス・ポスト・ディスパッチ』紙は十一月七日、セントルイスで開かれたイランおよびペルシャ湾に関する研究集会の経過内容を報じている。ある専門家は「イランがイスラム型政府になったことは、近年におけるアメリカの最大の挫折である」と述べたと引用されている。いいかえると、イスラムはアメリカの利益に反すると定義されるわけである。『ウォール・ストリート・ジャーナル』紙は十一月二十日、「文明の衰退」は「まずこれらの〔文明開化された〕理想をひろめた西洋諸大国の衰退」からやってきたと論説で書いたが、あたかも西洋でなければ、文明開化された理想をもちあわせていないみたいであり、イスラムを含む世界人口の大半がその運命にあるのだ。また、コロンビア大学のJ・C・ホロウィッツ教授は十一月二十一日、ABCテレビの記者から、シーア派ムスリムであることは「反米」を意味するのかと問われ、はっきり肯定して答えている。

CBSテレビのウォルター・クロンカイトとABCテレビのフランク・レイノルズをはじめ、すべての主要テレビの評論家たちは定期的に「アメリカに対するムスリムの敵意」、あるいはもっと詩的には「危機の三日月、大草原を突進する竜巻」(十一月二十一日、ABCテレビでレイノルズ)について語った。別の時(十二月七日)にレイノルズは「神は偉大なり」と叫んでいる群集の写真を見ながら、かれが想像する群集の真の意図は「アメリカへの敵意」であると述べている。同じ番組の終わりの方で、預言者ムハンマドは「自称預言者」であると知らされ(どの預言者が自称でないだろうか)、それから「アヤトラ」は

「自称の二十世紀の肩書き」で、「神の反映」の意味である（残念ながら、どちらも必ずしも正確ではない）と指摘された。ＡＢＣテレビは、画面の右側に小さなタイトルを示しながら、短時間（三分間）学習コースを流したが、例によって恨み、疑い、侮蔑が「イスラム」に対するいかに適切な対応であったかという同じ話を繰りかえした。モハメダニズム、メッカ、プルダ〔女性を人目から隠す習慣〕、チャドル、スンニー、シーア（自分の身体をたたいている若者たちの写真と一緒に）、ムッラー〔宗教教師〕、アヤトラ・ホメイニ、イランといった項目である。これらの映像のすぐあとに、番組はウィスコンシン州ジェイムズビルに切りかわり、見事に健康的な学童たちが愛国的な「団結の日」を組織している場面になる。そこにはプルダも自己の身体へのムチ打ちもなく、ムッラーの姿も見られない。

「闘争的イスラム――歴史的旋風」というのは、一九八〇年一月六日に『ニューヨーク・タイムズ・マガジン』のかかげた言葉だ。「イスラムの爆発」は『ニュー・リパブリック』誌十二月八日号へのマイケル・ウォルツァーの寄稿である。二つの記事は、ほかのすべてと同様に、イスラムとはひとつの不変のものであり、四十のイスラム諸国とアジア、アフリカ、欧州、北米に住む約八億のムスリム（ソ連、中国の数千万を含む）のきわめて多彩な歴史、地理、社会構造、文化を超越して理解できることを示そうとしているだけでなく、ウォルツァーがいうように、殺人、戦争、特別の恐怖をはらんだ長期紛争のあるところでは、いつも「イスラムが明白に重要な役割を果たした」ことを明らかにしようという趣旨である。証拠に関する普通のルールが中断されても、筆者が自分で判断を下す言語や社会について無知であっても、また「イスラム」を論議するときに常識が引っ込んでしまっても、いっこうにおかまいなしにみえる。『ニュー・リパブリック』の巻頭論説はイランを「妨害された宗教的激情の猛威」や「荒れ狂うイスラム」に帰してしまい、「イスラムの聖なる法律」シャリーアがスパイ、安全通行権などについてどう述べるべきかを、わけ知りに論じている。このすべては、イスラムを相手とする紛争中は、われわれは目を開いて戦いに加わった方がよいという重要ポイントを強調するものだ。

「イスラム」に罪を負わせることでは、『ニュー・リパブリック』誌より、もう少し微妙なやり方もなされている。ひとつは、公衆の前に専門家を出し、ホメイニが実は「イスラム聖職者の代表」ではないとしても（これはアメリカの元ヨルダン大使、元レバノン特使で現在は中東研究所所長のL・ディーン・ブラウンが十一月十六日の「マクニール・レーラー・レポート」の番組で述べた）、この「厳しい」ムッラーは初期の（明らかにもっと正統的な）イスラム時代への逆行だと語らせることである。街頭デモとは独裁者が慣習的に提供する「主要娯楽としてのサーカス」の看板であるが、ちょうど同じようにテヘランの群集はブラウンにニュルンベルグを想起させたのだろう。

もうひとつの方法は、目に見えない線で中東のさまざまのほかの局面がイランのイスラムに結びついていると述べてから、状況によって暗黙または明白に、一括して非難することである。元上院議員ジェイムズ・アブレズクがテヘランを訪問したとき、ＡＢＣとＣＢＳはアブレズクが「レバノン系」であることを思い出させるような放送をした。ジョージ・ハンセン下院議員がデンマーク系の背景をもつとか、ラムズィ・クラークがワスプ〔アングロサクソン白人新教徒〕の家系だということには、まったく言及されていない。アブレズクはたまたまキリスト教レバノン人の血統であるにもかかわらず、かれの過去にあるあいまいなイスラム色に触れることが重要だと何となく考えられたのだろう。（アブスカム事件のおとりに、にせのアラブの「王族」が使われたのも、これに関連したもうひとつの問題である。）

はるかに大胆な暗示の利用は、十一月八日付けの『アトランタ・コンスティチューション』に、ダニエル・Ｂ・ドルーズが書いた一面の小さな記事がもとになっており、パレスチナ解放機構（ＰＬＯ）が大使館占拠の背後にいると述べている。彼の情報源は「外交・ヨーロッパ情報」の権威筋である。ジョージ・ボールは十二月九日、『ワシントン・ポスト』で、「作戦全体が良く訓練された共産主義者によって編成されていると信ずべきいくつかの根拠がある」と格言的に語っている。十二月十日、NBCの「トゥデイ・ショー」はアモス・パールマターおよびハシ・カーメルとのインタビューを放送した。それぞれ「アメリカン大学教授」「パリの週刊誌『レクスプレス』の特派員」と紹介されたが、実は二人ともイスラエル国籍である。ロバート・アバーネスィが、ソ連とPLOとイランの「過激な」ムスリムの間の「利害の一致」に関する二人の主張について質問した。三つの勢力がともに大使館作戦に実際に関与していたというのは本当か、とかれは聞いた。二人の返事は、いや違う、しかしこの利害の一致はあるというものであった。アバーネスィがさらに、お二人の発言は「PLOのイメージを傷つけ」ようとするイスラエルの試みのようにも聞こえるがとおだやかにたずねると、パールマター教授は怒って反論し、自分の教壇と同様に「知的誠意」以外のなにものでもないと述べている。

この例ほどではないが、CBSは十二月十二日の「夜のニュース」に国務省からのマービン・カルブ記者の報告を流した。カルブは一か月前にドルーズが言及したのと同じ（やはり名前を出さず）「外交・情報」筋を引用して、PLOとイスラム原理主義者とソ連が大使館で協力したと改めて確認したのである。大使館の敷地に地雷を埋めたのはPLOのメンバーだとカルブはいい、さらにこれが判明したのは大使館内部で聞こえた「アラビア語の音声」によってであると、わけ知り顔で続けた（カルブの「報道」の要約は翌日『ロサンゼルス・タイムズ』に載った）。ハドソン研究所の専門家コンスタンティン・メンジスのような名士までも、まさに同じ命題を、『ニュー・リパブリック』の七九年十二月十五日号で一回、次いで「マクニール・レーラー・レポート」でさらに二回、論じているのである。そこにはいうまでもなく、極悪非道のPLOや悪魔的なムスリムと自然の同盟を結ぶ共産主義の魔手があげられているが、ほかに何の証拠も示されない（ソ連のアフガニスタン侵攻やそれをイランが公式に批判していることについて、マクニール・レーラーがなぜメンジスをもう一度招いて論評させなかったのかわからない）。

「シーアのあるところ、トラブルあり」と、ダニエル・B・ドルーズは十一月二十九日、『アトランタ・ジャーナル・コンスティチューション』で論じた。また『ニューヨーク・タイムズ』は十一月十八日に小さな見出しで、もっと思慮深い表現ながら、「大使館占拠はシーアの権力承認とシャーに対する怒りの両方と関係あり」と報じた。十一月四日の大使館占拠後の一週間に、巨大なイラン群集の写真が際限なく登場したように、険悪な表情のアヤトラ・ホメイニの写真もひんぱんに、そして変わりばえなく現われたが、それが視聴者に何かを語りかけると想定されていたのだろう。怒ったアメリカ人がイラン国旗を焼却（そして販売）するのは、おきまりの気晴らしとなった。報道機関はこの種の愛国心を忠実に伝えた。面白いのは、アラブ人とイラン人を人びとが混同していることを示す報道が多かったことである。たとえば『ボストン・グローブ』は十一月十日、スプリングフィールドの怒った群集が「アラブ人、ゴー・ホーム」と叫んでいると報じた。シーア派イスラムに関する特別読み物は、いたるところに現われたが、驚くほど少ないのは、イランの近代史を扱った記事、十九世紀末以来の外国の干渉や王制に対するイラン聖職者のきわだって重要な政治的抵抗に言及した記事、あるいはホメイニがラジオ・カセットやほぼ非武装の民衆を主たる手段として、シャーと不敗の軍隊を引きずり降ろすことができたあり様を検討した記事、である。

小さなことだが、象徴的なのは、ウォルター・クロンカイトが名前を正しく発音できなかったことだろう。ゴトブザデの名前はほとんど発音されるたびに変わり、たいていは「ガブーザデ」になった（CBS

は十一月二十八日、ベヘシティを「ベシェティ」と呼び、ABCも負けじと十二月七日、モンタゼリの名前を「モンテソリ」に変えてしまった）。イスラム史については、ほとんどすべての部分があまりに混乱していて無意味であるか、またはあまりに不正確なためぎくりとするほどである。たとえば、十一月二十一日にCBSの「夜のニュース」が流したイスラムに関するものだ。モハッラムについてランディ・ダニエルズ記者は、シーア派ムスリムが「ムハンマドによる世界の指導者への挑戦を祝った」期間であると説明している。あんまりひどい間違いで、ばかばかしくなる。モハッラムとはイスラムの月であり、シーア派ムスリムがモハッラム月の最初の十日間にフセインの殉教を記念するのだ。さらに、シーアは迫害コンプレックスをもつので「かれらがホメイニを生んだのは不思議ではない」という説明を聞いた。ホメイニはイスラム全体を代表してはいないという説明は、気休めになるけれども、少なからず誤解を生むものである。同じ番組で私もインタビューを受け、知恵を求められたが、イスラム研究の教授と誤まって紹介された。十一月二十七日、CBSの一記者は、イラン全体が「革命の二日酔い」を患っていると語ったが、イランがまるで街角の酔っぱらいみたいである。

だが、「アメリカを人質にした」勢力のまことに憂鬱な性格が前面に出てきたのは、精鋭『ニューヨーク・タイムズ』が最大限の権威をもってイスラムに立ち向かってきたときである。『タイムズ』のイスラムは、しかしながら、『タイムズ』とは何かに大いに関係がある。アメリカの指導的な新聞であるというだけでなく、その精神の寛大さ、専門的報道の水準、責任、そして最も大事なことだが、国の安全の見地からの信頼できる執筆能力、といったものがあいまって、独特の重みを備えているのだ。いいかえれば、『タイムズ』はひとつの課題について権威をもって発言できるとともに、その課題を国家に関係づけることができる。それを意図的に行い、しかも成功しているように思われる。その結果、ハリソン・ソールズベリが回想するように、一九六一年春に、ケネディ大統領が『タイムズ』のターナー・キャトリッジに対して、もし『タイムズ』がピッグズ湾侵攻がさし迫っていることをもっと詳細に報じていたならば（これは『タイムズ』自身の取材になるものだった）、「君たちは途方もない過ちからわれわれを救ってくれていたであろう」[1]と語ることになるのだ。ピッグズ湾事件の後、ソールズベリは、タド・シュルツの報道は例外でなく、またそれゆえに『タイムズ』のなしとげたことも例外ではないことを、『タイムズ』も世界もまだ理解していない、と述べている。それは日常やっていることにすぎなかった。『タイムズ』は権力としては、国家そのものとほぼ同格の、異常に強力な組織になっていたのだ。

『タイムズ』はいまや批判的な集団に成長していた。それと複雑に結びついているとはいえ、読者や広告主の見地からの集団ではない。そうではなくて、報道と見識による批判的集団になっていたのだ。いまやその男女スタッフは世界、ワシントン、国家、都市について誠実に報道しており、単なる職人ではない。獲得できる最良の記者と編集者である。かれらは金銭的報酬のために『タイムズ』に集まったのではない。『タイムズ』の給料はよいのだが、とびぬけてということはなかった。かれらが集まったのは、『タイムズ』が報道と編集のユニークなはけ口を提供してくれたからである。これほど高度のプロフェッショナリズムの水準はどこにもない。〔ピッグズ湾後の〕いま、批判的な記者集団の大きな規模と高い質のゆえに、意識的に方向を定めることもほとんどなしに機能している。『タイムズ』記者は世界中に出かけ、ニュースの触角を鋭くとぎすまし、調査・発掘し、そして質問を投げかけている。[2]

その当然の成り行きとして、決定的に権力を振るうことが、同紙の集団的使命となり、記者たちは「意識的に方向を定めることなく」、ほぼ習慣のこととして『タイムズ』報道を行っている。一九七一年に

『タイムズ』がペンタゴン・ペーパーズを暴露した時、タマニー・ホールのボス・トゥイード一派を、適切な政府資料の暴露によって引きずり降ろしてから百年を経ていた。ソールズベリによれば、ここでもう一度、『タイムズ』は模範的ともいえる道義的先見性をもって法律をのりこえ、国家利益のために行動し、真実を暴露して政府を動かす能力を誇示しつつあった。[3] 最近まで編集局長であったA・M・ローゼンソールのもとにおける財政上の成功が、日刊版に「家庭」と「生活」の特集企画を加えた結果であるというのは事実である。だが、収入増によって外国報道をも拡大できたのだった。

新しい特集企画は『タイムズ』の立場を事実上、難攻不落のものとする財政的基盤を与えた。しかもそれは『ニューズ』と『ポスト』がヘマをやっている時である。いまや、アメリカ国内のほかのどの新聞とも違って、『タイムズ』はサラリーに加えて月に三万ドル、おそらくは月に五万ドルとスタッフをイラン崩壊の報道に投入できた。資金はあり、何の無理もなかった。[4]

イランが「崩壊」した年の末、『タイムズ』はついにイスラムに取り組んだ。十二月十一日に、二ページ全部を「イスラム世界の爆発」と題するシンポジウムにあてた。七人の参加者のうち三人はイスラム世界からの学者で、現在、アメリカで生活し、働いているという人たちである。ほかの四人はイスラム世界の近代史、文化、社会に関する著名な専門家である。かれらが討論を求められた質問はいずれも政治的なものであり、アメリカの利益に対するイスラムの脅威に触れていた。各所で専門家たちは、イスラム世界が異なる過去、異なる政治過程、異なる種類のムスリムをもつかのように議論しようと試みたが、この試みは次のような質問の強力さに圧倒されてしまった。「もしわれわれが現在、多くのムスリムの目にそれほど悪魔的に映るとしたら、こうした勢力、指導者、われわれが多少の親近感をいだく政府にどう対処すべきか。バザルガンはブレジンスキーと握手をしたら失脚した。バニサドルはニューヨークに来たいと発言したら、力を失った。われわれがほかの政権に対応するにあたっての教訓があるだろうか。控え目にするとかなにかの教訓があるだろうか。」『タイムズ』は明らかに核心に直接突き進んでいると感じていた。もしムスリムがイスラムに「支配」されているとしたら、イスラムを正面から問題にしようということである。興味あるのは、学者たちが「イスラム」をより重要な構成要素に分割しようとしたのに対し、『タイムズ』はその構成要素を再構成して、アメリカの利益に「敵対的な」勢力か「友好的な」勢力にしてしまったことだろう。シンポジウムの純粋な結果は、憤激ものである。というのは、『タイムズ』の最後のいくつかの質問のなかに、説得や論理は通用しないゆえ、最後の手段として武力行使を避けられぬかもしれぬという意味が明確に含まれているからだ。

一九七九年の最後の四日間に、『タイムズ』がフローラ・ルイスの四本の長文の評論を連載した時、「われわれ」はイスラムについてどう考えるべきかについての疑問が晴れた。評論はいずれも危機にあたってイスラムに真剣に取り組もうとしたものである（十二月二十八、二十九、三十、三十一日の「イスラムの高揚」）。かの女の評論は、たとえば複雑性と多様性の記述に成功するなど、すばらしい部分もあるのだが、重大な弱点もあり、そのほとんどは今日のイスラムの観察の仕方に起因している。ルイスは中東のイスラムのみを取りあげただけでなく（たとえばユダヤ教やエジプト、レバノンのキリスト教の高揚にはほとんど触れていない）、とくに三番目の評論でアラビア語やイスラムの心にまで触れていることだ。アラビア語については、専門家の意見を引用して、その詩が修飾と名調子にあふれ、親近感がなく、個人的でもないと書き、イスラムの心については「一歩一歩考えを進める」能力がないとしているが、ほかの言語、宗教、民族の集団についてそんな説明をしたら、人種差別主義者かたわごととみなされるだろう。かの女が権威筋とするのは、しばしばオリエンタリストである。そうした人たちは自己の全般的な見解を表明している。エリ・ケドゥリーは一九七九年末、イスラム革命の研究を行い、マルクス・レーニン主義と同じようなものだということを示そうとした人だが、「オリエントの無秩序は深くかつ風土病的である」と語ったとされている。また、バーナード・ルイス（フローラ・ルイスの親戚ではない）は、イスラム世界で「自由な考察と研究がなされなくなったのは」、おそらく「静止的」であるとともに、「決定論的、偶因論的、専制的」なイスラム神学によるものだろうと断じている。フローラ・ルイスの評論を読んでも、イスラムについて筋の通った見解は得にくいだろう。かの女は情報源をあちこち探しまわり、この問題に詳しくないため、手始めに扱うべきでない問題を探している街の清掃人みたいな感じを読者に与える。結局、その言語が「事実の説明というよりも願望の表明である」数億の人びとをどうやって把握できるのか（十一月十九日の『アトランタ・コンスティチューション』に載った「ペルシャ語の微妙で捉えどころのない性格」の中の一句を参照）。ともかくイスラムをめぐる大事なことは浮かび上がったのだ。たとえ「それ」が明確でないにせよ、それに対する「われわれ」の態度（または「われわれ」がそれのせいにするためのあらゆる権利をもつという態度）は明確である。[5]

一九八〇年五月の『エスクワイア』誌に載った、おそらく意図せざる暴露的インタビューの中で、フローラ・ルイスは自分のイスラム評論を生んだ仮説とそこから生まれた仕事を説明している。そのつぎは報道とあわてた態度からうかがわれるのは、『タイムズ』はイスラムであり、『タイムズ』は『タイムズ』であるゆえに、逃げきれたということである。ここにかの女の発言がある（「イスラムにいったい何が起こっているかなど誰もわからぬ」という見解の非公式な権威に注目せよ）。

数か月前、私は途方もなくでっかい企画にかかわった。ニューヨークは私に、イスラム世界の騒乱を取材する特別の任務を与えたのだ。ニューヨークで会議があり、誰かが「まったく、イスラム世界で何が起きているのか誰もわからんよ。フローラにやらせよう」と発言した。そこで私が呼び出されて、出かけた。むちゃくちゃの話だ。集めた材料をどう利用するのかも私にはわからなかった。気違いみたいに段取りをつけて、あらかじめ人にインタビューできるようにした。どこへ行っても三日間滞在するだけの時間もなかった。パリからロンドンに行き、それからカイロに出かけた。カイロにはあのイスラムの大学があるからだ。アルジェとチュニスにも行った。ノート二十冊と十ポンドの書類を持ち帰って執筆に着手した。

もちろん、これはいずれも私が何かを学ぶという利点がある。生涯学習ということだ。『ニューヨーク・タイムズ』は次々と奨学金をくれるのである。

すべての報道を私だけではやれない場合があるのは、時間の制約である場所に行けないという時だ。たとえば、イスラム企画では、フィリピンについて広範な資料が欲しかった。アジア支局ではそれに人をふりむける余裕がないとわかった。カンボジア戦争、韓国の混乱、東京の政治危機で手いっぱいだったのだ。そこでニューヨークから誰かが資料をまとめて私に送ってくれるということになった。

『タイムズ』の「イスラム」報道企画と『ル・モンド』紙のそれを啓蒙的に比較することができる。『タイムズ』はフローラ・ルイスに手早くまとめさせた。かの女はイスラム世界全域で論議されている神学上かつ道義上の大問題には触れていない（コーラン解釈の方法として、「イジュティハード」〔個人的解釈〕派と「タクリード」〔過去の権威の解釈に従う〕派の争いに触れずして、今日、イスラムを語ることができるのか)。かの女はまた、資料で実証しようとする「騒乱」をあおっているさまざまなイスラム諸派の歴史や構造にも触れていない。そのかわりに、思いつきの質問を、さらに思いつき次第の人びとにぶつけ、分析の仕事に逸話を利用しているので、教義的、形而上的、あるいは政治的な、イスラム生活の実際の条件はあまり報告しない結果になっている。

その意味で、アメリカの精鋭紙とフランスの精鋭紙を比較するのは有益である。ちょうど一年前(一九七八年十二月六、七、八日)、『ル・モンド』はマキシム・ロダンソン(フローラ・ルイスが引用している著名なフランスのマルクス主義オリエンタリスト)に同じ現象についての研究を委託した。(6) これ以上に大きな違いがありうるだろうか。ロダンソンはこの問題を完全に理解している。言語を解し、宗教を知り、政治もわかる。逸話もなく、センセーショナルな引用もなく、また「親」イスラム専門家と「反」イスラム専門家の意見を聞いて「均衡」をとるようなこともしていない。イスラムの社会と歴史の上のどの勢力が現在の政治的状況と結んでこの危機を生みだしたかを、かれは示そうとしている。その結果、かれの仕事のなかで浮上してくるのは、疑い深くおびえた読者のためにいろいろな立場を提示するにとどまらず、帝国主義と階級闘争と宗教紛争と社会的道義を統合する経験も示されている。

2 イラン喪失

皮相的で饒舌なイラン報道にうんざりした人びとが、気分転換と正しい洞察を求めて、PBSの夜の番組「マクニール・レーラー・レポート」に頼りがちになるのは当然である。活字ジャーナリズムの世界における『ニューヨーク・タイムズ』と同じく、この「レポート」は放送ジャーナリズムにおけるエリート番組と認められている。私のみるところでは、形式が驚くほど抑制的かつ保守的でさえあるとともに、ゲストの選択や討論の範囲からしても、「マクニール・レーラー」の番組にはどうも不満を覚える。まず形式からみてみよう。イランのように身近でない世界に関する異常なニュース報道をみせられた後で、視聴者はただちに、「現地」の群集と、身だしなみがよく慎重に均衡をとったゲストたちの顔ぶれとの間に、強烈な不均衡を感じざるをえまい。ゲストの一致した資格は、必ずしも洞察力や理解力ではなく、大家の意見といったところに置かれているようだ。番組が目ざすように、情勢を理性的に把握しようとするのが悪いわけではないが、ゲストに向ける質問から明らかなように、マクニールとレーラーはその時点で優勢な国家的ムードの裏づけを探し求めている。イラン人への怒り、イラン人を騒がせているものについての非歴史的分析、冷戦ないし危機管理の鋳型に討論を合わせようとする試みなどである。このことがきわめて雄弁に示されたのは二つの番組である(十二月二十八日と一月四日)。そこでのゲストはテヘランから帰ったばかりの二組のアメリカ人牧師である。両方の番組で牧師たちは、二十五年間にわたるシャーの専制支配の苦しみについてのイラン人の感情に共感を示した。この発言に対し、レーラーは半信半疑とはいわないまでも、公然と疑念を呈している。バニサドル外相と彼の後継者サデグ・ゴトブザデが登場した時(十一月二十三日と二十九日)、質問はアメリカの立場にきわめて近い位置からだけなされた。人質はいつ解放されるのかとか、譲歩に気をくばるな、元シャーの悪行や犯罪をあつかう調査委員会などどうでもよい、といった立場である。皮肉なことに、バニサドルは初めて元シャーの帰国に固執せず、国連使節団が実行すべきある一方式を提案している。使節団は数か月後、テヘランに行った。同時に、マクニールとレーラーの両記者がこの提案を無視したのが象徴的である。

一九七九年十一月初めから一九八〇年一月中旬までの間におけるゲストのリストをみると、さらに意味深長である。イラン人が五回、第三世界と反戦の大義の支持者として知られるリチャード・フォークとイクバール・アハマドが各一回ずつ登場したのを除いて、残りのパネリスト全員が新聞記者、政府当局者、アカデミックな中東専門家、企業や半官研究機関に関係をもつ個人、中東出身者で、イラン革命に基本的に敵対的な立場をとる人たちである。頻繁に登場する人がいたのも、ごく当然である。ハドソン研究所のメンジスが二回、元アフガニスタン駐在大使のロバート・ニューマンやL・ディーン・ブラウンもそれぞれ二回だった。その結果は要するに、イラン人の発言をすべて取りあげることになり、しかも道義的限界を逸脱しているのである。これではアメリカ人の乱暴を煽りこそすれ、ニュースの理解には役立たない。私はこれに衝撃を受け、レーラーもマクニールもバニサドルが言ったことの真意を究明しようとしないことに驚いた。たとえば、かれが「世界の虐げられた人びと」の感情に訴え、そして、イランの要求を満たすのは、元シャーの引き渡しではなく（アメリカの屈服は容易ではない）、虐げられた人びとも正当な不満を抱いていることをアメリカが認めるゼスチュアだけでよいと提案したことなどである。

このように、究明のやり方そのものからして、「マクニール・レーラー・レポート」は自己規制し、敵対者または反対者が重視する人間的体験というもっと広範な領域に踏みこむのを思いとどまったようにみえる。詰問する二人のホストがとりしきるテーブルの周囲に着席するきちんと組織された参加者たち、全般的に均衡のとれた見解、その中では、自らの生活に対するアメリカの侵害を数十年にわたって今日まで黙って耐えてきた遠方の虐げられた人びとが使う基本的に「関係のない」外国語を、どのゲストも本当には話せないこと、質問がいかにして危機を処理すべきかにばかり焦点をあて、非白人、非ヨーロッパ世界のいたるところで開けつつある新たな地平を理解しようとすることには触れないこと、地政学、宗派的不穏、イスラム再興、力の均衡についてほとんど本能的に受け売りの知識に頼る傾向、これらがマクニールとレーラーの作業を規制していたのだった。そして、良きにつけ悪しきにつけ、それが政府自身の活動を規制するものにほかならない。

イランについて、あまりに慎重で、自ら画一的な報道をするジャーナリズムが生み出した状況のなかで、I・F・ストーンの評論「シャー・ロビーは次に？」の驚くべき見識を、これから賞味することができる。かれがこれを執筆したのは一九七九年一月十七日だが、公表されたのは二月二十二日の『ニューヨーク・レビュー・オブ・ブックス』においてである。その中でかれが論じているのは、シャーがいかにして、チェース・マンハッタン銀行から軍事産業、石油企業、CIA、そして「貪欲な学界」にいたる「強大な友人を結集」できたかだ。だが、「シャー本人が現在、アメリカにいる」ので、誘惑的な可能性が生まれてくるかもしれない。「イランの国内政治に手を出してはならぬということを、われわれはすでに学んでいなくてはならないのに、まだ学んでおらず、またイランの政治はアメリカの政治と切り離しておくべきだという同様の教訓を、われわれはすぐに学ぶかもしれない」のにである。なぜなのか。その理由は、ストーンがうす気味の悪い予言で次のように続けている。「もし新しいイラン政府が自分の要求を出してきたら、つまり外国資産やシャーの銀行口座やパーレビ財団についてクレームをつけてきたらどうなるか。イランの財産を使い込んだ罪でシャーの帰国と裁判を要求してきたらどうなるか。もし絶対君主としてのシャーに対し、サバク〔秘密警察〕の手による未公表の拷問と死に全責任があると非難してきたらどうなるか。」

私がストーンを引用するのは、たまたまかれの予言が正しかっただけでなく、かれがイランの「専門家」ではなく、「専門家」のふりをしたこともなく、親イスラム感情を抱いているとはとても思えない人物でもあるからだ。かれの評論を読めば、イスラムの心理とか、シーアの殉教好みとか、イランに関係のある「情報」として並べられるナンセンスにはまったく触れていないことがわかる。かれは政治を理解している。かれはイスラム社会やほかの社会で何が男と女を行動に駆りたてるかを理解しており、嘘をつこうとはしない。とりわけ、かれが疑わないのは、イラン人はヨーロッパ人でもアメリカ人でもないけれども、自らの正当な不満と野心と希望を持っているかもしれず、欧米人がそれを無視するのは愚かだということである。そこには、婉曲な表現もなければ、誇張もない。ストーンはペルシャ語を読めないにしても、「ペルシャ語の微妙で捉えどころのない性格」といった一般的な言い方でお茶をにごす贅沢は、自らに許していない。

頭の固いのが特徴のジョゼフ・クラフトは、十一月十一日付の『ワシントン・ポスト』に書いた「武力示威の時」と題する評論の中で、この問題に関する自分の見解を述べている。そしてかれがそこで書いていることこそ、メディアの全般的な行動をささえる、たぶん無意識の理論的根拠のいろんな面に光をあてているのだ。それは外交特権による免除や大使館の不可侵性について一般にいわれていることをすべて集めた以上に、はるかに雄弁である。シャーの崩壊は、「アメリカの国益にとって災害」であると、クラフトは書いている。シャーは一定量の石油を提供しただけでなく、「王権」を通じてイラン平原に秩序をおしつけた。このことはアメリカにとっては良かった。石油の供給は続き、その地域にも「潜行ナショナリスト」にも秩序を保たせ、「アメリカ」がつねに強大にみえるように仕向けてくれた。ついでクラフトは、「アメリカのイラン政策再構築」の過程の一部として、「アヤトラに脅威を感じている諸政府を代表して、アメリカの力を明白かつ、望むらくは奇襲的に行使する機会を見つける」よう勧告している。

イラン内部の州レベルの抵抗を煽っているイラクを支援する形をとるもよし、また、トルコへの軍事援助でもよい。そうした機会を見出し、利用するためには、ワシントンで重要な内部変革を行わねばならない。海兵隊を派遣したり、爆撃したりするほかに、アメリカは何かをする能力を必要とする。わずか二、三年前に自ら破壊してしまった能力、つまり地下介入の能力をもう一度、建て直さなければならないのだ。

クラフトの一文で明らかなのは、そもそもイラン革命が起きたことを認めたがらないことである。だから、イラン革命や、それに関連するすべてのこと、アヤトラもイスラムもイラン人も、常軌を逸した出来事として「改め」ねばならないのだ。読者もまたそれらが常軌を逸していると信ずることを、彼は願っている。いいかえれば、クラフトは自分の個人的な現実解釈を、かなり複雑なイランとアメリカの現実の上に投影させ、その解釈を現実にしてしまっているのである。さらにクラフトの解釈は完全に道義性を欠くという教訓的な長所をも備えている。つまり、世界を「アメリカの」条件に従わせるのは力、アメリカの力だということであり、二十五年間にわたる現実のイラン干渉の結果がアメリカに何も教えていないかのような主張である。もし、その過程で、他の国民が自らの政府形態を変革する権利をもつことや、また間違いなく変革が起こったことさえも、かれが否定するとしても、それはたいして問題ではない。かれは、アメリカがその力とその必要のゆえに世界を知り、かつ世界から知られることを、望んでいるのである。

かれの見解で困るのは、実務的で完全なる自己中心的見地からみても、粗雑で何もみえていないことだ。クラフトやその他のかれの同類がイラン革命を攻撃し、シャーを失ったことを嘆いているまさにそのときに、イラン情勢は高度に波乱含みで不確定であった。シャー政権を倒した大衆はアヤトラ・ホメイニを頂点とする政治連合の第一線にあった。かれだけが全イランの注目を集める権威と精神的かつ政治的な正統性を持っていた。だが、かれの支配する表面のすぐ下では、いろいろの派閥抗争が進んでいた。聖職者集団（その支持者たちはイスラム共和党に組織された）、中道リベラル派（バザルガンが筆頭）、リベラルから左翼までのイスラム諸党と人物の広範な集団（この中からバニサドルが浮上した）、多くの異なる諸党とグループからなる非イスラム左翼などが、それに含まれることはいうまでもない。革命後一年以上の間、つまり一九七九年二月から少なくとも一九八〇年三月ないし四月まで、これらさまざまな勢力間で権力闘争が行われた。バニサドルが勝利をおさめたかにみえた時期もあったが、時が変わると、とくに一九八〇年の冬の後半から春の初めにかけて、アヤトラ・ムハンマド・ベヘシティ師を頂点とする聖職者集団が支配権を握った。この権力闘争の進行中、アメリカではそれについてほとんど報道されなかったのである。イスラムは一枚岩で不変だという考え方にイデオロギー的に強くとらわれていたため、この特殊なイスラム国家の内部における政治過程について誰も注目しなかった。ついで、保守的なイスラム集団が権力闘争に勝つと、それに先立ってなされたイスラムに関する説明が結局正しかったように思われた。そして米軍ヘリコプターによる人質救出作戦が失敗し、カーター政権がイラン問題をしばらく鎮静化させることに決めると（ある意味で、遅すぎたのだが）、マスコミはベヘシティとバニサドルの間の権力闘争について忠実に報道し始めた。典型的なスタイルは、ベヘシティさえいなければバニサドルはアメリカの交渉相手にないうる人物として描くことであった。実はバニサドルが上昇期にあった一九七九年後半、アメリカは彼を無視するか軽んじていたのだった。

いうまでもなく力とは、軍事的な意味を除けば、複雑で、必ずしも目にみえるわけでなく、まことに移ろいやすいものである。しかも、クラフトが実に正確に観察しているように、力は容易には目撃できず、理解できず、また直接的に行使できず（襲撃、ＣＩＡの破壊活動、何らかの制裁的攻撃）、可能なのは間接的な行使だけなのである（報道機関が際限なく提示そして再提示した「人質になったアメリカ」のイメージ効果のように）。マスメディアは長期にわたって、自らの力を直接的に行使したがった。クラフトのいうところの「国家的不能」の感覚とは、アメリカで一時的にひとつの力が後退し、別の力にとって代わられたことを意味する、といっても誇張ではないと私は思う。つまり、軍事力の代わりにメディアの力が台頭したということである。大使館占拠の後、アメリカの力が直接には及ばないような力によって軍事力が妨害された（このことは、一九八〇年四月末の人質救出作戦の失敗で十分に示された）。

だが、この同じ力もメディアの豊かなシンボル化する力が課する限界にはやはり微力であった。イラン人が個人的にシャーやアメリカからどれだけの自由を得たにしても、かれらがアメリカのテレビのブラウン管上に現われる時は、やはり集団化され、非人格化され、その結果またも支配された無名の暴徒としてなのである。しかも、ニュースのメディアは意識するしないにかかわらず、実際にその表現の力を行使するのは、アメリカ政府が過去において意図した目標を達成するためであった。つまり、アメリカのプレゼンスの拡張、あるいはイラン人にとっては同じことだが、イラン革命の否定ということになる。これでは、たいしたニュースの提供にはならず、またアメリカ外交の重要な新しい曲り角の分析や検討にもならない。ごく一部の例外を除けば、メディアの目的はイランに対して一種の戦争をすることだったと思われる。

例外として、『ワシントン・ポスト』紙のウォルター・ピンカスとダン・モーガンが一九七九年十二月と一九八〇年一、二、三月に掲載した注目すべき調査報道がある。二人は読者の前に、元シャーのうま味のあるアメリカとの武器工場の取り引き、パーレビ財団に占めるかれの財産、民衆に対するかれの操縦と弾圧について、圧倒的な証拠を提示したのだ。その一部はロバート・グレアムの著書『イラン：権力の幻想』に詳しく触れられている。そうした評論は、ホメイニ師とシャーを比較した一九七九年十一月二十六日付け『ニューヨーク・タイムズ』紙上のバーナード・ノシターの一文を合わせても、メディアが繰り返し伝える優勢な暴力のムードと比べれば、取るに足らぬほどである。奇妙なことに、一世紀にわたってイランで実施されてきたいわゆる特約条項というものを背景に置いて、アメリカのイラン政策を検討しようとする者がいないことだ。それによって、イギリスをはじめとする列強がイランで治外法権的に経済、外交、法制上の特権を与えられたのだが、これがメディアで触れられたことはない。（ホメイニ師は一九六四年に「もしシャーがアメリカのイヌを轢くなら、たいした人物だといってよい。だが、もしアメリカのコックがシャーを轢くのであれば何をかいわんやだ」と述べることができた。）(7) アメリカだけでなく、すべての「外国の悪魔」、とりわけ外国からの外交官に対してイラン人が異常なほど強烈な敵意を抱いていることも、この政策によって理解できることは明らかである。そうなれば、アメリカがイランからひどい仕打ちに合っていると考えたり、アメリカはイランに慈悲を与えすぎただけだと考える多くの評論家たちの、神聖ぶった抗議を鎮めることができたかもしれない。

したがって、今回の危機の最初の三か月間に公表されたものから、誰もたいして学んでいないのは、驚くにあたらない。メディアは主張はするのだが、複雑きわまる情勢展開について分析や深い報道を提供していない。メディアはアメリカがテヘランで力を持ち、事態を不十分ではあっても調和できる形に導く技を備えていることについて豊富な証拠を提示したと、アメリカ人はいってきたように思う。だが、何が生起しつつあるかという複雑な政治を分析するにあたって役立つものは皆無であり、またメディアが複雑かつ時には戸惑うほどの歴史の過程を記録していると感じている者は間違いなくひとりもいないのである。しかしまた、メディアがどんな仕事のやり方をしたかについては、学ぶこともあっただろう。

私の述べた対決的な経験についての冷酷な描写は別としても、イランについては出費と相当な量の報道がなされた。十週間にわたって、私は八つの日刊紙、三大テレビ、『タイム』、『ニューズウィーク』、PBSテレビを注視していたが、アメリカの主要新聞はすべてイランの出来事と「背景もの」およびそれに関連した小型の読み物を大々的に掲載したようだ。『ニューヨーク・タイムズ』のジョン・キフナー記者が一九七九年十二月十五日に報じているところでは、テヘランには三百人を下らない西側の記者団がいて、そのすべてではないにせよ、大半の者は通訳を必要とした。また『オーストラリアン』紙のコール・アレン記者の一九七九年十二月十六日付け報道によれば、アメリカの三大テレビは一日あたりテヘランで百万ドルずつ使っている。CBSの場合、支局長のほかに「取材記者、カメラマン、音響担当、技術専門スタッフら二十三人、それをイラン人の通訳、運転手、ガイドら十二人が手助けしている」と、アレン記者は書いている。一か月六千ドルのホテルのスイート・ルームが取材本部となり、一日七十ドルの部屋を三十五室借りて、取材記者、運転手、通訳を住まわせた。加えて専用飛行機、テレックス、車、電話、さらに一分間百ドルの通信衛星のラインを一日に四時間使い、そのコストがかかる。しかもコストは急上昇するのである。

外国旅行からアメリカに戻ったバーモント・ロイスター氏は、山のような新聞やテレビ番組に目を通し始めて得た感想を、七九年十二月十九日付けの『ウォール・ストリート・ジャーナル』紙に書いている。

イラン危機について、自分が知らなかったことを知るということが、まことに少ない。報道の量だけはまことに多いのだが。帰国するや、私はイランに関する連日のテレビ、ラジオ、新聞報道に溺れていることに気づいて、愕然とした。新聞は特大の見出しで長い記事を掲載し、テレビは夕方のニュースの大半をイランにあて、さらに毎夜のように夜遅く特別番組を流す。

そこからもうひとつの異端者的な発想が出てきた。つまりニュース・メディアは過剰殺戮（オーバーキル）に励んでいるということだ。

これは、明白に重要なことに対して、奇妙な反応と思われるかもしれない。だが、ひとつの話をするための言葉の量は、伝えられる情報と必ずしも等しくない。実際のところ、多くの言葉の中に真のニュースは何もないのである。

二十八日目、三十五日目、四十日目。たいていの場合、前日と異なる報道はほとんど見当たらない。

おそらくロイスター氏は、ニュースが同じだということよりも、ニュース探究にあたって使われる仮説が、不満足きわまるほど単純で、そしてたちまち古くなってしまうことにも批判の反応を示しているのだ。専門家や記者は当然のことながら人質のことを心配し、事態の不当性を怒り、そしてさらにイスラムにも腹をたてているのだが、そうした人たちに依存しつつ、しかも新しい情報やニュース、分析を得たいと希望することが、いつまで可能なのだろうか。十一月十八日付けの『シカゴ・トリビューン』紙を読んでみてほしい。ジェームズ・ヤエンガーの長めの記事がのっており、そこに引用されている専門家たちは「これは冷静な議論の対象にはならぬものだ」とか、イラン人は「殉教に飢えている」「いけにえの羊を求める性向がある」などと語っている。それから一週間後の『タイム』か『ニューズウィーク』、さらに一週間後の『ニューヨーク・タイムズ』に載ったいくつかの読み物をみると、イラン人は殉教にあこがれるシーア派であり、かれらは非理性的にホメイニに導かれ、アメリカを憎悪し、悪魔的なスパイの打倒を決意し、妥協をこばむといった情報に、つぎつぎとお目にかかる。アメリカ大使館が占拠される以前には、事情を解明するような出来事はまったく起きていなかったのだろうか。善良なアメリカを理由もなくののしる気違いじみたイラン、といった擬人法の中に書き込まれることのなかったイランの歴史とか社会について、書いたり語ったりすべきことはないのだろうか。結局、報道機関の関心は、人質解放という無条件要求に隠れてアメリカを「統合」しておこうとするアメリカ政府の政策に合致するかにみえるニュースを流布することだけだったのだろうか。この要求自体、十二月三日の「トゥデイ・ショー」番組でハーバード大学のロジャー・フィッシャーが巧みに評価していたように、一番大事なことは「アメリカを強くしておくこと」であって、人質解放は二の次だったのである。

逆説的ではあるが、政府とメディアはしばしば敵対関係に立つようだ。そこでNBCがガレゴの会見を使ったことで政府から非難される騒ぎも起きる。あるいは、十二月十二日の「マクニール・レーラー・レポート」でジョージ・ボール氏が「世界最大の通信網が実はイランのいわゆる政府に奉仕している」と述べたように[8]、アメリカ政府のために、またはアメリカ政府のように発言する筋から、似たような繰り返しがしばしば伝えられる。その問題に関連して、メディアが放送し、印刷し、流布し、描いた証言、声明、宣言を、片っぱしから覆えすこともなされる。その言い方は、彼の発言内容は洗脳されているとか、あのイラン人とこのイラン人は狂信的な敵の宣伝をしている、といったぐあいである。十一月二十二日、ジェームズ・コーテスは『シカゴ・トリビューン』紙で、「政府当局者の説明によると、テヘランのアメリカ大使館の人質たちは朝鮮戦争とベトナム戦争の間、アメリカ人捕虜が受けた洗脳と同様の心理的圧力を受けている」と報じた。だが、政府当局はのちに、「解放された人質が解放後に行った発言の一部内容に懸念を抱いている」と認めたのだ。十一月二十六日、『ロサンゼルス・タイムズ』のロイ・ティムニックは一専門家の発言として報じているのだが、「世界は人質一人一人とのテープに取ったインタビューを見たり聞いたりできそうだ。その中で人質たちはあらゆる種類の犯罪を告白し、かれら自身やアメリカにも有害な発言をしている」のだという。

ケネディ上院議員に対して、政府やメディアの見解とは異なる考え方を提示したとして攻撃を加えたのも（たとえば、十二月五日付け『ニューヨーク・ポスト』に載った「テディはテヘランの祝福者だ」の記事）、同じ学内ケンカの別の例だろう。またジョージ・ハンセン下院議員に対する無慈悲な痛撃もあり、オニール下院議長のハンセン非難を裏づけるためにかれの過去が洗いざらい暴露されてしまった。

私はメディアと政府が直接の共謀をしたとか、イラン報道のすべてが私の議論してきたイデオロギーの足かせによって本質的に歪曲されたなどといっているのではない。もちろん、人質をとったことに共感できるとも私は思わない。イランのマンスール・ファルハング国連大使でさえ、十一月五日の「マクニール・レーラー・レポート」でそのことを正確に認めている。しかし、イラン社会の逆コース的勢力の大義が大使館占拠の長期化によって助けられたように思われるにしても、人質危機がイランの継続革命の複雑なダイナミックスの中で演じた役割がまだ十分に分析されていないということでは、誰も異論がないだろう。主として対イラク戦争の結果、人質がもはやイランの国内政治に有益でなくなり、危機が終結に近づいているいま、新しい情勢が展開し始めている。たとえそうだとしても、私は次のことをいっておきたい。つまりわれわれの住む世界はいまや、あまりに複雑かつ様変わりしており、また異常な情況を生み続けそうである。それは国家としてのアメリカの好みに合いそうもないかもしれない。それゆえに何もかもをアメリカの力に対抗するものか高めるものかといった両極に解釈できると思ってはならないということである。「イスラム」について最も重要なことは、それが親米か反米かであるなどと、アメリカ人は信じ続けてはならぬのである。世界に対してそうした排外的に矮小化された見方をしていると、アメリカと非妥協的な人類の残りの勢力との間で対決が続き、冷戦を世界の手の届かぬ地域にまで拡大する政策をとらざるをえなくなろう。そうした政策はいわゆるウェスタン・ウェイ・オブ・ライフの積極的な唱道とみなすこともできるかと思うが、しかしまた、ウェスタン・ウェイ・オブ・ライフは、世界におけるわれわれ自身の地位をはっきり認識するための手段としては、必ずしも敵意や対決を伴うものではないともいいうると信ずるのである。

ここで、私のいうところの新しく展開してきた世界政治情勢（イランはその大きな前兆だが）なるものについて、私自身の仮説をごく簡単に説明しておく必要がある。多くの人びとは、アメリカの力が低下しているというが、私にいわせれば、世界はこれまで以上に政治的に目ざめているので、衛星国的な植民地や盲従的な同盟国の地位に甘んじる可能性が少なくなってきたということだ。今日のイランや西ヨーロッパはそれぞれ、私のいわんとすることをよく示している。さらに、イランがアメリカの元シャー支援を歓迎したといいえないように、アフガニスタンの民衆がソ連に侵略してほしかったと信ずる理由もない。「イスラム」を一つの固体とみなすのは誤まりで、またばかげたことだと思う。それはちょうど、「アメリカ」を複雑なシステムとしてではなく、一人の傷ついた個人として扱うのは悪い政治判断だと考えるのと同じである。だからこそ、われわれは世界についてもっと知る必要があるわけで、これ以下でよいとはいえないと信ずるのだ。また、だからこそ、われわれは水準のもっと高い報道、表裏をもっと読みこんだ情報、現実の事態についていま以上に感性が鋭く正確な説明を期待すべきなのである。だが、これは通常、報道人が入手するものよりも、はるかに過大な期待であると確実にいえる。というのは、報道人は彼らが活動する社会から一定の制約を受けているからだ。つまり、彼らが活動する社会では、第一に、非西洋世界に対する認識が危機または無条件の人種中心思想によって基本的に決められている。第二に、その社会は敏速に集めた決まり文句や狭い自己利益から独自に情報の精巧な構造を組み立てる素晴らしい能力を持っている。第三に、そうした社会と多様きわまるイスラム教徒との交流史は石油や（元シャーのような）支配者によって形成されたばかりなのだが、それら支配者のアメリカとの同盟こそ「近代化」と反共産主義という限られた、ほとんど実体のわからぬ報酬をもたらしたのである。

このような制約をすべて克服するのは実に困難だろう。アメリカのほとんどの主要な新聞、テレビの特派員たちが、限りなき義務を果たすため英雄的にがんばって報道していることを考えてみたい。しかし、通常、彼らは対象地域の言語を知らず、そこに住んだ経験もなく、やっと良い仕事を始めたころ、短期間の義理的な旅行をした後、他の地域に移動させられてしまうのだ。どんなに優秀な者でも、イランやトルコ、エジプトといった複雑な地域については、何らかの訓練と長期滞在の経験なしに、報道できると期待してはならない。例をあげよう。『ニューヨーク・タイムズ』のジェームズ・マルカムは有能な記者で、一九七五—六年のレバノン内戦を報道したが、彼はベトナムから移動したのだ。そして、中近東に一年間いた後、スペインに転勤になってしまった。テヘラン駐在のジョン・キフナーが任地を離れると、中東全域をローマ駐在のヘンリー・タナー記者かニコラス・ゲージ記者がカバーし、思い出したように『タイムズ』に記事を送る。元ベイルート特派員のマービン・ハウ女史は（ヨルダン、シリア、イラク、湾岸地域も担当したが）、ポルトガルでひと仕事をした後、ベイルートに一年間住んだ。そして一年後の一九七九年秋、こんどはアンカラに転勤している。このやり方をヨーロッパの同業の場合と比べれば、いかに自ら危険を招いているかが明白となる。『ル・モンド』紙にはエリク・ルーロー記者がいるが、かれはアラビア語がぺらぺらで、中東をほぼ四半世紀間も報道している。『マンチェスター・ガーディアン』紙のデービッド・ハースト記者もアラビア語に堪能で、やはり中東報道に少なくとも十五年の経験をもつベテランだ。（ただし、中東以外のほとんどの分野で、外交問題に関するヨーロッパのジャーナリズムは、アメリカの場合に劣らず弱体である。）電波メディアの記者は活字メディアの記者よりも、もっと移動が激しいようなので、その適切な報道を妨げる困難を考えるならば、活字メディアの記者などは知識と落着きのつまった百科事典のように思えてくる。

東洋や「イスラム」についての極端に不公平な報道は、アメリカのメディアに日常的に現われているが、これほど不公平な報道が西ヨーロッパについてなされたら、たちまち激しい非難を招くだろうと私は思う。もちろん西ヨーロッパ報道の問題はすでに解消されたというつもりではない。とにかく、ラジオ、テレビ、新聞の幹部がいずれも、報道の対象地域における経験の蓄積よりも、新鮮な目による報道の方が信頼されるはずだということで一致しているようにみえるのがなぜなのか、理解に苦しむのである。イラン危機の間、モートン・ディーン、ジョン・コクラン、ジョージ・ルイスといった有能なテレビ記者がまさにわれわれの目の前で「専門家」になったが、その理由は彼らがよく知っているからではなく、もし短期間でも、一個所に滞在すればよく知っているはずだと思われたからにすぎない。現実に人びとが見たものは、レポートしなければならないという状況に無批判に従うばかりで、分析や実際の取材をいよいよおろそかにする記者の姿であった。NBCの夜の番組でやっていた、ニューヨークのジョン・チャンセラーとテヘランのルイス、コクランによる討論がその一例である。正確さはメディアの美徳であったためしがなく、新味の有るなしにかかわらずとにかくレポートを送り出すという目的のために、正確さが犠牲になるのが普通であった。

だが、他にも重要な役割を演ずる圧力がある。活字ジャーナリストはテレビの特派員が毎夜、文字通り目を奪うような番組をつくれることを知っている。そこで、同じように何が読者を引きつけるかという点から考え、結局、実際の取材や正確さ、真の重要性といったこととは無関係になってしまう。活字と映像の間の競争は、シーア派イスラムの珍奇な面をとくに浮き上がらせることや、ホメイニ師の心理描写をめぐって行われたが、同じ競争の結果、イランを動かす他の人物や勢力のことが無視されている。さらに重要で、かつ歪んでいるのは、メディアが外交的チャネルに利用された事実であり、このことは一九七九年十二月二十四日の『ブロードキャスティング』誌が「イラン報道」と題して徹底的に論じている。テレビに現われる声明がニュースを求める人に向けられているだけでなく、それぞれの政府、各勢力に属する人びと、新しい、または成長しつつある政治勢力に対しても向けられていることを、イラン人もアメリカ政府もよく知っていた。「何がニュースかを決める」という点で、これがどんな効果を生んだか誰も研究してはいないが、私のみるところ、そのことを誰もが意識するゆえに、アメリカの記者団は、アメリカ対イランという対抗状況の中で、狭く矮小化して考えるようになった。しかも、それが集団の感情としてあまりにも赤裸々に示されたため、記者団の無能ぶりと不正確さが、むしろ目立ってしまったのである。

3　未検証の隠された仮説

不正確なのも悪いが、現状を仮説に基づいて報道することは、私には、さらに悪いことに思える。一九七九年一月・二月号の『コロンビア・ジャーナリズム・レビュー』誌に、アメリカのマスコミがシャー体制をどのように報じたかについての論文が載った。とくに知的なこの論文の筆者たちは、「国民がイデオロギー的資質を最大限に発揮できるのは宗教的狂信と共産主義だと示唆するシャーの主張を、言論界はほぼ受け入れた」[9]と説得力をもって明らかにしている。一九七九年十二月十四日発行の『サイエンス』誌も無理解について論評したが、その責任を国防・情報機構全体にかなり正面からぶつけた。この見解は、一九七九年三月十二日発行の『フォーチュン』誌におけるハーマン・ニケルの論文の中で、きわめて慎重かつ徹底的に提起されている。だが、彼の賢明な結論は一般には注目されなかった。

アメリカがイランで失敗したルーツは、戦術上のささいな過失よりも、過去に深くさかのぼる。

このルーツを公正な気持で根気よく追跡して初めて、将来、本当に役に立つ調査となるだろう。何度繰り返しても言いすぎではないが、そのようなアメリカの自己点検の実施は、感情的に不和をあおる泥仕合になってはならない。かつて「誰が中国を失ったか」をめぐって、そうした泥仕合が行われた結果、一九四〇年代と一九五〇年代の政治に、まことに有害なものを残している。アメリカの最近のイラン政策史は、長い間無視されて今ようやく意見を述べたり指摘したりする資格を得た賢明な予言者にとっても、わかりやすい話ではない。むしろ失敗の責任を多くの人びとが分かち合っているので、謙虚な気持を広めているように思われる。シャー個人のイラン統治能力をあまりに過大視するのは、歴代の共和・民主両政権とも同じように信じこんでいた誤まった判断である。だからホワイトハウスでも、議会でも、疑問や異議の声が聞かれなかったのだ。

個人非難を振り回すより、むしろ建設的な政治問題を重視する議論を始めなければならないが、その場合に改めて認識すべきは、結局、他国はわれわれが「失う」といったものではないということである。アメリカがベトナムの悲劇から学んだ教訓がひとつあるとすれば、固有の歴史や文化や宗教に深く影響された古い国ぐにの出来事を方向づける能力は、われわれにはないということだ。もし東南アジアでの仏教の役割が、しばしば政治的に混乱を引き起こしているように思われるならば、イランでのイスラムの役割はさらに顕著であり、アメリカの政策担当者を困惑させている。

革命以来およそ一年たって、独特の泥仕合がなお横行しているが、さらに皮肉なことに、アメリカのメディア一般は、革命そのものが確かに起こったことさえ認めにくいように思われる。たとえば、大半のジャーナリストは、まだムハンマド・レザを「元シャー」でなく「シャー」と呼ぼうとしている。また、一九八〇年半ば（革命右派の台頭が明白に思われた年）までは、イランのきわめて流動的で、まことに公然たる政争を報道する人びとに対する残虐行為や処刑の話が、かなり多かった。数十年にわたる厳しい圧制の後、拷問や投獄の恐怖をあまり受けることなく、影響力や権力を競いあうたくさんの政党を持つということは、ひとつの国家の存在にとって何を意味するか、それを詳細に報道するのは価値ある努力だと考えられたのだろう。頑固でいろんな点で魅力はないが、不明確な公的地位だけは持ち、中央政府にあまり興味がなく、明らかに尊敬を集め、自己の究極的コントロールの下に多くの党派を競わせる巨匠のように思われ、そしてアル・モスタザフィン（弱者と被抑圧者）について強い信念で語る人、そうした指導者をひとつの国が持つということは、何を意味するのか。人質危機の始まりの頃、次のような点はほとんど伝えられなかった。イラン政府はせいぜい暫定的なもので、ひとつの新しい国を建設中だったこと、一九七九年のほぼ一年間を通して、憲法や政府機構についてイランで多くの論議がかわされていたこと、宗教的、非宗教的、右翼、左翼といった多くの党派が激しく活動していたこと、多数の新聞が定期的に発行されていたこと、大勢のイラン人を奔走させる現実の政治問題（どうしても党派やエスニックまたは宗教的な派閥争いに還元しきれない問題）があったこと、アヤトラのあいだ（とくにホメイニ師とシャリアトマダリ師）の争いは、イスラム原理の宗教的解釈のほか政治的解釈にもかかわっていたこと、イランの将来はアメリカの新聞の中流階級の記者が望むパターンや望まないパターンに必ずしもはまり込んでゆくわけではないということ、などである。

マスメディアの論説や特集報道の部門について最も理解しにくいことは、ほとんど例外なく、パーレビ王朝を打倒し、おそらくもっと人気の高い別のグループを政権につけた運動を、深い軽蔑と疑惑の目で見たことである。「イランに新しい野蛮人が放たれている」と一九七九年十一月十三日付け『アトランタ・コンスティチューション』紙でヘル・ガリバーは書いた。彼は単に人質をとっている学生について述べたのでなく、イラン人すべてについて語ったのである。『ニューヨーク・タイムズ・サンデー・マガジン』の一九七九年十月十四日号にユーセフ・イブラヒム記者が書いた長文で一見専門的な記事を読むと、革命はすでに失敗に終わり、イランでは革命に対する恨みと恐怖と嫌悪の溶岩層がくすぶっていると思いこまされるだろう。その証拠は、基本的には若干の印象、二人の政府閣僚の言葉の引用、そして大半は銀行家、弁護士、広告会社幹部との議論に基づいている。

記者は自分の意見を持つべきでなく、また自分の意見を読者に伝えてはならぬ、というわけではない。しかし、ジャーナリズムが突然、予言として自己完結するようならば、その意見は現実に変形していってしまう。もし、独裁政治に反対するため、政治的抵抗のほか（西洋の目には）劇的に馴染みの薄い宗教的抵抗の言葉を使ったがゆえに、イラン革命は悪いものだと考えるのであれば、そこで探し求めて必ず発見するのは非理性的な熱狂であろう。『シカゴ・トリビューン』紙の十一月二十五日号に「服従と不寛容が革命イランを掌握」のタイトルで書いたレイ・モーズリーの論文を考えてみよう。

死ぬことを名誉と思う人たちは、定義によると、狂信者である。殉教を求める復讐心に燃えた血の欲望やあこがれは、とくにイランのシーア派ムスリムの間で叫ばれているようだ。これこそ数千の市民を革命の間、自動銃で武装した軍隊に対して、非武装の反抗に駆り立てたものである。

これらのどの文章も、真実を装いながら大いに議論の余地のある考え方を含んでいるのだが、そんな考え方が広く許容されているのは、イスラム革命そのものが問題となっているからである。パトリック・ヘンリーが「自由を与えよ、しからずんば死を」と叫んだからといって、大半のアメリカ人は彼を狂信者だとは思わない。ナチスに協力したフランス人を殺したいからといっても（数日間で数千人が殺されたが）、フランス人というものをそれほど一般的に性格づけできるわけではない。では、道徳的勇気をもって武装軍隊に立ち向かう人びとに対して、誰もが感服するのはどういうことだろうか。

イランに関するモーズリー氏の攻撃に対して、同じ日の紙面に載ったまことに宇宙論的な社説が支持し、ホメイニ師は「世界に対する聖戦」を挑んでいると非難した。ジハード（聖戦）の問題はまた、十二月十二日付け『ロサンゼルス・タイムズ』に載ったエドマンド・ボズワースの評論でも異例の評価を得ている。ボズワース氏の論証は次のようなものであった。ファズルール・ラーマンによると「後世のムスリムの合法的宗派の間で、狂信的なハーリジ派だけがジハードを『信仰の柱』の一つと宣言した」[10]というが、その事実は別にして、トルコ、イラン、スーダン、エチオピア、スペイン、インドを含む地域における千二百年におよぶあらゆる政治活動は、ムスリムのジハードへの叫びに端を発するものとして理解できるという。ボズワースはそうした理論を裏づけるため多くの歴史的「証拠」をあれこれと引用している。

もし強引な誇張がイランを描くのに広く使われるジャーナリスティックな手段のひとつだとすると、もうひとつは誤用された婉曲表現で、それは普通は無知から起こるものだが、時には隠しきれないイデオロギー的敵意から生ずる。その最もよくある手は、現実を記者自身のもっともらしい「説明」と置き換えるように工夫することである。大使館占拠の最初の三か月間に、新聞やテレビ番組が表面的にだけ調べた問題は、イランの旧体制であった。というのは、退位させられた国王とそのかれを長年にわたって無条件で支持したアメリカの政策に対する今日のイラン人の不満を真剣に取り上げるのは、かなり長い間、不人気だったからだ。また一九五三年八月、ＣＩＡがアングロ・イラニアン石油会社と手を結んでムハンマド・モサデグを倒した時にイランの主権を侵害した問題も、ほとんど検討に価しなかった（モサデグ打倒については カーミット・ルーズベルトが最近著し、突如回収した本『反クーデター』の中で詳しく述べている）[11]。その場合に仮説として生きているのは、大国としてのアメリカは他国の政府を変えたり、思い通りに無学の非白人に加えられる暴虐を許す資格があるということである。開業精神科医ジョージ・E・グロスは、一九八〇年一月十一日付け『ニューヨーク・タイムズ』の評論ページに寄せた論文の中で次のような推測をしている。アメリカは元シャーのニューヨーク入りを認めることによって事実上、かれを免罪したが、それは「道義的原則を欠いた」行為である。ちょうどジェラルド・フォードがリチャード・ニクソンに大赦を与えた行為が、「道義的な枠の中で判断する能力を失ってしまい、他人への道義的乱暴を何とも思わなくなっていたこと」を示したのと同じであるという。

そのような考察はごくまれで、ほとんどの特集記事や論説の記者は、婉曲表現に満足していた。一九五三年にモサデグを倒したことでアメリカがイランに戦争行為を仕掛けたとは誰も考えていないのに、イラン人はアメリカ大使館に戦争行為を行ったということでは見方が一致しているようだ。一九七九年十二月十日付け『ロサンゼルス・タイムズ』の論説を書いているアーネスト・コナイン氏は全くその典型である。

実際、われわれが目撃しているものは、近年の西洋モデルの近代化に伴った人騒がせな影響に対する広範な反乱であるという中東学者の主張は、ニュース報道によって裏づけられているようである。シャーが憎悪されるのは、ただかれの警察が国民に拷問を加えたためだけでなく、ムスリム聖職者から政府補助金を取り上げ、さらに産業革命を推進してイラン人を地方の伝統的生活スタイルから追い立ててしまったためでもある。

「悪魔のアメリカ」は、イランだけでなく、どこでも悪の親玉に選ばれる。なぜならば、二十五年間にわたり、アメリカは、この地域の最も目につく大国であり、歓迎されざる変化をもたらした外部勢力の手近なシンボルになっているからである。

この主張では、書かれていない仮説を通じてイラン人に敵対している点があるので、注意深く読まなければならない。コナイン氏はまず、「西洋モデルの近代化」の「人騒がせな影響」とは、イランとイスラムを過去から現代へ誠意をもって導き入れようとした結果だと示唆している。いいかえれば、イランとイスラムは立ち遅れ、西洋は先進的であって、遅れた国民に厳しい時が続くのは当然だということになる。これらは大いに問題のある価値判断で、私が第一章で指摘したように、近代化イデオロギーに由来するものである。さらにコナイン氏が自民族中心主義的な偏見を除いて何の根拠もなしに提示している仮説は、イラン人にとっては拷問よりもかれらの「聖職者」に対する侮辱から大きな苦痛を受けるというものだ。この表現は呪い師に頼る未開の人びとを連想させるため意図的に使われている。かれはまた、イラン人が「われわれ」と同じ感情を持っていないかもしれないとも示唆している。かれの最後の論点は、関連して別の問題となり、イランを進歩させようとしたアメリカとパーレビ国王の善意の努力を評価しなかったとして、逆行的なイラン人に非難を加えている。こうして「われわれ」が免罪されているだけでなく、われわれの近代性のブランドの価値を知らないとして、イラン人が一国民としてひそかに告発されているのだ。元シャーが立派な人物だったのは結局、近代性のゆえだということになっている。

極秘のことでも、また思いつきにくいことでもないが、ほとんど触れられなかった事実がある。すなわち巨額の利益がアメリカの会社に吸いとられたこと（過去における二百パーセントの石油会社の利益増をパーレビ一家の財産と結びつけるのが難しいはずはなかった）、また石油から直接利益を受けない多数のアラブ人と同じく、ほとんどのイラン人はアメリカと結びついた富を負担とみていることである。シャーが時として多少の拷問に訴えたと伝えられたとしても、十二月十六日付け『ワシントン・ポスト』によれば「全くイラン史の伝統によるものだといってよい」そうだ。イラン人は、いつも拷問を受けてきたので、かれらがそうした宿命を変えようとすれば、自らの本性はもちろん、自らの歴史をも裏切ることになるという意味になるようだ。

一九七九年十二月五日付け『ロサンゼルス・タイムズ』で、ドン・A・スチャンチェ氏は反駁を許さぬ論理を展開する文章を書いている。それによれば、イランの新憲法は「現代における最も奇妙な政治文書のひとつ」であり、またアメリカ憲法にあまり類似してもいない（抑制と均衡の機能がない！）がゆえに、ホメイニ師の台頭は、少なくとも元シャーの場合と同様に悪いことだというのである。理論的にみれば、少なくとも「大統領と議会の普通選挙の規定および組織的な司法体系」が設けられるはずだが、スチャンチェは、そんなものは「民主主義の虚飾」だと切り捨てている。一九七九年十二月二、三日付け『ル・モンド』でエリック・ルーローが詳しく分析した点について、かれはあっさり言及を避けた。ルーローは、憲法をめぐるはなばなしい論戦やホメイニ師の正確な役割などについて分析したのである。いいかえれば、スチャンチェは目の前で実際に起こっている問題であるにもかかわらず、イラン憲法をめぐって自己の主張を現実の真実として提示したかったように思われる。一九八〇年半ばまでに、イラン新体制の前途がきわめて暗くみえたのは、単に偶然の一致にすぎず、かつまた激しい争いの結果であり、イラン人（および非イラン人）の多数の革命支持者を失望させていた。しかし、続いてアメリカに極右の共和党候補が現われたことは、それに劣らず不幸な偶然だったに違いない。

イラン人はアメリカに敵対行動に出たわけだが、アンドリュー・ヤングの注目すべき例外は除いて、一九七九年中にアメリカの高位の公的人物はいずれも、イラン人にとってシャーの前政権がどんな意味を持っていたかについて、発言を控えた。十二月末、テヘランのアメリカ大使館で人質たちにクリスマスの礼拝を行った三人の牧師と同時期にテヘランにいた他の宗教グループの人たちは、その辺の実情を観察している（十二月二十八日と一月四日に二つのグループは「マクニール・レーラー・レポート」に出演）。この沈黙に調子を合わせて、言論界は元シャーがアメリカに入国を認められてから少なくとも二十日間、彼をもっぱら慈善の問題として取り扱った。元シャーの政治的過去をはがしてみても、イランのアメリカ大使館で起こっている事態とは、どうも無関係のように思われた。『ワシントン・ポスト』の外交キャップ、ドン・オバードーファーを含む少数の記者は、デービッド・ロックフェラー、ヘンリー・キッシンジャー、ジョン・マックロイらがアメリカ政府に圧力をかけ、元シャーを入国させた裏工作の実体をそっくり暴露しようとした。これらの事実は、元シャーとチェース・マンハッタン銀行との永年の付き合いと同様、イラン人の怨念を説明するには役立っただろうが、大使館占拠の原因としては結びつかなかった。その代わり、ホメイニ師の操作の結果だとか、国内における民衆の経済的困難から目をそらす必要だとか、人質危機についての多くの回りくどい説明を読まされた（十一月二十五日および二十七日、十二月七日および十一日の『ロサンゼルス・タイムズ』紙、十一月十五日の『ワシントン・ポスト』紙を参照）。

イランに対するアメリカ政府の全般的立場は（カーター大統領がアメリカとイランの過去のかかわりについて、「古代史」だと一蹴して議論するのを拒否したことで象徴されるように）、イラン人およびイスラム、そして広く非西洋世界に対するマスコミ一般の敵意を、選挙の年の政治的資産に転化させるための有益な装置にすることであったといっても、それほど皮肉ではないと私は最終的に確信している。こうして大統領は卑劣な外国からの攻撃に対して、アメリカを強力に支えているようにみえた。逆に言えば、これはイランでのホメイニ師の立場だった。時おりカーター大統領は力の行使を拒否してウィリアム・サファイア記者やジョゼフ・クラフト氏の嘲笑を買うところとなったが、全体としていわゆるイスラム「テロリスト」に比べて、大統領が西洋的基準の洗練された行動を支持していることを人びとに確信させたようである。人質危機のもうひとつの効果は、エジプトのサダト大統領のような支配者（ホメイニ師は狂人でイスラムの恥辱であるというかれの意見はいやというほど繰り返された）を、好ましいイスラムの模範と思わせたことである。いまのところかなりの不穏な情報が報道されずにすんでいるものの、サウジアラビアの王室についても同様のことがいえる。イランの場合は、危機がまことに長びいたのであった。

まずサダトとサウジを取り上げる。一九七八年のキャンプ・デービッド合意以来、サダトは中東におけるアメリカの朋友であると一般にみられていた。メナヘム・ベギンとともに、彼は域内の警察官となり、自国の領土にアメリカの基地を認めるなどの意志を公然と明らかにしていた。その結果、エジプトからマスコミを通じて報道されるものは、ほぼエジプトやアラブや地域の諸問題に関するサダトの見解を効果的に正しいものとしている。エジプトやアラブ世界はいまや、サダトの台頭を確認するような考え方で報道されている。それに比べ、かれに反対の動きはほとんど表面に現われず、かれは主なニュース源であると同時に政治的模範と考えられている。まさに同じことがパーレビ政権の間にも起こっていたのだが、もちろん当時は、カリフォルニア大学バークレー校の学者ハミド・アルジャーによる珍しく予言的な論文[12]を除いて、シャーに対する宗教的・政治的反対派の潜在的な力について、わずかでも注意を払った者は皆無であった。現在アメリカは多額の軍事的・戦略的・経済的投資を、サダトを通して、またはサダトの情勢判断を通して行っている。これは部分的には、マスコミが無知で、はなはだしい「個性」を好み、そしてエジプトや中東で目下作用しつつあるイデオロギー上のコンセンサスに従った調査報道をほとんどしていないことによるのである。

また別の理由もある。ひとつは中東の敏感な内部的局面である。たとえば、ウォーターゲイト事件があり、ＣＩＡについてさまざまな暴露がなされ、情報自由化法が登場して以後、中東でのアメリカの関与について大きな発見がないのは、偶然ではない。イランに関してこれは明白だが、それは実に多くのアメリカ人がイランで自己利益を追求していたためだけではなく、シャー体制下でイスラエルとアメリカがきわめて緊密な関係にあったためでもある。秘密警察サバクはイスラエルの秘密機関モサドの直接援助で設立され、そして多くの他のケースと同様、ＣＩＡとＦＢＩがイスラエルの秘密の諸機関と進んで協力をした[13]。一九七九年から一九八〇年初頭にかけて、イスラエルの新聞に載った一連の暴露記事は、革命以前にイスラエルとイランの協力維持の任を負っていたユリ・ルブラニらによって書かれたものだ（一九八〇年三月二十日付け『ダバル』紙および一九七九年一月十日付け『ハーレッ』紙を参照）。だがアメリカの新聞にはそんな記事はまったく載っていない。おそらく、イスラエルの民主的で自由愛好のイメージを傷つけるかもしれなかったからだろう。アメリカの体制全体が元シャーのイラン送還に関する話し合いに強く反対していたまさにそのころ、気の毒なパレスチナ人青年ジアド・アブ・アインは（保釈と身柄保護令状を拒否されたうえ）、イスラエル送還の手続きまで長期間、苦しんでいたのである。これには国務省も活発に関与していたが、そうなった理由（唯一の理由）はイスラエル政府が、かれを二年前の爆弾事件を起こしたテロリストだと決めつけていたからである。その根拠は、イスラエルの刑務所で服役中の別のパレスチナ人から引き出した第三者的自白だが、のちにその自白者がそれを取り消している。この際、かれはヘブライ語を使ったことになっているが、実はかれはヘブライ語を知らないのであった。このことはアメリカのメディアの注意をほとんど引かなかったが、例外は『ニュー・ステイツマン』誌のワシントン特派員クローディア・ライト女史が一九八〇年一月七日と二十一日の『インクワイアリー』誌に執筆した「送還を弄ぶ」と題する重要な論文である。

さらに、サウジアラビアやクウェートのような国の安全性にも広く関心が持たれてはいるが、その関心にふさわしいニュース報道は何もない。わずかに私が第一章で述べたサウジアラビアの弱点について、不自然できわめて特殊な批判が加えられているだけである。主要なテレビ、新聞のうち、CBSのエド・ブラッドリーだけが、一九七九年十一月二十四日、メッカのモスク占拠に関するすべての情報は、政府から提供されたものであると報じた。この事件で他のニュース情報がまったくなかった中で、『クリスチャン・サイエンス・モニター』紙のヘレナ・コバン特派員は十一月三十日ベイルートから、モスク占拠にはきわめて明確な政治的意味があったと報じた。襲撃者は単なるイスラム狂信者であるどころか、イスラムおよび非宗教的な行動計画を持つ政治組織に加わっており、サウジ王家が権力と財産を独占している現状に正面から標的を合わせていたというのである。数週間後、かの女のニュース源だったベイルート在住のサウジアラビア人が姿を消した。サウジの情報機関の工作によるものと信じられている。

アフガニスタン侵攻後、おそらくわれわれは、良いムスリムを悪いムスリムから劇的に切り離すことが多くなり、サダト、ジアウル・ハク、アフガンの反政府ムスリム・ゲリラのような良いムスリムの功績をたたえるニュースを大量に提供され、良いイスラムを反共主義や、できることなら近代化と同一に扱うようになってきている。しかしながら、ソ連の占領に対するアフガニスタンの抵抗が、イスラエルの占領に対するパレスチナ人の抵抗と同質のものであると考える人は、ほとんどいない。この点は一九八〇年六月二十二日の「ミート・ザ・プレス」番組に出演したヨルダンのフセイン国王が指摘している。サウジアラビアの場合、巨額なアメリカの投資の危険性に対して注意を払ってきたのは、(当然のことながら)アメリカのイスラエル支持者だけで、かれらはアメリカの保護がイスラエルからアラブ側へそれてはならぬと考えるのである。その一例は、ピーター・ラビン氏が『ニュー・リパブリック』誌の一九七九年十二月二十二日号に執筆した評論「サウジアラビアについてわれわれの知らぬこと」である。かれは、ペルシャ湾の石油問題について書かれたり、大学で教えられたりしていることの多くは、サウジ王家の宣伝か無知にすぎぬと、もっともらしく誇張して説いている。ところが、イスラエルについて書かれたもの、あるいは各大学の多くの中東研究プログラムにみられる、かなり明白なイスラエル偏向に対して、かれはまったく批判できずにいるのである。同様にラビン氏が、石油の豊富な同盟国に関する情報をジャーナリストはもっと追求すべきだと主張しているのは、まさに正しい。しかし、イスラエルについて書く場合、周知のように厳格さと公正さが失われていると、かれは主張すべきなのに主張していない。

4　もうひとつの別の国

人質危機の最初の、厳しい苦悩に満ちた数か月間におけるイスラムおよびイランをめぐるマスコミの扱い方について、いろいろ語ってきたが、結局のところ二、三の要点にしぼられる。その要点をきちんと説明する有効な方法は、イラン事件に関するアメリカ全体の見解をヨーロッパの見解に照らし合わせて考えてみることだろう。たとえば『ル・モンド』紙におけるエリック・ルーロー記者の連載記事は、人質危機の最初の週から十二月末まで続いたものだが、後に、大半のアメリカ人記者が一月にイラン退去を求められてから、『ニューヨーク・タイムズ』紙は数日間ルーローの記事を転載した。もちろん留意すべき重要なことは、かれがアメリカ人でないこと、フランス人の人質はとられていないこと、イランがフランスの勢力圏内にあったことは全くないこと、そしてかれ自身が書くものは別として、フランスのメディアの外交政策報道は、アメリカのメディアに比べてとくにすぐれているわけではないということである。さらにまた重要なのは、アメリカの巨大なマスコミ報道がきわめて価値ある、一般的に（必ずとはいえぬものの）世間の大勢に反した問題を取り上げてくれることである。『ロサンゼルス・タイムズ』と『ボストン・グローブ』紙の評論文、力に代えてとるべき道やイランの現実を深刻にとらえようとする態度を述べた想像力豊かな記事（たとえば十二月九日付け『アトランタ・コンスティチューション』紙でのリチャード・フォークと一月十四日付け『ニューズウィーク』誌でのロジャー・フィシャー）、シャーのアメリカ入国許可についてのすぐれた背景報道、思い出したように掲載される良質の政治分析と十分に書き込まれたニュース報道（『ロサンゼルス・タイムズ』のドイル・マクマナスと『ニューヨーク・タイムズ』のキフナー）――これらは、人質危機の最初の数週間、ほぼ間断なく唱い上げられた狭い愛国路線以上のものを求める人びとにとって、だいたい入手可能な高度の記事であった。さらに、二つの有力な記事に触れなければならない。ひとつは、「イランの醜態」「イランを核攻撃せよ」というバッジをつけたアメリカの新しい好戦的愛国主義に関するもので、『インクワイアリー』誌に掲載された（十二月二十四日と一月七日、二十一日）。もうひとつは、十二月二十二日付け『ネーション』誌にフレッド・J・クックが紹介したまさに時を得た情報で、イランからのリベート問題について一九六五年に始まったアメリカ議会の調査がなぜか中断され、そして緊急にそれが必要な現在、なぜ調査が再開されないでいるのかについて説明している。

だがあらゆるテレビ、日刊紙そしてニュース週刊誌のイラン報道は、同じ時期にルーローが『ル・モンド』に連載した記事の中でみせた洞察力と印象的な解釈には到底およばなかった。大胆な言い方をすれば、ルーローが描いたイランは、アメリカのマスコミが描いたイランとは、とても同じ国とは思えないというべきだろう。イランはまだ、大規模な革命的変革のさなかにあり、無政府状態の下でまったく新しい政治制度や手続きや実体をつくり上げる途上にあった事実を、ルーローは決して見落とすことがなかった。したがって、アメリカ大使館事件も、事件とは離れずに、しばしば混乱しつねに複雑なプロセスの中で考えなければならなかった。かれは出来事や人物を説明するにあたって、イスラムを決して利用しなかった。つまり記者の任務は、今のように複雑な政治や社会や歴史の分析を総合することだと考えたようだ。イデオロギーで割り切ったり、わけのわからないレトリックに頼ることもしなかった。のちに現実となったように、事態が希望通りに進まなかったり、理解しがたい展開をみせたりしても、かれの姿勢は変わらなかった。アメリカ人記者で、憲法の国民投票についてイランで延々と続けられた議論を報道するため時間を割く者は一人もいなかった。さまざまな政党の分析もほとんどせず、ベヘシティ、バザルガン、バニサドル、ゴトブザデらの間の重要なイデオロギー闘争にもあまり触れず、そしてイランで行われている多様な闘争戦術の報道もせず、権力や注目を集めるべく争っている多数の政治家や政治思想や政治制度についても、少なくとも一九八〇年半ばまでは詳しく整理して報じていない。人質は解放されるか、誰が親米で誰が反米か、といった問題のほかにも、イランの政治生活には研究に価いする本質的な興味があると示唆した者さえ、アメリカのジャーナリストにはひとりもいない。一九七九年十二月五日、バニサドルがアメリカ大使館の占拠学生を訪ねたという重大な出来事さえも無視されたが、同じように、たまたまイランの大統領候補だったハジトリスラム・ホエイニが大使館内で重要な役割を演じたことにも誰も触れなかった。これらのことはいずれも、ルーローが報じていたのである。

もっと大切なことは、危機の中で動く人物や考え方の流れが、やがて重要な役割を果たす可能性を持つかどうか、かれには事前にわかるようだった。かれは事態を性急に判断せず、前もって偏見をいだかず、当局の促す結論に飛びつかず、話を未調査のまま放置することもしなかった。ハンセン下院議員の訪問も、ルーローの説明では、一般に考えられている以上に成功をおさめていたようである。一九七九年十一月十四日付け報道で、ルーローが示した重大な証拠によると、イランを相手としたハンセン議員の成功は、ホワイトハウス（およびアメリカのマスコミ）により故意に小さなものとして扱われたのである。それはちょうどアメリカ・イラン間の銀行手続きについてアメリカ議会が調査するかどうかの問題（人質解放と引き換えにイラン側が要求したらしい）がホワイトハウスによってもみ消されたことと同様である。ルーロー記者は、筋金入りの社会主義者で反帝国主義者であるバニサドルと、政治・経済問題では保守派のゴトブザデとの間で一九七九年後半を通じて行われた争いを詳細に報じた。またかれは、十一月と十二月の人質危機で二人が示した明らかに対立する立場（バニサドルは鎮静させようとし、ゴトブザデはエスカレートさせようとした）について、日を逐って詳細に説明している。

アメリカ人記者は報じていないが、推測では、アメリカはゴトブザデとは取り引きを望んだが、バニサドルに対しては、（かれを軽視し、かれの提案にわざとけちをつけ、現実に「変人」呼ばわりすることによって）外務省からの追い出しをはかったようであった。その後のアメリカのイラン政策が、社会主義者より保守派との取り引きを選択したことも含めて、やはりこの時期に関係があるのは明らかである。というのは、ちょうどバニサドルが大統領選に楽勝したばかりだからだ。同時にバザルガンの失脚の真因もまた明白というべきだろう。バザルガンの失脚は、アメリカのマスコミが好んで論じたように、自由な民主主義者で、アルジェでブレジンスキー大統領補佐官と握手したことによるのではなく、イラン政府の唱える「イスラム」政策を実行する能力がなかったからである。ルーロー記者は、さらに重要な記事（一九七九年十二月二日付け『マンチェスター・ガーディアン』に要旨が転載されている）の中で、アメリカ政府が十一月の大使館占拠のかなり以前からイランに対して経済戦争を挑んでいたことをも明らかにしている。この経済戦争で陰湿なのは、チェース・マンハッタン銀行が指導的役割を続けてきた事実であろう。

ルーローの仕事ぶりを説明できる理由としては、ひとつにかれが有能な人間であること、中東での長い経験をもつこと、アメリカの記者と同様に、自国の読者をよく念頭に入れて報道することがあげられる。結局、『ル・モンド』は単にフランスの一新聞ではなく、フランスそのものを記録する定期刊行物であり、フランス人の関心とは何かをめぐる特定の考え方に合わせせつつ世界を代弁しているとの信念を持っている。ルーローが描いたイランと、たとえば『ニューヨーク・タイムズ』が描いたイランとの相違をある程度説明するものは、まさにこの考え方である。フランスの考え方は、超大国のものでも、他のヨーロッパのものでもなく、意識的に別の道をとる。そのうえ東洋に対するフランスの（広い意味では『ル・モンド』の）姿勢は、古くからの経験に立っている。まず熱心なポスト植民地主義者である。だから荒っぽい力の行使よりも、兵力展開、戦略、政策遂行の過程などに気を配った。孤立した政権に対する過大な投資の保護よりも、利益を培養することに力を集中させた。また何を好意的にみなし、何を批判すべきかの選択にあたっては、対象をよく見きわめ、暫定措置で反応をみたり、微妙な含みをもたせた（だから日和見主義者と呼ばれることもあろう）。結局『ル・モンド』は集団の所有であり、フランスのブルジョア新聞である。そしてフランス以外の世界からみるかぎり、それは伝道的、牧歌的、温情的、「魂のある社会主義」、十八世紀の啓蒙運動、そして進歩的カトリックなどと、多様に性格づけられる政治を表現している（一九八〇年五月十三日付け『クリスチャン・サイエンス・モニター』のルイス・ワイズニッツァー、一九八〇年六月三十日付け『ニューヨーカー』のジェーン・クレマーの文章）[14]。それはともかく大切なことは、『ル・モンド』が意識的に世界をどう報道しようと努めているかだ。『ニューヨーク・タイムズ』は、主として危機やニュース価値によって左右されるようだが、『ル・モンド』は海外で起きた大半のことを記録し、少なくとも書きとめようとするのだ。意見と事実は、（少なくとも形式的に）『タイムズ』にみられるように、それほど厳密に分けられるものではない。とくに複雑な話や問題については、報道の長さや細部や水準は、千差万別の結果となる。『ル・モンド』の報道には俗臭があるが、『タイムズ』の方はきまじめで、どちらかというと特別に選択したことがらを扱う。ここで一九七九年十二月二、三日付けのルーロー記者のリポートを考えてみよう。

ルーローはまず、過去三か月間、憲法制定会議の討論に特別な関心が向けられていたことから始めている。公開の集まりが多数催され、その多くがテレビで放映された。新聞や各派の雑誌がその問題を分析し、多くの時間をかけて、憲法草案に含まれる「反民主的」な要素を非難した（ちなみにこの問題はアメリカのマスコミでほとんど取り上げられなかった）。ついでルーローは、ホメイニ師とイランの政治階級の大半の人たちとの間の逆説的な対立について論評している。そして、それでもなおホメイニ師が時をかせいで遅らせるより、危険を冒して国民に直接アピールし、自分の意志を早急に押し通そうとした様子を詳細に書いている。そのためにもちろんかれは憲法論議（その争点、支持勢力、形式）および実際にかかわる勢力の両方を分析し、権力と憲法の間の溝を解消しなければならない。最後に、ホメイニ師の「イスラム」支持勢力が雑多な集団で、全政治機構の中にばらばらに配属されているようにみえるのは、「永久革命」が進行中であることをホメイニ師が明確に認識しているからである。この革命は、生来「気むずかしい尊法主義者」のホメイニ師だけが逆説的に掌握できているのだ。ルーローは、左から右までの多種多様な政党をリストアップし、それぞれいくつかの見解を引用しながら、憲法草案中の多くの矛盾を指摘した。たとえば女性の権利は明示されていないが、単に性的快楽や経済的利益の対象であってはならない。シンジケートは共産主義の産物として非難されるが、労働者評議会は経済生活で重要な役割を果たす。すべての市民は同等の権利を持つが、シーア派は国の宗教である。こうした議論の後、次のような一節が書かれている。

ホメイニ師にとって、論議の多い憲法の速やかな採択が絶対に必要であるが、アメリカとの力のテストが終わるまで、国民投票を延期するよう多くの人びとはかれに進言してきた。革命のさ中にある国は、過渡的政権の下で長期間、うまく順応できるものだといわれる。しかし、ホメイニ師は自分に向けられた助言や反対をすべて退けた。逆説的なことだが、ホメイニ師をよく知らない人びとにとって、かれは、気むずかしい尊法主義者であって、司法の基盤に自己の権力を据えようとしてきかないのだ。過去数週間に得た大きな人気は、かれに直接の満足感をもたらした。将来については、憲法草案よりも、進行中の「第二革命」から生まれる政治勢力のバランスによって、かれの人気が左右されることになろう。

『ロサンゼルス・タイムズ』のドン・スチャンチェはこの問題について表面的に分析を加えているが、ルーローは、無理にはっきりした判断を下そうとはしていない。その代わり外見と権力、草案と読者、個人と政党との間のギャップを示し、流動きわまる背景の中でそれらをすべて正確に位置づけている。かれが伝えようとするものは、プロセスの意味だけでなく、プロセスにおける重要点や争いの意味である。せいぜいかれの提示するのは慎重な評価であって、愛国心に促された比較や無知な価値判断に訴えることは絶対にしない。

要するに『ル・モンド』でのルーローのイラン報道は、最も良い意味で政治的であった。数か月間にわたってアメリカのマスコミはまるで違っていて、悪い意味で政治的だったともいえるだろう。アメリカ人（そして他のヨーロッパ人）記者に馴染みがなく、目新しいことは、「イスラム的」と決めつけられ、敵意や嘲笑で扱われた。イランは現代社会としてまことに重要な変革をとげつつあったけれども、西洋の報道界一般に、ほとんどインパクトを与えなかった。たしかに、少なくとも革命の最初の年のイラン史は、国家として体をなしていないようでもあった。アメリカでは決まり文句、風刺漫画、無知、絶対的な自国中心主義、デタラメが横行した。大事なのは「脅迫に屈しないこと」と人質が解放されるかどうかだという政府のテーゼに、ほとんど誰もが納得した。結論は無謀に出された。つまり、進行中の対決の状況が記者団によって性急に決められ、その結果、イランの革命的生活の独自の継続と断絶のありようは決してみえてこなかった。同時に、もしアメリカがシャーを許し、それは慈善行為だと明言していたならば、イラン人（またはイランの歴史そのもの）が何を訴えようとかまわないのだという困った仮説が生まれた。このころ、I・F・ストーンが率直に、次のような勇気ある発言をしている。「一九五三年にアメリカがシャーを王位に復帰させた」ことに対して、アメリカはイランに謝罪する必要がある。「シャーの復帰はイラン人にとって古代史ではなく、アメリカにとっても古代史ではないかもしれないのだ」（一九八〇年二月二十五日付け『ビレッジ・ボイス』）。

一九七九年の間、イスラムとイランに関するアメリカの報道がまことにお粗末で敵意に満ちていたため、人質危機解決の好機をしばしば逃がす原因となった。だからこそ、イラン政府は一九八〇年初頭、イランにいる記者団はもっと少ない方が緊張を和らげ平和的解決を生むのではないかと示唆したのである。マスメディアの失敗についてきわめて深刻で、将来の展望も暗いのは、重大危機が進行中の緊急国際問題について、メディアが独自に真の情報活動を遂行しているという自信を持てないでいることだ。誰も気づかないようだが、一九八〇年代にわれわれが迎える新時代では、「われわれ」対「かれら」、アメリカ対ソ連、西洋対イスラムといった対立する二極にすっきり分類したうえ、メディアがいつも「善玉」の味方をするといったことは不可能である。そんなことをすれば、二つの超大国が必ず世界を破滅させてしまうからだが、そうはなるまいと思うならまた話は別である。

だが一九八〇年に人質危機が長びくにつれて、マスコミで起こった変化に、われわれは公正な目で注目しなければならなくなった。イランにおけるアメリカの役割を深く追求した番組が登場したからである。たとえばCBSは二回にわたりニュース・ショー番組「シクスティ・ミニッツ」で、シャー体制下の拷問やシャーに代わってのヘンリー・キッシンジャーの策謀に大半の時間をさいた。『ニューヨーク・タイムズ』と『ワシントン・ポスト』はそれぞれ三月七日と三月六日に、CBSの報道を否定しようとする政府の努力を忠実に報道し、さらに四月末の人質救出作戦について有力紙は予想通り一致して懐疑的かつ幻滅調の記事を書いた。以前よりも世論はイランについて多様な見方を受け入れるようになった。イランについて十分知らされていないとする市民の認識（主として編集者あての手紙に示された）が強まるにつれ、イラン情報を規制しようとする政府への批判が高まっていった。しかしイスラムの敵視や誤解の方は、『ニュー・リパブリック』のような保守系雑誌が先導役となって、なお続いた。たとえば同誌一九八〇年六月七日号で、エリ・ケドゥリーは「西洋が敬意を払っている」と論じ、「西洋」の力を「明確に示し、敬意を払わせる」ようにすべきであり、さもなければイラン現地の混乱は続くだけだと主張している。世論が硬直していて落胆させられることもよくある。ラムズィ・クラーク氏がテヘランで開かれた「アメリカの犯罪」に関する会議から帰って、ABCテレビの「イシューズ・アンド・アンサーズ」（一九八〇年六月八日）でインタビューされた時、質問者たちは、一つとして真に究明的な質問をしようとしなかった。かれらの質問はどれも、実によそよそしく、クラーク氏が反逆行為をしてきたというアメリカ政府の立場にこだわりなく同調したことを示している。[15]

時にはイラン革命に関する記事でも良いものがある。たとえばジョン・キフナーの知的な四回連載記事（『ニューヨーク・タイムズ』一九八〇年五月二十九、三十、三十一日、六月一日付け）やショウル・バクシュの評論（『ニューヨーク・レビュー・オブ・ブックス』一九八〇年六月二十六日号）の中には、ひとつの継続革命と、単純な観念用語や厳密な経験用語ではまだ把握できないエネルギーを秘める革命とを、見きわめるために、真剣に思索する努力を認めることができよう。だが実際に、人質が解放されていたならば、そんな記事は書かれなかっただろうと、ほとんど信じて疑わない。大使館占拠は不道徳、非合法そして言語道断であり、イランにとって短期的にみれば政治的に有効だったが、長期的にはムダであり、そしてアメリカ国内ではまさに文字通り危機意識を無理やりかきたてた。アジアで忘れかけ、当然視された植民地だったため、イランはアメリカにとってしばしば自省の機会を与えてきた。イラン報道が執拗に続き、その期間が不安で異常に長かったため、当初、単調で視野の狭かったメディアも次第に批判的かつ有益なものに変わっていった。要するに大使館占拠は、静的な怒りだけが存在するプロセスの始まりとなったが、やがてこのプロセスが自らの歴史を切りひらき、メディア——とアメリカ人一般——はそれを通じてこれまで以上に自分自身をよく知ることになったのである。このことはイランの強硬派が意図したことだったのか、あるいはまたイランの正常化を促すよりも遅らせてしまったのかどうか、それを語るのはまだ早すぎる。たしかにいまや、より多くのアメリカ人は権力闘争の意味を理解し（バニサドルとベヘシティが争い、なぜかその背後にホメイニ師がひそんでいることは誰でも感じとっている）、そして以前よりも多くのアメリカ人が、イランの混乱や、したがってまたイラン・イラク戦争などで、「われわれ」の秩序を押しつけようとしてもムダなこともわかったようだ。ベヘシティの台頭をめぐる状況、左右抗争の方式、イラン経済の状態など、多数の疑問にまだ回答は与えられず、いつどうなるかわからぬような情勢にある。(16)

まだ究明されてはおらず、いまこそ提起すべきことは、危機の底流にある問題である。イランはなぜ重要なのか。イスラムはなぜ重要なのか。そしてわれわれは、どんな種類の知識や報道、またはその両方を必要としているのだろうか。この三つの面からの質問は、抽象的なものではない。現代政治に不可欠な一部分としてだけでなく、他の諸文化を知るための学問的研究や解釈の活動のきわめて重要な一部分として考えるべきである。しかしこうした背景における権力と知識との関係を明らかにしなければ、物事の核心を避けて過ぎることになろう。ここからのわれわれの研究は、まさにそうした方向へ向けられなければならない。

第三章　知識と権力

1　イスラム解釈の政治学：正統的知識とアンチテーゼ的知識

現在のように「イスラム世界」と「西洋世界」がたがいに、あるいはそれぞれの内部で融和的でないという状況下では、あるひとつの文化圏に属するメンバーが、他の文化について知識を得ることが本当に可能かどうかを問うのは、まったく無駄であるかもしれない。イスラムの有名な格言は、遠くは中国まで知識を求めよと述べているが、少なくとも古代ギリシャ時代以来、西洋では、人間および自然の事物に関する知識については、それを探究していかなければならないというのが共通の慣習であった。しかし、西洋の思想家に限ってみると、この探究による実際の結果は、大体において欠陥があるものとみられていた。フランシス・ベーコンは、その著書『学問の進歩』によって、最も熱狂的かつ自己鼓吹的な形での、近代西洋思想の創始者とみなされているが、かれでさえ現実には先入的謬見（アイドル）にまつわる種々の障害を最終的には取り除くことができるかどうかについて、あらゆる種類の疑問を表明している。ベーコンの尊敬すべき弟子であるヴィーコは、人間の知識なるものは、人間が創るものにすぎないと明確に述べている。すなわち外部の真実といったものは、「人間の心象の変形」にしかすぎないというわけだ。(1) 遠い異国の世界について、客観的な知識を手にする可能性は、ニーチェ以降には、さらに減じてしまった。

このような懐疑的で、悲観的な潮流とは対照的に、西洋のイスラム研究者たち（そして——私はここでは取り上げないものの——イスラム世界内部の西洋研究者たち）は、こちらを不安がらせるほど楽観的で、自信にあふれている。ヨーロッパの近代初期のオリエンタリストは、イスラム世界をも対象の一部としているオリエント研究が、普遍的な知識への王道であると信じて疑わなかったようだ。そのようなオリエンタリストのひとりであるエクシュタイン男爵は、一八二〇年代に次のように書いている。

キュビエやフンボルトが地球内部の天然の組成に関する秘密を解き明かしたと同じやり方で、アベル・レミュザ、サン＝マルタン、シルベストル・ド・サシ、ボップ、グリムおよびアウグスト・シュレーゲルといった人びとは、言語の中に、人間の思想の内部構造および原初的な基礎のすべてを求め、これを発見した。(2)

その後数年して、エルネスト・ルナンは、「マホメットとイスラム教の起源」という論文を書いたが、その前文で、かれが「批評的科学」と呼ぶものによって、事物を解明する可能性に触れている。ルナンによると、地理学者、歴史学者、それに言語学者が「原初的な」、つまり基本的でオリジナルな天然の事物に到達することは、それぞれの過程を精密に、そして忍耐強く探求してゆけば可能であるという。とくにイスラムは、その起源が比較的新しく、また非独創的であるため、貴重な現象である。だから、イスラムを研究することは、確実で科学的な知識を得るのが可能な事物を研究することである、とルナンは結論づけている。(3)

たぶん、このようなおめでたい態度のためか、イスラム・オリエント研究の歴史は、懐疑的な潮流にはあまりとらわれず、方法論的に自分を疑ってみることはほとんどなかった。西洋の大部分のイスラム研究者たちは、かれらが置かれている時間、場所という限界にもかかわらず、イスラムあるいはイスラムの生活のある局面について純粋に客観的な知識が得られるものと信じて疑っていない。一方では、イスラムがどういうものであるかについては、近代の学者の中で、ルナンほどはっきり傲慢な態度をとっている者はほとんどいない。たとえば、専門的な学者なら、イスラムは人間が発育を停止した基本的な一例であるから、それについての知識を得るのは可能だといった、ルナンのような言い方を露骨にすることはまずないだろう。しかし私は、イスラム研究そのものが疑問の源泉であるとしたイスラム研究者が当時存在した実例をまだ見つけられずにいる。それは部分的には、イスラム研究が約二世紀にわたり系図的に伝えられ、他の大部分の人文科学の分野で学者が直面する方法論上の危険や独創性にもかかわらず、個々の学者が何をやろうともそれを擁護し承認するというギルド的伝統のせいではないかと思う。

私が意味するところの代表的な例としては、『アメリカン・スカラー』誌一九七九年夏期号に掲載された著名なイギリスのイスラム学者（現在はアメリカに在住、研究を行っている）の手になる「中東研究の現状」と題する、最近の小論文がある。この小論は全体としてみると、あたりまえのことを、投げやりでたいして面白くもないやり方でたどった産物である。しかし、非専門家にとって印象的なのは、この筆者が知的な問題について驚くほど無関心であることのほかに、オリエンタリズムの文化的由来についてのこの筆者の説明である。この部分は長々と引用するだけの価値がある。

ルネサンスは、西洋におけるイスラム・中東研究の発展過程で、まったく新しい局面をもたらした。たぶん最も重要な新しい要素は、人間の歴史上で、現在に至るまでもなおユニークな一種の知的好奇心である。なぜならば、その時点までは、異国のものであるが、それほど敵対的でない文明を研究し、理解しようとする試みはまったくなく、またそれに匹敵するような願望もなかったからだ。多くの社会は、そこから何かを借りているとみたり、そこから自分が生起したとみたりする先駆的な社会から、学ぼうと努力してきた。異国の、そしてより強力な文化の支配下にあった社会は、強制的、あるいは他の理由で支配者の言語を学び、支配者のやり方を理解することを余儀なくされるのが通例であった。ひとことでいえば、各社会とも、それぞれの主人たちを、研究対象にしたのである。だがルネサンス以後、ヨーロッパ（そしてその後はヨーロッパの海外における後継者たち）による遠い異国の文化を学ぶ努力は、新しい、まったく違ったものとなった。今日、中東の人びとが、たがいにほとんど関心を持たず、さらにはアジア、アフリカの非イスラム文化については、それ以下の関心しか示していないのは注目すべきことだ。中東の大学教育機関において、インドおよび中国の言語や文化を真剣に研究しようとする試みは、トルコとイスラエルでみられるだけである。そしてこの中東の二か国は、意識的に西洋の生活様式を選択した国なのである。

現在においてさえ、非ヨーロッパ文明圏では依然として、この種の知的好奇心をとても理解しがたいと感じている。最初にヨーロッパから来たエジプト学者やその他の考古学者が、中東で発掘作業を開始した際に、地元の多くの人びとは、自分たち自身でさえ忘れてしまった祖先の古代遺産を掘り出し、解読するためだけに、外国人がこれほど多くの危険と困難を耐え忍び、これほどの時間、努力、それに資金を投じるのが信じられなかった。そこで、かれらは、他の、もっと合理的な説明を見つけようとした。素朴な村民たちにとっては、考古学者は、埋もれた財宝を探し求める人間であった。そして、より洗練された都会の人びとにとっては、かれら考古学者は外国政府のスパイか、秘密工作員であった。事実、ごく少数の考古学者が、自国政府にこのようなサービスを提供していたとしても、これら学者の科学的事業についての見方が的外れであったことは間違いなく、人類の歴史に新たな章を書き加え、中東諸国の自己認識に新たな局面を開いた事業を理解できなかったという悲しい能力不足が露呈されている。認識におけるこの困難さは、現在に至るまでも続いており、オリエンタリストを財宝を追い求める者とか、帝国主義の手先とみなそうとする一部の学者に影響を与えてさえいる。

この新たな知的好奇心の満足感は、ヨーロッパ人を大洋のかなたの新しい見知らぬ土地にまで運んだ発見の航海によって大いに高まった。[4] それはまた知的な枠組みの打破を促し、さらに研究を進めるための刺激と機会を提供したのである。

証拠のない主張程度のものを採用するにすぎないこの論文は、数多くのオリエンタリスト、あるいはルネサンスから現在にいたるまでのヨーロッパの歴史家たち、あるいはアウグスチヌス以降における解釈の歴史の研究家たちによって書かれたもののすべてに、まっこうから反する内容である。たとえ「新しい、まったく違った」、それゆえに純粋と考えられている知的好奇心は別としても、この文章はとても額面通りには受け入れることができない。ここでいう知的好奇心は、原典テキストを読んで解釈しようとした者のうち、この筆者以外には誰も、持ち合わせる幸せにあずからなかったものである。ドナルド・レーチやJ・H・ペーリのような植民地に関する歴史学者の著作を読むと、異文化へのヨーロッパ人の興味は、たいていは、通商、征服あるいは偶然の結果によるこれら異文化との実際の遭遇に根ざしているとの結論が得られる。[5]「興味」は必要から生まれ、その必要は、一緒に機能しつつ存在し、経験的に刺激されるもの、つまり食欲、恐怖、好奇心などに依存する。こうしたものは、人類生存のいかなる場所、時代においても作用していた。

それだけでなく、他の文化を解釈するといったことは、まず第一に、事前の状況によってその文化が解釈の対象として着手可能になっていなければ、不可能なことだ。異文化についてのヨーロッパ人の関心をみると、これらの状況とは、つねに通商、植民、あるいは軍事的拡張、征服、帝国といったものだった。十九世紀のドイツの大学で学んでいたオリエンタリストは、サンスクリットを学び、ハディース〔ムハンマドの言行録〕を編纂し、カリフ制度を説明する時でさえ、純粋な好奇心といった仮構ではなく、それぞれの学者としてのキャリアを可能とする大学そのもの、図書館、他の学者、社会的報償などに大きく依存していたのである。主として「新しい知的好奇心を満足させる」ために巨大なヨーロッパの諸帝国を獲得し、それにともなう知識を得ようとする気力は、ジョナサン・スウィフトの『ガリバー旅行記』に出てくるラガードの学士院のメンバーなどにだけ、見出すことができるだろう。未開の非ヨーロッパの現地住民が、「知的な好奇心」をもった学者を強い疑惑の目で見たのは驚くにあたらない。なぜなら、西洋の学者が非西洋の国に行けたのは、いかに象徴的で間接的であろうとも、その国を支配する西洋の権力による場合だけだったからである。(6) 帝国主義と人類学の間の共謀関係について、人類学の分野で展開されている論争に気づいていないように思われるのは、このオリエンタリスト特有の無知と高慢さを示すものである。レヴィ＝ストロースのような旧官僚的人物でさえ、人類学のフィールド・ワークに帝国主義が抜き難い一要素として存在していることについて、後悔ではないにしても、疑念を表明している。

ここで、仮に純粋な好奇心なるものについて、このような異議の申し立てを無意味なものとして葬り去ったとしても、中東研究について聞かれる議論全体は、遠くて異質の社会について真実を語るための、基本的に欠陥のない歴史的・文化的な資格を、実際には擁護するものなのだという結論を出さざるをえないと、私は信じる。この点については、同じ小論文の後半で中東研究を「政治化」する危険性に触れた部分で、さらに詳細に論じられている。すなわち、この小論によると、一部の学者や大学の学部だけが、この「政治化」を回避しえたとしている。ここでいう政治なるものは、本当の学者はつまらぬ口論からは超然とし、概念、永遠の価値、および高邁な原則といったものに専念しているという意味での、狭義の党派性に関係したもののようだ。だが意味深長なことに、ここで具体例は一切与えられていない。にもかかわらず、この小論文全体について興味あるのは、それが科学および科学的手続きの必要性を、単なる学問としてしか取り上げていない点だ。非政治的な中東研究にとって、何が真実であるか、あるいは真実になりうるかというくだりになると、この筆者は口を閉じてしまうだけである。いいかえれば、学問では態度、姿勢、レトリック、そして最終的にはイデオロギーこそが重要だ、ということである。この小論は、はっきりとその内容を説明してはいない。そして、さらに悪いことには、非党派的・非政治的な学問上の真実という仮構を維持しようとするため、学問といわゆる俗世間の関係を意識的に隠そうとしている。

これは、この筆者が専門的に著述しているといわれる分野について以上に、筆者個人のことをわれわれに教えてくれている。それは、非西洋社会について著述を試みた近代のヨーロッパ、あるいは西洋の学者すべてに、どこまでもつきまとってきた皮肉である。この筆者に加えて、他のすべての学者もこの困難さを認識していないというわけではない。一九七三年に、「北米中東学会」(MESA)はフォード財団と協力して、中東研究の現状、必要性、見通し、および問題点を探るため、専門家チームに中東研究の全分野の調査を委嘱した。[7] その結果として出たのは、大部で、びっしりと書き込まれた『中東研究：人文科学および社会科学における調査と学問』と題する文書で、レオナード・バインダーの編集により、一九七六年に発刊された。この本は何人もの筆者によるものだけに、質的にむらがあるのはやむをえないが、全体を通じて注目されるのは、事態の危機および緊急性が概してうかがわれることである。これは『アメリカン・スカラー』誌に掲載された小論文には、まったく欠けていたものだ。先のイギリス学者に劣らず著名なこれら学者チームにとって、中東研究は大変な分野であるようだ。この分野に対する関心が十分でなく、研究資金も研究者の人数も不十分なのである。(この論文集のアイディアを最初に出したMESAの研究・養成委員会の一メンバーは、それよりわずか数年前にアメリカ政府の委嘱で、中東研究問題を取り上げた論文を書いているが、皮肉なことに、かれはその中で、イスラムあるいはアラブについての個別研究の必要性はあまりないと指摘している。つまり彼は、中東研究がアメリカにとって、文化的・政治的に第二義的な重要性しかないと指摘したものである)[8]。しかし、論文集で各学者が取り上げたすべての問題の底流については、レオナード・バインダーがその序文で率直に触れている。

バインダーの最初の文章は「アメリカにおけるエリア・スタディ〔地域研究〕発展の基本的な動機は政治的なものであった」となっている[9]。続いて、かれは、中東研究が、いわばそれが行われている社会の一部であるという事実を決して見失うことなく、中東問題を専門とする現代の研究者が直面しているあらゆる組織、概念の諸問題に触れている。調査の末尾でバインダーは、社会構造の研究から手をつけるべきか、あるいは宗教研究から手をつけるべきかとか、学者にとって政治構造と一人当たりの所得のどちらがより重要か、といった中東研究における最も根本的な問題点が、価値観から自由でないことを率直に述べ、また、たとえ「中東研究の価値の方向づけがほとんどの場合、政府情報の観点よりも明らかに緻密であるとしても問題が残るのは不可避である」と書いている[10]。そのあとかれは最後に、異質の文化に関する西洋の研究者が生み出す真実なるものに政治がどんな影響を及ぼすか要約しようとしている。

かれはまず、すべての学者は、学問上の成果を生むにあたって作用する「価値の方向づけ」を有していることを認めている。だがかれはそれに続けて、「学問の規範的な方向づけ」は個人的な「その場限りの判断」という混乱を招く効果を減らすといっている。バインダーは、「学問」が実際にどのようなことをするのか説明しておらず、また人間の判断を簡単に全能的な判断に変えてしまうのは「学問」のどの側面なのかも詳しく述べていない。かれは、これらの疑問に取り組むかのように、その議論の末尾に、それまでに述べたこととはまったく脈絡がなく、不必要に不明瞭な主張を付け加えている。かれは、学問も「またわれわれに、この分野の脈絡で生じるそうした道徳的な諸問題を探求する方法を提示してくれる」と述べている。道徳的な諸問題とはいったい何なのか、方法とは、どんな分野の、どんな脈絡のことなのか。これについての説明は一切ない。代わりに、かれの結論は人をあまりにも戸惑わせるほど真剣であるため、「学問」なるものへの限りない信頼の念しか手元に残されず、また何についての「学問」なのかについては、まったく不明なままである。

中東研究に突きつけられる露骨な政治的圧力の存在を認めるとしても、そこにはこれらの圧力を神隠しにしてしまい、オリエンタリストの言論の神聖な権威を再構築しようとするただならぬ傾向が認められる。これでは、その権威が西洋文化内部の権力から直接生まれ、オリエントあるいはイスラムを研究する学者が、オリエントあるいはイスラムについて発言するのを許され、長年にわたり事実上、誰からも反駁されなかったという状況を繰り返すようなものだ。十九世紀のオリエンタリスト以外の誰が、オリエントについて発言し、また発言し続けているというのだろうか。十九世紀のオリエンタリスト、あるいはバインダーのような二十世紀の学者のいずれも、オリエントについて知る必要のあるすべての材料を、西洋文化に提供したのが「中東研究」であって、決してオリエント世界そのもの、あるいはオリエント世界の人びとではなかったことについて、疑問を抱いていない。その結果として、学問の言葉をしゃべり、その概念を援用し、そのテクニックをあやつり、その資格証を取得した者は、誰でも、科学的な主張をするに当たっては偏見や周辺の状況から超越することができることになる。そして、この自足と自己是正と自己保証の力を持っているという感覚こそが、過去、そして現在に至るまで、オリエンタリズムに驚くほど無自覚のレトリックを生んでいるのだ。バインダーによると、オリエント世界の人びとではなく、学問こそが、規範的な問題を一般的な言葉で明らかにするという。すなわち、オリエントの人びとの願望や日常生活の道徳ではなく、学問が「われわれに、この分野の脈絡で生じるそうした道徳的な諸問題を探求する方法を提示する」というのである。

それゆえに、一方では、「学問」は活動というより制度そのものであるが、他方では、学問は、学問自身の分析や、学問の役割の考察よりはるかに簡単に、（ある意味では学問が創り出したところの）研究対象を統制し、標準化することになる。そこから得られる純然たる成果が、他の文化に関する完全な知識だというのは、一種の同語反復遊びにすぎないと、私は思う。たしかに、イスラム研究において重要な業績がある。たとえば、原典テキストが確定され、古典的なイスラムについての実証的な記述が、きわめて精緻な形で行われてきた。だが、現代イスラムの人間的な面や解釈活動の苦しみに関する限り、現代中東研究の「学問」によって大幅に解明されたとも、成果を生んだともいえない。

今日のイスラム研究については、「自由」なものや、現下の差し迫った圧力と無縁なものは、事実上皆無である。今日のイスラム研究は、多くのオリエンタリストが、それぞれの業績について主張する非政治的な客観性からは、程遠いのが現状である。そして、それはまた、すべての知的・文化的活動は経済力によって事前に決定されるとみる卑俗な唯物主義者の機械的な決定論や、「学問」の技術的な効率性にすべての信頼を寄せるような専門家のおめでたい自信のいずれからも、かけ離れている。これらの両極端の間のどこかで、解釈する人間の「利害関係」が独自に作用し、文化全体に反映されていく。

だが、ここでもわれわれが望むほどの多様性や自由はない。西洋社会で（そして他のすべての社会でも違った程度で）組織されがちの権力や意志ではないにしても、学問的あるいは骨董趣味的な興味にとどまるものを、一種の実行を迫る力を持ち、狭い現実的な緊急性を上まわる恐るべき制度上の権威を発揮するような関心テーマにしてしまうものは、いったい何であろうか。ひとつの簡単な例でたちまちはっきりするだろう。そこからさらに一、二の点を議論できよう。

今日のアメリカやヨーロッパの一般の人びとにとって、イスラムはきわめて不愉快な種類の「ニュース」である。マスメディア、政府、地政学上の戦略家、(そして文化全体には、わずかな影響力しか持っていないものの) イスラムについての学術専門家、のすべてが同一の立場をとっている。すなわち、イスラムは西洋文明への脅威であるということだ。だが、そうだからといって、西洋では、イスラムについての悪口や人種差別的な戯画しかないということではない。私はそんなことをいってはいないし、そんなことをいう人には同意できない。私がいっているのは、イスラムについて否定的なイメージが圧倒的に支配的であり、そのようなイメージは「現実の」イスラムではなく (このことは、「イスラム」自体が天然自然の事実ではなく、私がすでに指摘すべく努力したように、ムスリムおよび西洋によってある程度まで作り上げられた複合的構造であることからすれば、当然である)、ある特定の社会の突出した部門がそのように解釈しているものであるということだ。そのような部門は、イスラムのその特別なイメージを宣伝する力と意志を持っており、そのためにそのイメージが他のあらゆるイメージよりも普遍的かつ現実的なものになっている。第一章で述べたように、これは限界を設定して圧力をかけるというコンセンサスの作業を通じて行われている。

その有益な一例として、フォード財団の資金によってプリンストン大学で一九七一年から七八年にかけて実施された、連続四回のセミナーを検討してみよう。プリンストン大学といえば多くの社会的・政治的理由からみて、学術セミナーの開催場所としては人目を引く場所であるのは明白だ。プリンストン大学はその一般的な名声に加えて、最近まで「オリエント研究学部」と呼ばれた、有名でたいへん立派な「近東研究計画」を擁している。その学部は、ほぼ半世紀前にフィリップ・ヒッティによって創設されたものである。今日、この計画の方針は、他の多くの近東研究計画と同じように、社会および政策面の専門学者によって支配されている。たとえば、古典的なイスラム文学、アラブ文学、およびペルシャ文学のカリキュラムよりは、現代近東の経済・政治・歴史、および社会学のカリキュラムに重点が置かれている。この計画が、アメリカで一級の社会科学関係財団であるフォード財団との協力で行われたことは、アメリカにおけるきわめて高度の権威を立証しており、またあえて立証しようとしたものだろう。そこで、このようなスポンサーの下で取り上げられたいかなる議題も、疑問の余地のない注目を浴びる。というのはプリンストン大学が提案し、フォード財団が資金を出すという事実が、重要な結論を強調し、優先順位をつけるからである。またそれを意図してもいる。要するに、これらのセミナーは、学者が考えて実施しながら、国家的な利益を念頭に置いて開かれたわけだ。学問が国家的利益に奉仕するものとして考えられ、また、われわれがあとでみるようにテーマの選ばれ方からみると、政治的な好みが学問上の課題を左右したのである。この点に関連して注目すべきことは、フォード財団もプリンストン大学も中世アラビア語の文法理論を扱う豪華なセミナーには関心がなかったし、今後も関心を抱きそうにない。厳密に知的な根拠に立てば、現実に開かれたセミナーのどれよりも、そうしたセミナーの方が意味が大きい。

それはともかく、これらのセミナーでは何を取り上げ、誰が出席したのであろうか。セミナーのひとつは、「イスラム・アフリカにおける奴隷と、それに関連した制度」に関するものである。このセミナーでは、アラブ・ムスリムに対するアフリカ人の恐怖と怒りが強調された。また「何人かのイスラエルの学者たち」がアフリカ諸国に対し、「過去においてアフリカ諸国の人口を減少させた」[12]アラブ諸国に依存することのないよう警告に努めたことも注目されよう。セミナーのスポンサーたちは、イスラムにおける奴隷問題を選ぶことで、アフリカ人ムスリムとアラブ人ムスリムの間の関係を確実に悪化させる議題に焦点をあてたことになる。アラブ・ムスリム世界からの学者がひとりも招かれなかったことも、この目的達成に沿っていた。

第二のセミナーはミレット〔宗教的コミュニティ〕制度を取り上げており、その主要なテーマは、「中東のムスリム国家内の少数派、特に宗教的少数派の地位」というものだった。[13] ミレットは、オスマン帝国内に存在し、比較的自治を有した少数派集団である。帝国の崩壊およびフランス、イギリスの種々の植民地政権の終末ののち、第二次世界大戦のころに、近東では、一連の新しい国家が生まれた。その大部分は国民国家であるか、あるいは国民国家であろうと試みた。しかしひとつの国家（イスラエル）はイスラム世界に包囲された少数派宗教国家であり、もうひとつの国家（レバノン）は主として、イスラエルとアメリカにより武装され、支援される戦闘的な非ムスリム少数派によって大きく分裂させられている。

「ミレット制度」なるものは、中立的な学問課題にはほど遠く、構成そのものからして、現代イスラム世界の複雑な国家およびエスニック問題について、ある一定の解決を求める政策を、優先的に取り上げたものである。それを学ぶ学問上の理由はともかく、ミレット制度は過去へのあと戻りを意味しており、帝国主義勢力（それがたとえオスマン帝国であれ西洋であれ）はこの制度を使って、多数の潜在的に分裂気味の現地の人びとを分割統治したのである。この地域で多数派を構成しているイスラム教スンニー派住民、および一部の少数派にとって、近代イスラム世界の最近の歴史は、エスニックまたは宗教的な分裂を乗り越えて、なんらかの（たぶん統一的な）非宗教的民主主義に向けて進む闘争であった。この地域のいかなる国家も、公けに宣言した（しかし通常は実行に移されていない）政策の分野を除いては、この目的を達成していない。しかし、イスラエルとレバノンの極右マロン派キリスト教徒のみは、外部のパトロンあるいは大国との結びつきを持つ少数派エスニック集団の自治に主たる基礎をおく国家構造に逆戻りするための闘争を活発に続けている。これがまた、パレスチナ人に向けて提示されている解決策であることも、このセミナーの企画者にとって偶然のことではない。なぜなら、プリンストン大学でのセミナーで、パレスチナ・アラブの「少数派」(この表現に、いかに多くの皮肉が込められていることであろうか!)について発言するよう招請されたのは、イスラエルの大学教授であったからだ。また、奴隷についてのセミナーと同様に、多数派であるスンニー派共同社会から誰も招かれなかったということも、驚くべきことである。しかも、イスラム支配とされるものに基本的には敵意を抱いている(そして、それゆえに、潜在的にはアメリカの政策立案者たちにとって有益な)宗教・エスニック少数集団からこれほど多くの人びとが参加したということを、学問上の関心だけに帰することはできまい。さらに、セミナーの主要な招聘者が、私がすでに取り上げた西洋の知的好奇心なるものを称賛し、あらゆることに政治的陰謀を認める学者や非ヨーロッパ人を片っぱしからあざけった人物と同一であったのも偶然ではない。

最初のセミナーは、近代中東社会理解のために、精神分析と行動様式の分析技術を応用することに関するものである。その後、このセミナーの討議内容に基づいた本が刊行されたが[14]、セミナーはほぼ世間の期待通りだった。そこでは、国家の性格についての研究に中心的な重点が置かれた(この中にはいわゆるイラン的性格の研究に関するアリ・バヌアジジの厳しい明確な批判が含まれている。かれは、この性格研究が、イランに下心を持つ帝国主義勢力による偽瞞の目的と結びついていることを、きわめて正確に指摘している[15])。セミナーの結果は、あまりにも予想通りのものだった。われわれはこの本から、ムスリムが夢の世界に住み、家族なるものは抑圧的で、大部分の指導者は精神病者、社会は未成熟状態である、といったことなどを繰り返し学ぶのである。これらの指摘は、このような社会を「成熟した」ものに変えることに関心を持つ学者の観点から行われているのでなく、中立で客観的、そして価値判断にとらわれない立場の学者の観点で行われている。これらの学者が（どれだけ中立で、価値判断にとらわれないにせよ）企業および政府権力との関係でどのような位置を占めるのか、ムスリム世界に対する政府の政策行動にかれらの調査がどのような役割を演じるのか、強大な社会が弱体な社会を研究対象とする時の心理状況が方法論的にどんな意味合いを持つか、などについての配慮はまったくない。

「近東における土地、人口、社会——イスラム勃興から十九世紀に至る経済史の研究」と題する第四のセミナーにおいても、これらの問題についての究明はまったくなされていない。他のセミナーと同様にこのセミナーも、表面下にはかなり差し迫った政策上の関心のあったことがうかがわれるものの、外見的には学術的で公平な立場から行われた形になっている。さし迫った政策上の関心とは、近代ムスリム社会の安定（または不安定）の指標としての土地保有、人口形態、国家の権威の間の相関関係である。われわれは、このセミナーでのすべての提言が客観的にみて無価値だとか、これに参加したそれぞれの学者が極悪な陰謀への加担者であるとの結論を出すべきではない。セミナーの組織に当たった人びとは、複数の見解の間で「バランス」が維持され、全体としてセミナーを信頼のおける真剣なものとするよう、賢明に努力してはいる。だが一方でわれわれは、セミナー全体が、多くの抽象的な部分を寄せ集めた機械的な総体にすぎないとみなすようなワナに陥るべきではない。この四回のセミナーの対イスラム認識は、全般的なトピックの選び方や傾向からみると、イスラムを敵対的な現象として距離をおくか、あるいは政策レベルで「操作」できる特定の局面だけに光をあてる、といった形で現われている。

この点では、イスラムに関するプリンストン大学での一連のセミナーは、アメリカでの他の第三世界についての地域研究計画の歴史に沿ったものである。たとえば、中国についての学問的研究で、第二次大戦直後の時期を取り上げるといったことである。[16] その違いは、イスラムの研究計画が、まだ「修正」されていないということだ。すなわち、イスラム研究は、時代遅れでばかげたほどであいまいな概念（「イスラム」そのもののように）、および人文科学や社会全体での常識から逸脱した知的イディオムによって、依然として支配されている。ユダヤ教、他のアジア人、あるいは黒人については、決して受け入れられぬことを、イスラムには依然としていうことができる。またニーチェ、マルクス、フロイト以降の解釈理論の大幅な進歩をすべて簡単に無視してしまうような、イスラムの歴史や社会の研究を、依然として記述することができる。

その結果、イスラム研究の分野で進行中のことで、一般的な史料編集の方法論上の問題や原典テキストの分析に関心のある学者にとって、きわめて有益だというものはほとんど皆無ということになる。実際、プリンストン大学でのセミナーを典型例として取り上げると、イスラムに関する学術研究は発表されて（中東研究における心理学についての研究のように）、発行部数の少ない、一、二のきわめて専門的な刊行物で批評の対象となったあと、消え去ってしまう。イスラム研究のこのような周縁性と文化一般に対する意図的な無関心によってイスラム研究者は旧態依然のやり方を継続できるし、マスメディアもイスラム世界の人びとについての人種差別的な漫画を広めることができるのである。学問成果の受け手がこんなことを続ける間、ニュースとしてのイスラムの受け手の方は、イスラムの刑罰方法やハーレムの狂態といった、数世代にわたって与えられてきたものを大量に飲み続けている。イスラム研究の専門家が公衆の前に出てくる時は、「西洋」にとって無準備の緊急事態が発生したために、専門家として呼び出される。その発言は、イスラムへの文化的感情を残す英仏と違って、緩和されてもいないし洗練されてもいない。かれらは、待ち受ける大衆に一連の明確な「ハウツー」（いかにすべきか）（これはドワイト・マクドナルドの言葉である)[17]的答えを提示する技術者とみなされる。その答えは、クリストファー・ラッシュが述べている、次のような要請に応じているために、大衆はかれらを親切に受け入れる。

(ラッシュが「脱工業化秩序」と呼ぶものによって)専門家、技術者、経営者を求めるこれまでにない大量の需要が生まれている。技術革命、増大する人口、および無期限に延長された冷戦という緊急事態などの圧力の下で、経済界と政府は、訓練を受けたスペシャリストのみにわかる巨大なデータ・システムに、ますます依存するようになった。そして、その結果、大学自体も専門家を大量生産する産業となったのである。[18]

専門的意見を求めるマーケットがあまりにも魅力的で、もうかるものであるため、中東研究はほとんどその方向に向けられている。これは、定評ある定期刊行物(したがって定評ある学者による最近の著作)が、なぜ中東研究なのか、そして誰のために書かれるのかという基本的な疑問について、まったく関心を払っていないひとつの理由である。方法論について無神経だという事実は、マーケット(政府、企業、財団)の存在と完全に隣り合わせになっている。もし高く評価してくれる、あるいは少なくとも潜在的に受け入れてくれる顧客がいれば、何を、どういう理由でやるかなど聞いたりしないものだ。さらに悪いことに、学者たちは、その研究の対象となっている地域や人びとの言葉で考えることをやめてしまう。研究対象が「イスラム」であるなら、イスラムは対話の相手ではなく、ある意味では商品である。これによって生じる全体的な結果は、一種の制度的な背信である。中東研究分野の学問的な名誉と完全性は外部からの批判に抗して守られ、学問的レトリックは政治的な党派性を否定することでは強情なまでに尊大であり、そして、学問的な自己賛美は現在の慣行を無限に強めてゆく。

私がここで述べていることは、基本的には孤独な仕事であり、それをこのケースについてみると、学者というものは各種の利害がかれないしかの女に求めるものに対応して働くということにある。かれあるいはかの女は、純粋な意味での切迫した事情よりも、ギルド的正統性によって導かれている。そして何よりも、文化全般がかれないしかの女の仕事をゲットー化し、危機の時を除いてその作業を周縁的なものにしてしまう。ここでは、他の文化を知るための二つの必要条件、つまり真の交流を通じた異質な文化との強制されざる接触、および解釈の仕事そのものについての自覚がいずれも欠如しており、そのためにイスラム報道の孤独性、偏狭性、そして循環性が強まる。重要なことにこれらのことは、イスラム報道が、純粋な意味での解釈ではなく、権力の発動である点も明白にする。マスメディアは、可能であるゆえに、イスラムについて言いたいことを言う。その結果、イスラムの刑罰と「良い」ムスリム（たとえばアフガニスタンにおける）が見境いもなく報道を支配することになる。それ以外に、何が重要であるかの一致した定義からはずれたものは、アメリカの利益およびメディアの良い記事の定義にとっては無関係とみなされるため、ほとんど報道の対象にならない。一方で学界は、国家あるいは企業の必要に沿うとみられるものについて対応する結果、尨大なイスラム世界についての情報のうち、都合のよいイスラムのトピックだけを拾い出す。そして、これらのトピック（奴隷、ミレット制度など）が、イスラムそのものや、イスラムの妥当な研究を規定してしまい、そこにきちんとおさまらないものはすべて除外することになる。政府や大学の中東関係学部のひとつ、あるいは財団のひとつが、中東研究の将来（それは通常「われわれはイスラム世界をどう扱うのか」ということを婉曲に表現したものである）について、会議をしばしば組織することがあっても、同じ概念や目的がいつも表面に出てくる。事態は変わっていないのである。

この繰り返しには、多くのことの行方がかかっている。そのひとつが、きわめてスムーズに運用されているパトロン制度だ。政府、企業あるいは大学の中東研究分野の古参の専門家たちは、たがいに、あるいは気前のよいスポンサーと、関係を持つ傾向がある。若手の学者は、このネットワークに依存して補助金を得ているし、職を求めたり定評ある定期刊行物に論文を掲載してもらう場合もそうである。一般の歴史あるいは文学の分野以上に、中東研究の分野では、評価の定まった学者やその学者の業績について、友好的でない批評を加えることは、あまりにもリスクが大きい。その結集、書評は無味乾燥で主としてお世辞ばかりとなる。評論も概して最大限に学者ぶった言葉に包まれ、方法論や仮説については決して触れられない。何よりも奇妙な（そして最も普通の）欠落は、学問とその学問が貢献すべき社会における種々の形の権力との相互関係に関する分析である。そして、このような沈黙の陰謀に挑戦する声が出てくると同時に、イデオロギーとエスニックな出自がたちまち主要なトピックとなる。すなわち、かれ（あるいはかの女）はマルクス主義者であるとか、かれ（あるいはかの女）はパレスチナ人（あるいはイラン人、ムスリム、シリア人）であるとか、われわれはかれらがどのような人間であるかを知っている、といった言い方である。[19] 資料そのものについても、それらは常に、まったく動きのないもののように扱われる。したがって現代イスラム社会、運動、あるいは人物を議論するに当たって、学者たちは、それを主として証拠として言及するだけであり、それ自体が一個のまとまった存在であるとか、ある意味では返答する権利を有する存在として言及することは、まれである。興味あることに、イスラムについてのイスラム世界自身の論著を方法論的に扱おうとする、西洋のイスラム専門家による組織的な試みが、これまでまったくなされていない。イスラム世界自身による論著は、学問なのか、それとも証拠なのか、あるいはそのいずれでもないのか。

　だが、このような中東研究の貧弱な現状にもかかわらず、あるいはたぶんに貧弱であるがゆえに、イスラムについての価値ある知識がある程度生み出されており、一部の独立した知性の持ち主が、このような砂漠状態の中から抜け出している。しかしながら、概して、全体的な周縁性、全体的な知性の面での支離滅裂さ（ギルド的コンセンサスとは対照的なもの）、そして、すべてではないが、イスラムについての論著の大半にみられる全体的な解釈上の破産状態は、その根を、中東研究全体を支配する企業＝政府＝大学の同窓生的な協力網に求めることができる。そして、これこそが最終的には、アメリカがイスラム世界をどのようにみるか、を決定している。というのは、イスラムについてのこのような奇妙な知識構造が、たび重なる失敗に妨げられることなく発展し、隆盛をきわめ、深くからみ合い、確固とした地位を得ている理由が、他に見あたらないからである。

疑念なき信仰の力を備えるこのようなビジョンが、正確にどんな特性を持つのか理解する最も効果的な方法は、イスラム世界においてはアメリカの先輩格であるイギリスやフランスでの状況と、再び比較することである。両国では、政府および企業の方針を画定し、さらにはそれを実行するうえで、長期にわたり顧問的な役割を演じたイスラム専門家の一群がもちろん存在していた。だが、いずれの国の場合も、手元に差し迫った任務があった。つまり植民地における統治行政であり、これは第二次大戦終結時まで続いた。イスラム世界は、ばらばらな問題の集合とみなされていた。そして、これらの問題についての知識は、直接現実にかかわるものであると同時に、概して実証的なものであった。イスラム精神についての理論や抽象的概念（フランスでは文明開化の任務について、イギリスでは臣下の自治体制について）は、そこここで政策の実行に介入していたが、それはいつも政策が設定され、いわば地に足をつけてからのちのことである。イスラムについての論文類は基本的には、イスラム世界における国家（さらには民間企業）の利益を正当化する役割を演じた。だからこそ、今日の英仏におけるイスラム研究の偉大な学者たちは公的な人物であり、かれらの存在理由は植民地帝国が解体された現在でさえも、イスラム世界における英仏の権益を維持することにある。他のいくつかの理由によって、このような学者たちは、概して社会科学者ではなくヒューマニストとなる傾向があり、一般文化界におけるかれらへの支持は、英仏両国にみられる脱工業化社会の専門家崇拝に由来するというより、その社会における広範な知的・倫理的潮流から出てくるものである。フランスでマキシム・ロダンソンは偉大な言語学者であると同時に、マルクス主義者としても知られている。イギリスでアルバート・ホーラーニーは、有名な歴史学者であり、また明確にリベラリズムを打ち出した著作を出している人物でもある。[20] しかしながら、このような人物は消え去りつつあり、英仏のいずれにおいても近い将来、これに代わってアメリカ型の社会科学者あるいは専門化した古物研究家が出てきそうである。

アメリカでは、同様の学者は、中東専門家あるいはイスラム専門家としてのみ知られる。つまりかれらは専門家のカテゴリーに属しており、かれらの専門分野は、イスラム世界の現代社会に関心を寄せているという意味で、危機管理の知性版とみなすことができる。かれらの専門家としての地位は、主として、アメリカにとってイスラム世界があらゆる種類の起こりうる問題（必ずしも現実のものではないにせよ）をはらんだ戦略地域であるとの考え方から生じるものである。イギリスとフランスは、何十年にもわたるイスラム世界での植民地統治の間、当然のことながら、一団の植民地専門家を生んだが、この専門家群は、それに付随すべき現在アメリカに存在する中東研究＝政府＝企業の同盟体に相当するものを生んではいない。アラビア語、ペルシャ語、イスラム研究機関の教師は英仏の大学で仕事をした。かれらは植民地省および民間企業から助言を求められたり、そうした組織に参加するよう求められたことはあり、また大会を開くこともあったが、民間企業あるいは直接、財団や政府から支援を受け、さらにはその維持まで頼るような独自の機構を作ったことはないようだ。

それゆえに、アメリカでは、イスラム世界についての知識と研究は、個人では取り組みえないほど巨大な規模で、地政学および経済上の利害によって左右されている。それはまた、同じように大規模で、手に負えないほどの知識生産機構によって援助を受け、また推進されている。アラブあるいは首長国の部族の研究者にとってはいったい何をすべきなのか。たとえば自分自身と石油会社が入り込んでいる土地の部族との関係について。ガルフ地域に向けた緊急展開軍（ＲＤＦ）（これについては、一九八〇年七月十四日付けの『ニューズウィーク』誌の巻頭記事「油田を防衛するには――アメリカの軍事力増強」を参照のこと）に関する活発な論議と促進について。国務省、企業、財団の中東「担当者」と古手のオリエンタリストの教授連中の全人脈について――。そして、一方では「危機の三日月地帯」という仮定の緊急事態と、他方では学者、企業、政府の間の活発な制度的提携にはさまれた中で、他の文化についていったいどんな知識を現実に得ることが可能だろうか。

この疑問に対しきわめて具体的に、二つの部分に分けて答えることで、この章を終えることにしよう。第一に、イスラムに関するいわゆる正統的研究を動かす現実の条件と事実と数字である。私は、アメリカだけを取り上げるが、ヨーロッパでも同様の状況が徐々に生まれつつある。アメリカにおける中東研究機関について、フランスでまとめられた有益な調査によると、一九七〇年現在で約一六五〇人の中東専門家が中東地域の諸言語を、二六五九人の大学院生と四一五〇人の学部学生に教えていた（これは「地域研究」を専攻している大学院生の一二％、学部学生の七・四％にそれぞれ相当する）[21]。しかし近年では、アメリカの博士課程で学ぶ大学院生のうち、中東研究分野で博士号を取得した研究者の比率はわずか一％以下という少なさである[22]。リチャード・ノルトが実施し、一九七九年に刊行した先見性に富んだアメリカの各大学における中東研究機関についての調査によると（興味あることに、この調査は、石油メジャーのエクソンの一部門である「エッソ・ミドル・イースト」の委嘱によるものである）、連邦政府教育局は、「政府、企業、および教育目的のために、短期間に多数の専門家を養成するため」地域研究を支援してきた。大学側もこれに沿った対応をみせ、それについてノルトは適切にこう記述している。「大学側の観点からすると、（中東関係）研究機関は、大学が生み出す製品をマーケットに売り出す、新たな有望なメカニズムとみなすことができる。すなわち、単に、潜在的に巨大な新しいマーケットに向けて、有益な地域研究の訓練を受けた専門家といった、よりマーケットに受け入れられやすい製品を生み出すだけではなく、同時にマーケットそのものをも生み出すのを助けている」。さらにノルトは、修士（ＭＡ）計画との関連で次のように指摘している。「他のすべての研究分野にも同様にみられる経済的・政治的事情のおかげで、中東関係の分野で適切な訓練を受けた修士を求める政府、企業、金融機関、および他の専門職のマーケットは、比較的活況を呈している」[23]。

先に取り上げたプリンストン大学でのセミナーが、学者の世界での知的関心を形成するのに役立ったように、これらのマーケットの現実も学問上のカリキュラムに影響を与えている。中東研究で、最も重点が置かれているのは、イスラム法やアラブ・イスラエル紛争といった分野である。どうしてなのかは、自明である。だが同時に、ノルトによると、かなりの数の中東からの学生がアメリカの各大学に学んでいるものの、文学は見捨てられているという。さらにノルトは、かれがインタビューした研究機関の幹部たちの発言を次のように紹介している。

（これら幹部たちは）学術的に正当と考えられ、しかも当該機関が望ましいとみているアラブ関係の学術活動を、妨害し信用を落とそうとする組織された政治的圧力（それはしばしば、学外からのものである）が加えられた事件を指摘した。アラブ関係の文化行事、映画会、アラブ世界からの講師、アラブからの資金援助受け入れといったものは、すべてその目標になる可能性がある。それを意識して活動は次第に消極化しているが、研究機関の幹部たちは、ほぼ口をそろえてこれを恨みながらも、無視できる余裕もない。一部の幹部は事態が改善の方向にあるとし、他の幹部は必ずしもそうでないとみている。

政治、圧力、マーケットといったすべてのことは、いろいろな形で影響を及ぼし合っている。現代中東について専門知識の需要があるために、多くの専門コースと多くの学生が生まれ、そして金になるとともに、ただちに適用可能な道具としての知識を受け入れて維持することが、とくに重視されるようになる。このほか、方法的な研究がまったく行われないという結果も生まれる。中東研究を一生の研究テーマにしようとする学生は、まず最初に博士号を得るための長期間にわたる無味乾燥な年月を過ごす（しかも、その結果、教職ポストを確実に得るという見通しはない）。次いで修士号か、あるいは（政府、石油会社、国際投資会社、建設会社といった）巨大な雇用主に魅力的なテーマで国際問題研究の卒業証書を取得する。最後に、できるだけ早くケース・スタディの形で仕事を完成させることになる。これらのすべてによって、イスラム研究や中東研究は、学界の他の知的および論理的な潮流から孤立してしまう。マスメディアという媒体は、専門知識をひけらかすには、たとえば一般的な知的定期刊行物に比較して、将来性のある舞台であるようにみえる。そして、マスメディアでは、常連の経験者はすでに知っていることだが、党派的立場をとるか（これはきわめて珍らしい）、あるいは冷静な専門家となってシーア派や反米主義について公平な判断を求められるか、のいずれかである。専門家としての役割は、まだ経済界や政府で業績をあげていないとすれば、その人物のキャリアを著しく発展させるだろう。

これは知識がいかにして生まれるかのパロディのように思われるかもしれないが、これこそが、イスラム知識の実体をめちゃめちゃに薄めてしまい、しかも焦点を極端に狭めている状況を、公平に述べたものである。とくに、ここでひとつの疑問が解明されている。つまりイスラムの学術専門家たちがマスメディアで流されている通俗的なステレオタイプに挑戦するどころか、孤立して毒にも薬にもならぬ役割しか果たさぬ集団となり、同時にイスラムに関する適切な権威というステータス・シンボルに安住し、さらに内部でそれぞれの役割を構成し正当化するシステム全体に依存しているのはなぜかということである。そして、このシステムこそが、恐怖と無知に基づくステレオタイプに頼るマスメディアに反映されているのである。

私が述べてきたことが知的生産を阻害するようにみえるとしても（事実そうなのだが）、それは中東、イスラム、そして他の第三世界に関する大量の資料の生産を妨げるものではない。いいかえれば、われわれはフーコーが別のところで触れている「言説（ディスクール）への誘因」[25]に関係してくる。単純な干渉的検閲とはまったく違って、遠くの異質文化についての言説にかかわる知的抑制は、積極的かつ前向きに、さらなる言説を促す。だからこそ、現実の世界の変化にもかかわらず知的抑制は維持され、しかも、新たなこの分野に人びとを引きつけ続けるのである。

結局、イスラムその他の非西洋社会についての現在の研究は、特定の概念、テキスト、権威を事実上、聖なるものとしている。一例を挙げれば、イスラムは中世のもので、危険であるといった見方が、きわめて厳格に定義づけが行われるはずの政治や文化のいずれにおいても、あたりまえのことになっている。専門家やジャーナリストだけではなく誰もが、その見方を裏づけるために権威者の発言を引用したり、その見方に言及したりできるし、イスラムの特別な例についての議論を、これから引き出すこともできる。その結果、イスラムについて論じ、発言したいと思う者は誰でも、そうした見方を検証ずみの当然のものとして使うことになる。何か遠くのものであるはずのイスラムまたはイスラムに必然的に結びついていることが、この社会の正統的なものに変えられている。それは文化的な聖典に入り込み、これを変える仕事は、きわめて困難となっている。

イスラムの正統的な研究・報道（それは権力に結びつくことで、力と耐久性、そして特に存在を得ている）については、これまでとしよう。だが、イスラムについては他の見方もあり、それはアンチテーゼ的知識とも呼ぶべきカテゴリーに属している。[26]

ここで私がアンチテーゼ的知識と呼ぶものは、広く行きわたっている正統派に反することを書いていると、明白に意識している人びとが生み出す種類の知識である。以下に述べるように、かれらの動機はいろいろで状況も異なるが、かれらのいずれもがイスラム研究をどのように、そしてなぜ行うかが、慎重かつ明確に解明すべき問題であるとの認識を抱いている。このようなアンチテーゼ的分析者にとっては、価値判断から自由な客観性に対する幾層ものおめでたい自信に上塗りされたオリエンタリズムの方法論上の沈黙に代わって、学問の政治的意味についての討論が差し迫ったものとなっている。

イスラムのアンチテーゼ的知識については三つの主要なタイプがあり、社会の内部には正統派に挑戦する三つの勢力がある。ひとつのグループは若手の学者である。かれらは中東研究分野の先輩に比べて、政治的にはより正直であり、より洗練されている。かれらはイスラム研究がなんらかの形で国家の政治活動と結びついているとみており、そのため自分たちが、「客観的な」学者であるといったふりをしない。かれらにとって、アメリカがグローバルな政治に関与し、そのことがムスリム世界に大いに関係してくるという事実は、沈黙しているべきことではなく、また中立的な真実として受け入れるべきことでもない。かれらは古い世代のオリエント専門家と違って、ゼネラリストではなくスペシャリストである。そしてかれらは構造人類学、計量分析法、マルクス主義的分析法といった方法論的な道具に強い関心を抱き、その適用にもたびたび成果を上げている。[27]かれらはまたオリエンタリストの論著にみられる自民族中心の構成にとくに敏感であり、かれらの大部分は若いがゆえに、スコットランド・スタイルやツイードの洋服に身をつつんだ旧世代の中東研究学者グループを支えてきたパトロン制度には、概して部外者である。かれらの間から「代替的な中東研究セミナー」（AMESS）とか、「中東研究・情報プロジェクト」（MERIP）なる組織が生まれている。そのいずれも、政府や石油会社との共謀をとくに避けるために設立されたものである。同様のグループは、ヨーロッパでも生まれている。そして、これらの全グループは相互に関係を持っている。私がここで言及している若手学者のすべてが、こうしたグループに属しているわけではないが、かれらの大部分は自分たちの目的がこれまでとは違った修正主義的なものであると明確に公言している。かれらのすべては、先輩連中が無視したか、あるいは無知であった観点から、イスラムを研究対象にしようとしている。

第二のグループは、中東研究分野を支配する正統学派に反する業績をあげてきた、より年をとった世代の学者たちである。かれらがなぜそうした行動をとるのか、理由が多すぎて簡単に説明しきれない。カリフォルニア大学バークレー校のハミド・アルジャーや同大学ロサンゼルス校（UCLA）のニッキ・ケディが、そのような学者である。二人はイラン革命のはるか以前に、ウラマー（イランのシーア派指導層）の政治的役割を重視していた数少ないイラン専門家である。アルジャーもケディもパーレビ王制の安定性に大きな疑問を表明していたものの、まったく違ったタイプの研究者である。同じように、バルーク大学のエルバンド・エブラハミアンがいる。パーレビ国王への世俗的な反対運動に関するかれの研究は、イラン革命の政治的ダイナミックスについて一連の鋭い洞察を加えたものである。さらに最近では、ハーバード大学のマイケル・G・フィッシャーやイギリスのフレッド・ハリデイがいる。いずれも知的理由や学問的理由から、イランについての多数派見解から距離をおいた学者であり、その結果、現代イランについてきわめて貴重な業績をあげてきた。(28)

これらの、イスラムについてのアンチテーゼ的論客グループについて興味あるのは、かれらを方法論やイデオロギーの面からは公正に分類できないということである。にもかかわらず、これらの学者のほとんどが、既成の中東研究機関に属していないというのは注目に価する事実だが、だからといって、かれらがすぐれた学者でないとか、尊敬されていないというわけではない。かれらはすぐれた学者であり、尊敬されている。しかしかれらのうち、政府、あるいは民間企業のコンサルタントとして活発に、そして組織の一員として活動した者はほとんどいない。たぶんこのような事実の結果、かれらは現状維持の義務から自由な立場でありえたのであり、イスラムについて通俗的な論者が見のがしたことがらを観察することができたのだろう。しかし、かれらやそれ以前に触れた若手学者グループについて、次のようなことをいっておく必要がある。すなわち、かれらの業績が潜在的に持つ影響力を発揮させるには、かれらはこの社会でもっと政治的になる必要があるということだ。かれらが正統派の専門家と違った見方を持つというだけでは十分でない。かれらは自分の見方を広めなければならず、またこのような努力は自分の見方を執筆・出版するだけでなく、それ以上のところを目ざさねばならぬ。したがってかれらの前には長い政治的・組織的な闘いが横たわっているということになろう。

最後に、公認されたイスラム専門家ではないが、社会における役割がそれぞれの全体的な反体制的立場で決定されている作家、活動家および知識人グループがある。かれらは反戦・反帝国主義の過激派であり、少数意見を主張する聖職者であり、急進的な知識人、教師などである。かれらのイスラムについての洞察は、部分的には西洋でのいたるところで見出される文化的なオリエンタリズムの影響を受けているとしても、オリエンタリストの知識とはほとんど関係ない。しかし、I・F・ストーンのような人物を例にとると、イスラムに対する文化的な不信や反感が、帝国主義の実体についてのより強烈な感情に和らげられ、ユダヤ人、ムスリム、あるいはキリスト教徒のいずれが関係していようとも、人間的な苦痛は同じだという見方をとっている。ストーンは、イラン革命後もアメリカがシャーを支持し続けるならば、どのような結果になるかを予見した点で傑出した人物である。そして、革命政権に対し和解的な政策をとるよう主張したのは、政府や学界のイラン専門家ではなく、かれのような人たちであった。

このような人物について印象的なのは、かれらが専門家として認知されていないにもかかわらず、植民地以後の世界の内部、したがってイスラム世界の大きな部分の内部における一種のダイナミックスを、理解しているように思われることだ。かれらは、「イスラムの心」や「イスラムの性格」といったレッテルにしばられることはなく、人間としての経験こそが関心の大きさを左右する。これに加えて、かれらは交流というものに純粋な関心を持ち、各国政府が民衆の間に引いた堅固な敵意の線を、意識的に超えようとしてきた。ここでわれわれは、典型的な例として、テヘランに赴いたラムズィ・クラークや、イラン危機の最悪の時期に勇気ある役割を演じたリチャード・フォーク、ウィリアム・スローン・コフィン・ジュニア、ドン・ルースらここに列挙するにはあまりにも多くの個人や、「フレンズ・サービス委員会」「懸念する聖職者」といった数多くのグループを想起することができる。さらに、この反体制的な立場に組みしたものとして、『セブン・デーズ』『マザー・ジョーンズ』『イン・ジーズ・タイムズ』『ザ・ガーディアン』

『パシフィック・ニューズ・サービス』『クリスチャニティ・アンド・クライシス』といったさまざまな定期刊行物や、大手メディアに代わるニュース機関も挙げるべきだ。これらの刊行物は、イランについて、（そして、残念なことにイランほど多くはないが）イスラムについての反対意見を紹介するためにそのページを開放し、提供したのである。このような現象は、ヨーロッパでも同じようにみられた。

私見によると、これらの三つのグループについて最も重要なことは、かれらにとって、知識とは基本的には積極的に求め、論争すべきものであり、単に事実や「一般に受け入れられている」見方を、受動的に繰り返すものではないという点である。他の文化やより広い政治問題に影響を与えるこの見解と、先進西洋社会の支配権力にはぐくまれて専門化された制度的知識との闘争は、一つの時代を画するものである。それは単に、親イスラムか反イスラムかとか、愛国者であるか裏切り者であるか、といった問題をはるかに超越している。われわれの世界がより緊密に結びつけられるにつれて、少ない資源、戦略的地域および大規模な人口を管理することが、一段と望ましく、かつ必要と思われるだろう。アナキーと混乱に対して注意深くはぐくまれた恐怖は、見解の画一化をきわめて生みやすく、また「外部」世界についてはいよいよ不信を生みやすい。これは、西洋社会と同じくイスラム世界にもあてはまる。すでに始まったこのような時代にあって、知識の生産と普及は、絶対的に重要な役割を演じる。だが知識は、特定の人種や国家、階級あるいは宗教のためではなく、共存と共同体全体のために取得されるべきものである。そうした人間的かつ政治的な意味合いで理解されないかぎり、未来は明るくはない。

2 知識と解釈

人間社会に関するあらゆる知識は、自然界に関する知識とは異なって歴史的な知識であり、したがって人間の判断と解釈に基づくものである。それは、事実やデータが存在しないからではなく、事実は解釈が加わることによって重要性が備わるからである。ナポレオンは実在した人物であり、そしてフランスの皇帝であったという事実に異議を唱える人はいない。しかし、かれがフランスの偉大な指導者であったか、それともある意味では破壊をもたらした指導者であったかは、議論の別れるところである。歴史的な記述がなされ、それをもとに歴史の知識が形成されたことの背後には、こうした議論の対立がある。解釈は、誰によって解釈されたのか、誰に対し、何の目的で、また歴史のどの時点でそれがなされたのか、ということに大きくかかわっている。その意味で、すべての解釈された事象は、状況の産物といわねばならない。解釈は他の人びとがすでに解釈したことに関係して生まれる。[29] 以前の解釈を確認するか、反論するか、またはそれを継続するかである。いいかえれば、いかなる解釈も、それに先行する解釈、または他の解釈に何らかのかかわりをもたないものではありえない。それゆえ、イスラムについて、または、中国について、シェークスピア、あるいはマルクスについて真面目に書く人は誰でも、これらの主題についてすでに誰かが述べたことを何らかの形で取り入れているはずである。もし、その人が、主題から大きくそれたり、繰り返しにならないようにと望む場合には、それは避けられないことだ。書かれたもので完全に独創的だといえるものはない。いや、ありえないといってよい。なぜなら、人間の社会について書くことは数学を解くことではないからだ。つまり、数学では可能であるラディカルな独創性を望むことはできないのである。

そこで他国の文化についての知識は、とくに「非科学的な」不正確さと解釈の状況に左右されるわけである。にもかかわらず、われわれはここで、他の文化を知ることは可能であるとの仮説を立てることができる。ただし、二つの条件が満たされた場合において、とつけ加えるべきである。二つの条件とは、まさしく今日、中東研究またはイスラム研究が満たしていないものである。第一に、研究者は研究対象とする文化および人びとに責任をもち、かつそれらと強制されることなく接触していると意識していなければならない。すでに述べたように西洋が非西洋世界について身につけている知識の大部分は植民地主義を通じて得たものである。ヨーロッパの学者は、したがって、自分の研究対象に支配者の立場からアプローチし、その問題でかれが述べていることは、ヨーロッパ人以外の学者がかねて述べてきたことについては全くといってよいほど、言及していない。私はすでにこの本の中や、また拙著『オリエンタリズム』の中でその理由は述べたが、イスラムおよびイスラム圏の人びとについての知識は、総じて支配と対決の関係のみならず、文化的反感から発したものといわざるをえない。今日、イスラムは、西洋と激しく対立するものとして否定的な扱いを受けている。そうした緊張関係がイスラムをひどくわかりにくくする枠組みをつくってしまっている。この枠組みがある限り、ムスリムにとって強い生きた体験であるイスラムは理解されえない。このことは不幸にして、とりわけアメリカにあてはまり、ヨーロッパについては、やや症状は軽いといえる。

第二の条件は、第一の条件と補完的な関係にある。人間社会についての知識は自然界についての知識とは異なり、私の述べてきた解釈が根底にある。それはさまざまな方法によって知識という地位を得る。知的な営みによる場合もあるが、多くは社会的ないし政治的な作用からである。解釈はつくることの一形態である。いいかえれば、解釈は人間精神の強い故意の動きに頼り、関心ある対象物を細心の注意を払って形成することにあるのだ。そのような活動は、特定の時に特定の場所で、特定の背景をもって、特定の状況におかれた人物が、特定の目的のために、力づくで行うことになる。したがって、他国の文化を知るという作業の主たる基礎となるテキストの解釈は、臨床的に万全な実験室でなされるわけではなく、また結果が客観的だといえるわけでもない。解釈は社会的な活動であり、状況とぴったりからみ合っている。その状況の中からまず解釈が生まれ、次いで状況が解釈に知識という地位を与えたり、不適当とみなして拒否したりする。解釈はこの状況を無視できないし、いかなる解釈もそうした状況の解釈なしには完全でありえない。

次に、人間の感情、習慣、慣行、連想、価値観など、非科学的なニュアンスが解釈の本質的な部分を占めることが明白となる。すべての解釈者は読者であり、まったく中立的で価値観をもたない読者はありえない。つまり、読者は自我をもつ人間で、多くのしがらみにしばられた社会の一員である。愛国心または排外主義といった民族感情に始まり、個人的な感情である怖れや絶望感なども意識しながら、解釈者は自分が教育（それ自体、長期にわたる解釈のプロセスである）によって得た理性と情報を学問的に活用し、理解に達するのである。ひとつの状況、解釈者が置かれている状況と、もうひとつの状況、すなわち、テキストがつくられた時と場所に存在した状況、との間の障害を突き破るためには、多大な努力が払われねばならない。文化の壁と距離を乗りこえようとする強い意志の努力こそが、他の社会および文化を知ることを可能にし、同時にその知識に限界を設定する。この時に、解釈者は、自分の置かれた人間的な状況の中で自分自身を理解し、その状況との関係で文化のテキストも理解する。このことは、距離的に遠い異文化であるけれども、同じ人間世界に属するという強い自覚によって生まれる。この全プロセスが伝統的なオリエンタリストのいう「新しい、まったく異質な知識」や、バインダー教授の自省的な「学問」とは、ほとんど何の関係もないことはいうまでもない。

知識（つねに不安定な）に到達するまでの解釈のプロセスというやや抽象的な記述の中で、もうひとつのことに触れておく必要がある。それは、解釈、理解、そして知識というものが利害からまったく離れては存在しえないということである。これは自明の理だと思われるかもしれないが、実は、この一見自明のことが往々にして無視され、または否定されている。アメリカ人の学者にとって現代のアラビア語や日本語の小説を読むことは、化学者が化学方程式を解くのとはまったく異なった種類の異物との取り組みである。化学的要素はもともと感情的でなく、人間の感情を引き入れることはない。もっとも、非本来的な、まったく外的な理由から情緒のかかわりを持つこともあるかもしれないが。一方、いわゆる人間的な解釈の過程においてはその逆がいえるのである。多くの理論家によると、人間的な解釈というのは、解釈者の偏見や解釈するテキストからの疎外感を意識した時に始まるのだという。ハンス・ゲオルグ・ガダマーは次のように書いている。

> 一つのテキストを理解しようとする人は、それが彼に何かを語りかけることに備えている。それゆえ、解釈に慣れきった頭脳にとっては、テキストのまったく新たな特質に対して初心に戻り、神経を研ぎすませてあたらなければならない。しかし、研ぎすまされた神経をもってしても、対象に向かっての「中立性」を確立するわけでも、自

我を消滅させうるわけでもない。単にそれは自己の先入見〔すなわち、過去の経験の結果としてすでに備わっている意味づけないし解釈〕や偏見への意識的な同化であるにすぎないのだ。重要なことは自己の偏見を自覚することであり、それによって、テキストはまったく新しいものとなって現われ、また自己の先入見に対してテキストが真実を主張することもできるのである。(30)

したがって、異質文化の中で生まれたテキストを読む際に最初に意識すべきことは、その距離であり、時間的・空間的な距離の主要な条件は、とりも直さず、解釈者の置かれた時間的・空間的位置である（もちろん、それがすべてではない）。すでに見たように、旧来のオリエンタリストや「地域研究」のアプローチでは、距離を権威と同じに扱うのである。すなわち、遠方の文化の異邦性を学問的な議論の権威ありそうな表現に包み込んでしまう。しかも、学問的な議論というのは、異邦性が解釈者から何を奪ったか、いかなる権力構造がそうした解釈を可能にしたのか、についてはまったく触れることなく、知識としての社会的地位を得ているのだ。私がここでいいたいことをごく簡単にいおう。今日、西洋社会でイスラムについて書く人は、「イスラム」が敵対的な文化とみなされている事実や、専門学者がイスラムについて述べることが、すべて企業や政府の影響を受けているという事実を考慮に入れていない、ということであり、その点でほとんど例外はない。一方、この二つの事実は、イスラムの解釈と知識を好ましいものとし、「国家利益」に合致させるに当たって、重大な役割を演ずる。私が行った上述の分析で、レオナード・バインダーはその典型である。かれはこうした問題に言及するかと思うと、また一方では、専門主義や「学問」に敬意を払った文章の中でそれを除外している。専門主義や「学問」の全体的機能は、その合理的な客観性という仮面に邪魔なものはすべて効果的に除去してしまうことである。これは知識が自らの創造過程を抹殺して、社会的に受け入れられてゆく一例である。

解釈の一局面として、「利益」がいよいよ広範かつ具体的に利用されるという現象がみられる。誰でもイスラム、イスラム文化、あるいはイスラム社会にまったく偶然に出会ったわけではない。今日、西欧工業国の国民は、政治的な石油危機やマスコミの集中的な報道、オリエンタリストとよばれる専門家のイスラム解説という西洋における長い伝統によって、イスラムに出会うのである。中東現代史を専攻したいという若い歴史学者を例にとってみよう。この人はこれら三つの要素が作用する中でこの専攻科目を学ぶことになる。三つの要因のすべてが、「事実」——生のデータであると想定される——を感知する状況をつくり上げている。さらに、各人の生い立ち、感覚、知的能力がその過程に加味される。これらすべてが集約されて、その人の研究分野に対する関心を計る物差しが形成されるのである。単なる好奇心を中和するのは、国務省や石油会社のコンサルタント就任への約束や、また、有名な学者になりたいという望みであり、またイスラムが素晴しい（または、嫌な）文化体制であることを「証明」したいという望み、両文化の理解の架け橋になりたいという願い、単に知りたいという欲望などである。読もうとするテキスト、教授陣、学問的伝統、特定されたその時点などが、この若い歴史学者が研究しようとするものに刻印をきざんでゆく。他にもまだ考慮すべきことはある。かりに、ある人が十九世紀のシリアの土地所有制度を研究した場合、これを最も無味乾燥に「客観的」に扱ったとしても現代の政策と何らかの関連性を帯びないではいられない。とくに現代シリアにおける伝統的な権威（それは土地所有制度につながりがある）の原動力を、熱心に解明しようとする政府官僚についてこのことはいえる。

しかし、もし、最初に遠方の文化と強制的でない形で接触を持とうと努力し、次に、解釈者が自分の置かれた解釈の状況を強く意識するならば（つまり、解釈者が他の文化の知識は絶対的なものではなく、知識が生まれる解釈状況に関連した相対的なものであるということを理解するならば)、おそらく、その解釈者は、正統的なイスラム観や外国文化一般に対する見方がいかに幅の狭いものかを痛感するであろう。相対的にみてイスラムのアンチテーゼ的知識は、正統的知識の限界を克服する方向へ向かっているように思える。アンチテーゼを唱える学者は、イスラム知識は政府の直接の政策的利益に奉仕すべきだとする考え方を拒否するが、それによって知識と権力の間の共謀性が浮かび上がってくる。そうすることでかれらは、権力に強制されない形でイスラムとの関係を追求するのである。これまでとは別の関係を追求することとは、また、別の解釈上の状況を追求することにほかならない。したがって、そこからさらに手のこんだ方法論的な意味づけが展開されるのである。

最終的には批評家たちのいう解釈の堂々めぐりから脱出することは簡単ではない。要するに、社会についての知識は、知識の基礎となる解釈より良質なものとは限らない。イスラムのように複雑でとらえどころのない現象についてわれわれのもつ知識は、テキストやイメージ、経験など、イスラムの直接の体現ではなく、その表現ないし解釈にすぎないものを通じて得られる。イスラムは結局、いくつかの例を通じて理解される。換言すれば、他の文化、社会、または宗教に関する知識は、それぞれの学者の個人的な状況——時、場所、天賦の才、歴史状況や全般的な政治状況も含めて——と間接的な証拠の混合を通じてもたらされるのである。そうした知識が正確か、不正確か、また悪い知識か、より良い知識か、より悪い知識かは、主としてその知識を生み出す社会のニーズとかかわりがある。もちろん、それなしには知識が成り立ちえない単純な事実関係もあるにはある。たとえば、モロッコのイスラムについて「知る」ためには、アラビア語の知識のみならず、ベルベル語やモロッコという国、社会についてひと通りの知識がなくては不可能である。しかし、そのレベルをこえて、モロッコのイスラムを知ることとは、あちらとこちらの間、または不活性な対象物と観察者の間のやりとりではなく、こちら側のある目的、たとえば、学術論文、講演、政策立案者への助言などを目的とする、通常は二者間の相互作用にあるといえる。この目的が満たされた場合、その限りにおいて、知識は創造されたと考えられる。知識の効用は他にもある（無用という効用も含む）。しかし、主要な効用はきわめて機能的、あるいは手段としてのものである。

したがって、知識とよぶことのできるものは、いり混じった要素から成り、内的な必要性（それが内的であることはまれだ）からよりも、むしろ外的な要求によって決まってくる。優れた業績のあるアメリカの学者による、パーレビ王朝下のイランのエリートに関する研究は、王制下のイランに対処する立場の政策立案者にとっては役に立つかもしれない。ところが、その同じ研究も、非正統的なイラン専門家にとっては、間違いと誤解で当惑させるものでしかない[31]。しかし、判断基準が大きく異なるからといって、より確実な基準やより確立した絶対性が必要なんだということにはならない。むしろ、それらは、解釈の当然の帰結として、解釈が提起する問題にわれわれを直面させるといえる。つまり、誰のために、何の目的で、どうしてそのような解釈が、その文脈においてより説得性をもつのかということである。解釈、知識、それに、マシュー・アーノルドが述べているように、文化そのものがつねに論争の結果であり、単に天からの贈り物ではないのである。

本書における私の命題は、学界、政府、マスコミの間でのイスラムに関する宗教上の正統派とされる取り上げ方が相互に関連しており、西洋における他のどんな問題の「取り上げ方」や解釈よりもはるかに広く行きわたり、かつ説得的で、影響力をもつということにある。こうした取り上げ方の成功は、そのような取り上げ方をした人々および制度のもつ政治的な影響力によるもので、それが真実か正確かということとは必ずしも関係ない。もうひとつは、このような取り上げ方はイスラムの実際の知識に対して、わずかに接線上の一点で交わるにすぎないということだ。その結果、ある特定のイスラム知識の勝利であったのみならず、特定の解釈の勝利ともなったが、非正統派の探究者からのさまざまな疑問にもさらされるのである。

したがって「イスラム」がイラン・イラク戦争を説明することに役立たなかったのは幸いだといえよう。ちょうど、「ニグロ・メンタリティ」という見方が二十世紀のアメリカ黒人の体験を説明するのに役立たなかったのと同じである。こうした全体主義的概念は、それをタネに生活の糧を稼いでいる専門家たちに自己満足を与えたことを別にすれば、出来事のもつ勢いにも、またそうした出来事を生み出した複雑な力にも追いついていけない状態なのだ。その結果、均質化される概念の自己主張、そして実際の歴史のはるかに強力な主張と不連続性の間に断絶がみられ、それは拡大の一途をたどっている。そしてこの断絶にしばしば個人が足を踏み入れ、熱心な質問をぶつけて、しかるべき回答を求める。

われわれの誰も自分の住む世界について、すべてを知りうるわけではない。それゆえ、知的活動の分業が将来予見しうるかぎり続くであろう。学界がこの分業を必要とし、知識自体がそれを要求している。西洋の社会は知性の分業をもとに組織されているのである。しかし、人間社会に関するほとんどすべての知識は、最終的にはコモンセンス、つまり人間の共通の体験から生まれた常識に通じるものであり、それはまた批判的評価を受けねばならないものだ、と私は思う。これら二つのこと、つまり常識と批判的評価は、最終的な分析によれば、誰でも開拓しうる社会的かつ知的な属性である。それは特別な階級の特権でも、ひと握りの「専門家」と銘打った人びととの所有物でもない。とはいえ、もし、アラビア語とか中国語を学ぼうとすれば特別な訓練が必要であるし、経済、歴史、人口などの分野の動向の意味を正しく理解しようとするなら、それぞれの特別な訓練を要するであろう。そして学界はその特別な訓練を提供できる場所である。そのことに私は何ら疑いを差しはさむものではない。問題は訓練がギルドを生む時に発生するのである。なぜなら、ギルドは一般社会の現実、良識、知的責任との接触を失って、いかなる代価を払ってもギルドを推進するか、あるいは、それを意欲的かつ無批判に権力に奉仕させることになるからである。そのいずれの場合においても、イスラムのような外国の社会ないし文化は、それに照明をあてて理解するという以上の取り上げ方をされてしまう。そして新しいフィクションがつくられ、それまで耳にしたこともないような悪意あるニセ情報が世に出回るという危険すら伴っている。

過去数年の間に、非西洋社会一般、とりわけイスラム社会が、終戦直後のアメリカやヨーロッパの社会科学者、オリエンタリスト、地域専門家たちによって設定されたパターンに、もはやあてはまらなくなったということは、誰の目にも明白である。たしかにイスラム社会は全体として反米的でも反ソ的でもなく、また一致団結しているわけでも、行動が予測可能なわけでもない。私はこうした変化の例を残らず列挙することはせずに、それがイスラム世界における新しい、いびつな現実の到来を意味することを述べてきた。また、同様のいびつな現実は植民地から脱した世界の他の地域にも姿を現わしており、かつてそうした地域について書かれた、もの静かな理論的な描写を混乱させている。もはや単に、「後進性」とか「アジア・アフリカ・メンタリティ」などという古い公式にあてはめることはばかげている。しかしだからといって、これを西洋の哀れな衰退とか、植民地主義の不幸な結末、アメリカの力の気の毒な後退といった見方と、因果関係によって結びつけることは、狂気の沙汰だということを私は強調したい。もともと大西洋岸の世界から距離においても、意識においても、何千マイルと離れた社会をわれわれが望む形にはめ込もうとしても簡単な方法などありえない。このことは中立的な事実と考えてよいが、もっとも、そのことに良い意味づけを与えているわけでもない。いずれにしても、イランの喪失だとか、西洋の衰退とかを話すことにおける危険は、われわれがそれによって西洋の台頭やイランや湾岸地域の支配権の回復以外、他のあらゆる行動の可能性を排除してしまうことにある。イギリス、アメリカないしフランスのイスラム世界支配の終焉を嘆いた論調で知られる「専門家たち」が、最近またもてはやされている事実は、政策立案者たちの胸の中に何が潜んでいるかを示す恐るべき証言であり、また、これら「専門家たち」が意識的ないし無意識的に奉仕している侵略と再征服に対していかに強い要求が働いているかということの証左である。[32] 同じオーケストラで演奏することに同意する現地人がいるという事実は、協力関係の歴史のお粗末さを露呈しているにすぎず、ある人びとが唱えるのと違って、第三世界に新しい成熟の兆しが現れたわけではない。

征服の目的のためを除けば、「イスラム」は今日西洋で伝えられているようなものではない。そこで早急に、伝わるべき説明を提示しなければならない。もし、「イスラム」が伝達すべきことを十分に伝達せず、伝達する以上に隠蔽しているというのであれば、われわれは権力への新しい夢や旧来の恐怖や偏見をあおり立てることのない情報を、どこでいかにして求めることができるのであろうか。本書において私はすでに、この点で最も有益だと思える調査について触れてきた。すべての知識は解釈であり、そして、慎重かつ人間的に知識を求めるのであれば、解釈の方法と目的を自分で認識していなければならないのだが、すべての調査はそうした考え方から出発するとも、私は述べた。しかし、他国の文化、とりわけイスラムの解釈の背後には、個々の学者や知識人の直面する選択がある。知性を権力に奉仕させるのか、あるいは、批判や一般社会や倫理観に奉仕させるのかということだ。この選択が解釈の第一幕である。その決定は直ちに下さねばならず、先送りは許されないのである。もし、西洋におけるイスラム知識の歴史が征服と支配に密接に関係しているのならば、そうした絆を完全に絶つべき時がきた。これは、いくら強調してもしすぎることはない。そうでなければ、われわれは長びく緊張もしくはたぶん戦争に直面するのみならず、イスラム世界、つまりさまざまなイスラム世界の社会や国家に、多くの戦争や想像を絶する苦しみ、破滅的な暴動をもたらしそうであるからだ。その過程でひとつの「イスラム」が生まれる可能性は少なくないが、この「イスラム」こそ反動、正統、絶望などの用意した役割を演ずるべく満を持しているのである。いかに楽観的にみても、これは楽しからざる可能性というべきだろう。

注

序文

(1) Edward W. Said, *Orientalism* (New York: Pantheon Books, 1978; reprinted., New York: Vintage Books, 1979).

(2) Edward W. Said, *The Question of Palestine.* (New York: Times Books, 1979; reprinted., New York: Vintage Books, 1980).

(3) これについては、Robert Graham, "The Middle East Muddle," *New York Review of Books*, October 23, 1980, p. 26. 参照。

(4) J. B. Kelly, *Arabia, the Gulf, and the West: A Critical View of the Arabs and their Oil Policy* (London: Weidenfeld & Nicolson, 1980), p. 504.

(5) Thomas N. Franck and Edward Weisband, *Word Politics: Verbal Strategy Among the Superpowers* (New York: Oxford University Press, 1971).

(6) Paul Marijnis, "De Dubbelrol van een Islam-Kennen," *NRC Handelsblad*, December 12, 1979. 参照。マリジニの論文は、スヌーク・ヒュルフローニエについて、ライデン大学神学部のファン・コニングフェルト教授によりなされた調査の報告である。この項に注意を喚起してくれたジョナサン・ビアードとそれを翻訳して援けてくれたジェイコブ・スミット教授に感謝する。

(7) 文脈全体の完全な説明は、Noam Chomsky and Edward S. Herman, *The Washington Connection and Third World Fascism and After the Cataclysm: Postwar Indochina and the Reconstruction of Imperial Ideology*, vols. 1 and 2 of *The Political Economy of Human Rights* (Boston: South End Press, 1979). 参照。十九世紀の状況の価値ある分析は、Ronald T. Takaki, *Iron Cages: Race and Culture in 19th Century America* (New York: Alfred A. Knopf, 1979). 参照。

(8) いかに大企業が大学の内部に浸透しているかのよく整った説明として、David F. Noble and Nancy E. Pfund, "Business Goes Back to College," *The Nation*, September 20, 1980, pp. 246-52. 参照。

第1章

(1) Edward W. Said, *Orientalism*, pp. 49-73.

(2) Norman Daniel, *The Arabs and Medieval Europe* (London: Longmans, Green & Co., 1975); およびかれの初期のきわめて有益な *Islam and the West: The Making of an Image* (Edinburgh: University Press, 1960). を参照。*The Road to*

Suez: A Study of Western-Arab Relations (London: MacGibbon & Kee, 1962), pp. 25-61. には、アースカイン・B・チルダーズによる、一九五六年のスエズ戦争の政治的文脈におかれたこの問題の第一級の調査がある。

（3） "Bitter Dispatches From the Third World," *The Nation*, May 3, 1980, pp. 522-25. で、ナイポールを論じたことがある。

（4） Maxime Rodinson, *Marxism and the Muslim World*, trans. Michael Palis (London: Zed Press, 1979). および Thomas Hodgkin, "The Revolutionary Tradition in Islam," *Race and Class* 21, no. 3 (Winter 1980): 221-37. も参照。

（5） このテーマにかんして、現代チュニジアの知識人によるみごとな説明がある。Hichem Djait, *L'Europe et l'Islam* (Paris: Éditions du Seuil, 1979). 参照。Alain Grosrichard, *Structure du sérail: La Fiction du despotisme asiatique dans l'Occident classique* (Paris: Éditions du Seuil, 1979). には、ヨーロッパ文学におけるひとつの「イスラム的」モティーフ――後宮（ハレム）――の鋭い精神分析的・構造主義的分析が、見出される。

（6） Maxime Rodinson, *La Fascination de l'Islam* (Paris: Maspéro, 1980). 参照。

（7） Albert Hourani, "Islam and the Philosophers of History," in *Europe and The Middle East* (London: Macmillan & Co., 1980), pp. 19-73.

（8） たとえば、ゆきとどいた研究として、Syed Hussein Alatas, *The Myth of the Lazy Native: A Study of the Image of the Malays, Filipinos, and Javanese from the 16th to the 20th Century and in the ideology of Colonial Capitalism* (London: Frank Cass & Co., 1977). 参照。

（9） これは、常に著述や学識にとぼしいことを意味するわけではない。イスラムにかんする新知識への需要に応えるのではなく、主として政治的急務に応ずる情報に富む一般的説明として、次のものがある。Martin Kramer, *Political Islam* (Washington, D.C.: Sage Publications, 1980). これは、ジョージタウン大学の戦略・国際研究センターのために書かれたものであるから、「客観的」知識ではなく、政策の類に属する。他の例として、*Current History* の一九八〇年一月（vol. 78, no. 453）の特別号 "The Middle East, 1980" がある。

（10） *Atlantic Community Quarterly* 17, no. 3 (Fall 1979): 291-305, 377-78.

（11） Marshall Hodgson, *The Venture of Islam*, 3 vols. (Chicago and London: University of Chicago Press, 1974). これに対する重要な書評、Albert Hourani, *Journal of Near Eastern Studies* 37, no. 1 (January 1978): 53-62. も参照。

（12） この一つの指標が、一九六七年合衆国の厚生・教育省により委託されたレポート "Middle Eastern and African Studies: Developments and Needs" である。これは、プリンストン大学教授であり、北米中東学会（MESA）会長である Morroe Berger によって書かれた。このレポートのなかで、バージャーはこう言っている。中東は、「偉大な文化的達成の中心ではない。……それゆえ、近代文化にかんするかぎり、それ自身の貢献というものはない……アメリカにとってさしあたりその政治的重要性は消滅しつつある」。この特異な文書とそれを生んだ文脈にかんする議論は、Said, *Orientalism*, pp. 287–93. 参照。

(13) Michael A. Ledeen and William H. Lewis, "Carter and the Fall of the Shah: The Inside Story," *Washington Quarterly* 3, no. 2 (Spring 1980): 11–12. に引用。リディーンとルイスは William H. Sullivan, "Dateline Iran: The Road Not Taken," *Foreign Policy* 40 (Fall 1980): 175–86；によって補足され、またある程度支持されてもいる。サリヴァンは、革命前から革命期にかけて、アメリカのイラン大使であった。六回連載のシリーズ Scott Armstrong, "The Fall of the Shah," *Washington Post*, October 25, 26, 27, 28, 29, 30, 1980. も参照。

(14) Hamid Algar, "The Oppositional Role of the Ulama in Twentieth Century Iran," in Nikki R. Keddie, ed., *Scholars, Saints, and Sufis: Muslim Religious Institutions Since 1500* (Berkeley, Los Angeles, and London: University of California Press, 1972), pp. 231–55. 次の書も参照。Ervand Abrahamian, "The Crowd in Iranian Politics, 1905–1953," *Past and Present* 41 (December 1968): 184–210；および彼の "Factionalism in Iran: Political Groups in the 14th Parliament 1944–46)," *Middle Eastern Studies* 14, no. 1 (January 1978): 22–25；また "The Causes of the Constitutional Revolution in Iran," *International Journal of Middle East Studies* 10, no. 3 (August 1979): 381–414；と "Structural Causes of the Iranian Revolution," *MERIP Reports* no. 87 (May 1980), pp. 21–26. ついで Richard W. Cottam, *Nationalism in Iran* (Pittsburgh, Pa.: University of Pittsburgh Press, 1979). も参照。

(15) これはとくに、Fred Halliday, *Iran: Dictatorship and Development* (New York: Penguin Books, 1979), について、当たっている。にもかかわらず、この書は第二次大戦以後なされた二、三の最良のイラン研究の1つである。Maxime Rodinson, *Marxism and the Muslim World* は、ムスリムの宗教的反対派については、ほとんど何もいっていない。アルジャー（前注）のみが、この点では正しかったように思われる。注目すべきことである。

(16) これは、Edward Shils, "The Prospect for Lebanese Civility," in Leonard Binder, ed., *Politics in Lebanon* (New York: John Wiley & Sons, 1966), pp. 1–11. で進められた議論である。

(17) Malcolm Kerr, "Political Decision Making in a Confessional Democracy," in Binder, ed., *Politics in Lebanon*, p 209.

(18) 次の書には、きわめて豊かな資料が見出される。Moshe Sharett, *Personal Diary* (Tel Aviv: Ma'ariv, 1979)；Livia Rokach, *Israel's Sacred Terrorism: A Study Based on Moshe Sharett's Personal Diary and Other Documents*, intro. by Noam Chomsky (Belmont, Mass.: Association of Arab-American University Graduates [AAUG], 1980). レバノンにおけるＣＩＡの役割を暴露した前ＣＩＡ顧問の次の書も参照。Wilbur Crane Eveland, *Ropes of Sand: America's Failure in the Middle East* (New York: W. W. Norton & Co., 1980).

(19) Elie Adib Salem, *Modernization Without Revolution: Lebnaon's Experience* (Bloomington and London: Indiana. University Press, 1972), p. 144. サレムは "Form and Sub-

stance : A Critical Examination of the Arabic Language," *Middle East Forum* 33 (July 1958): 17-19. の筆者である。タイトルがそのアプローチを示している。

(20) Clifford Geertz, "The Integrative Revolution : Primordial Sentiments and Civil Politics in the New States," in *The Interpretation of Cultures* (New York : Basic Books, 1973) p. 296.

(21) 内戦前夜のレバノンにかんする「専門家」の幻想の興味ある記述については、Paul and Susan Starr, "Blindness in Lebanon," *Human Behavior* 6 (January 1977): 56-61. 参照。

(22) これについては、*The Question of Palestine*, pp. 3-53 の諸所で論じた。

(23) この集団妄想にかんするみごとな説明は、Ali Jandaghi (pseud.), "The Present Situation in Iran," *Monthly Review*, November 1973, pp. 34-47. および Stuart Schaar, "Orientalism at the Service of Imperialism," *Race and Class* 21, no. 1 (Summer 1979): 67-80. 参照。

(24) James A. Bill, "Iran and the Crisis of '78," *Foreign Affairs* 57, no. 2 (Winter 1978-79): 341.

(25) William O. Beeman, "Devaluing Experts on Iran," *New York Times*, April 11, 1980; James A. Bill, "Iran Experts: Proven Right But Not Consulted," *Christian Science Monitor*, May 6, 1980.

(26) ベトナム戦争の時代、「科学者」として、自らすすんで国家に奉仕する強力な事例となった学者たちに反対したものとして、次のものが挙げられる。ここではなぜ、ベトナム研究者たちは詰問されたが（悲惨そのものの結果とともに）、イラン専門家たちはそうでなかったのか、よく分るであろう。Noam Chomsky, "Objectivity and Liberal Scholarship," in *American Power and the New Mandarins : Historical and Political Essays* (New York : Pantheon Books, 1969), pp. 23-158. 参照。

(27) Said, *Orientalism*, pp. 123-66.

(28) 植民地世界に影響を与えた学問と政治のあいだの関係については、*Le Mal de voir : Ethnologie et orientalisme : politique et épistémologie, critique et autocritique*, Cahiers Jussieu no. 2 (Paris : Collections 10/18, 1976). 参照。研究の「フィールド」が国益と1致する途上にあった例として、"Special Supplement : Modern China Studies," *Bulletin of Concerned Asia Scholars* 3, nos. 3-4 (Summer-Fall, 1971): 91-168. 参照。

(29) Edmund Ghareeb, ed., *Split Vision : Arab Portrayal in the American Media* (Washington, D.C.: Institute of Middle Eastern and North African Affairs, 1977). 参照。イギリスの対応については、Sari Nasir, *The Arabs and the English* (London : Longmans, Green & Co., 1979), pp. 140-72. 参照。

(30) James Peck, "Revolution Versus Modernization and Revisionism : A Two-Front Struggle," in Victor G. Nee and James Peck, eds., *China's Uninterrupted Revolution : From 1840 to the Present* (New York : Pantheon Books, 1975), p. 71. および Irene L. Gendzier, "Notes Toward a Reading

of *The Pasing of Traditional Society,*" *Review of Middle East Studies* 3 (London: Ithaca Press, 1978), pp.32-47. 参照。

(31) パーレビ体制の「近代化」についての説明は、次の書に見出される。Robert Graham, *Iran: The Illusion of Power* (New York: St. Martin's Press, 1979). および Thierry-A. Brun, "The Failures of Western-Style Development Add to the Regime's Problems," と Eric Rouleau, "Oil Riches Underwrite Ominous Militarization in a Repressive Society," in Ali-Reza Nobari, ed., *Iran Erupts* (Stanford, Calif.: Iran-America Documentation Group, 1978). またClaire Brière and Pierre Blanchet, *Iran: La Révolution au nom de Dieu* (Paris: Éditions du Seuil, 1979). この本には、ミシェル・フーコーとのインタビューが付されている。

(32) イスラエル内部での立場と政策について、明確な「宗教的」定式化を述べるさい、報道機関の側には顕著なためらいがあった。それが、非ユダヤ人に向けられるさいは特にそうであった。グシュ・エムニムの文献、あるいは種々のラビの権威が語る言葉、等々のなかに、興味深い資料があるであろう。

(33) Garry Wills, "The Greatest Story Ever Told," subtitled "Blissed out by the pope's U.S. visit—'unique,' 'historic,' 'transcendent'—the breathless press produced a load of papal bull," *Columbia Journalism Review* 17, no.5 (January-February 1980): 25-33. 参照。

(34) すぐれて徹底的な研究、Marwan R. Buheiry, *U.S. Threats Against Arab Oil*: 1973-1979, IPS Papers no. 4 (Beirut: Institute for Palestine Studies, 1980). 参照。

(35) これは、特殊アメリカ的症候群である。ヨーロッパでは、少なくともジャーナリズム全体にかんするかぎり、状況はかなり公正である。

(36) Fritz Stern, "The End of the Postwar Era," *Commentary*, April 1974, pp. 27-35.

(37) Daniel P. Moynihan, "The United States in Opposition," *Commentary*, March 1975, p. 44.

(38) Robert W. Tucker, "Oil: The Issue of American Intervention," *Commentary*, January 1975, pp. 21-31.

(39) Tucker, "Further Reflections on Oil and Force," *Commentary*, January 1975, p. 55.

(40) *Encounter*, 54, no. 5 (May 1980): 20-27.

(41) Gerard Chaliand, *Revolution in the Third World: Myths and Prospects* (New York: Viking Press, 1977).

(42) Christopher T. Rand, "The Arabian Fantasy: A Dissenting View of the Oil Crisis," *Harper's Magazine*, January 1974, pp. 42-54, およびかれの *Making Democracy Safe for Oil: Oilmen and the Islamic East* (Boston: Little, Brown & Co., 1975). 参照。石油の真実をえがいた権威ある著作として、John M. Blair, *The Control of Oil* (New York: Pantheon Books, 1976), と Robert Engler, *The Brotherhood of Oil: Energy Policy* と *Public the Interest* (Chicago and London: University of Chicago Press, 1977). 参照。

(43) *Ayatollah Khomeini's Mein Kampf: Islamic Government by Ayatollah Ruhollah Khomeini* (New York: Manor Books, 1979), p.123. ホメイニのイランにおける抑圧に対する

細心の、革命に同情的な批判として、Fred Halliday, "The Revolution Turns to Repression," *New Statesman*, August 24, 1979, pp. 260–64；および *The Iranian*, August 22, 1979. の中のかれの注釈を参照。Nikki R. Keddie, *Iran, Religion, Politics, and Society : Collected Essays* (London : Frank Cass & Co., 1980). も参照。

(44) C. Wright Mills, "The Cultural Apparatus," in *Power, Politics and People : The Collected Essays of C. Wright Mills*, ed. Irving Louis Horowitz (London, Oxford, New York : Oxford University Press, 1967), pp. 405–6.

(45) Herbert I. Schiller, *The Mind Managers* (Boston : Beacon Press, 1973), pp. 24–27. 参照。

(46) Herbert Gans, *Deciding What's News : A Study of "CBS Evening News," "NBC Nightly News," "Newsweek," and "Time"* (New York : Pantheon Books, 1979).

(47) Gay Talese, *The Kingdom and the Power* (New York : New American Library, 1969) ; Harrison Salisbury, *Without Fear or Favor : The New York Times and Its Times* (New York : Times Books, 1979) ; David Halberstam, *The Powers That Be* (New York : Alfred A. Knopf, 1979) ; Gaye Tuchman, *Making News : A Study in the Construction of Reality* (New York : Free Press, 1978) ; Herbert I. Schiller, *Mass Communications and American Empire* (Boston : Beacon Press, 1969), *Communication and Cultural Domination* (White Plains, N. Y. : International Arts and Sciences, 1976), *The Mind Managers* ; Michael Schudson, *Discovering the News : A Social History of American Newspapers* (New York : Basic Books, 1978) ; Armand Mattelart, *Multinational Corporations and the Control of Culture : The Ideological Apparatus of Imperialism*, trans. Michael Chanan (Brighton, Sussex : Harvester Press, 1979).

(48) Robert Darnton, "Writing News and Telling Stories," *Daedalus* 104, no. 2 (Spring 1975) : 183, 188, 192.

(49) これは、次の書で説得的に展開された。Todd Gitlin, *The Whole World Is Watching : Mass Media in the Making and Unmaking of the New Left* (Berkeley, Los Angeles, and London : University of California Press, 1980).

(50) 特に、Sacvan Bercovitch, "The Rites of Assent : Rhetoric, Ritual, and the Ideology of American Consensus," in Sam Girgus, ed., *Myth, Popular Culture, and the American Ideology* (Albuquerque : University of New Mexico Press, 1980), pp. 3–40. 参照。

(51) これについては、次の文によく書かれている。Raymond Williams, "Base and Superstructure in Marxist Cultural Theory," *New Left Review* 82 (November–December 1973) : 3–16.

(52) インディアン、種々の外国人集団、そして「空っぽ」の領土をふくめてのアメリカの経験をあつかった最近の１連の研究は、この点を効果的なものとした。Michael Paul Rogin, *Andrew Jackson and the Subjugation of the American Indian* (New York : Alfred A. Knopf, 1975) ; Ronald T. Takaki, *Iron Cages* ; Richard Drinnon, *Facing West : The Metaphy-*

sics of Indian-Hating and Empire-Building (Minneapolis: University of Minnesota Press, 1980); Frederick Turner, *Beyond Geography: The Western Spirit Against the Wilderness* (New York: Viking Press, 1980).

(53) この偽りについての最近の説明として、Chomsky and Herman, *After the Cataclysm*. 参照。

(54) とくに、Herbert Schiller and Armand Mattelart, 前掲書、注47。

(55) 同じことばの動－反動パラダイムの記述として、Franck and Wiesband, *Word Politics*. 参照。

(56) ムスリム・アラブ社会の西洋型エリートの役割については、John Waterbury and Ragaei El Mallakh, *The Middle East in the Coming Decade: From Wellhead to Well-Being?* (New York: McGraw-Hill Book Co., 1978). 参照。

(57) Rodinson, "Islam and the Modern Economic Revolution," in his *Marxism and the Muslim World*, p. 151.

(58) *Ibid*., pp. 154–55.

(59) 特に記憶に価する例として、次の書を参照。Mohammed Arkoun: *Contribution à l'étude de l'humanisme arabe au IVe/Xe siècle: Miskawayh, philosophe et historien* (Paris: J. Vrin, 1970); および *Essais sur la pensée islamique* (Paris: Maisonneuve & Larose, 1973); と "La pensée" and "La vie," in Mohammed Arkoun and Louis Gardet, *L'Islam: Hier. Demain* (Paris: Buchet/Chastel, 1978), pp. 120–247.

(60) Albert Hourani, "History," in Leonard Binder, ed., *The Study of the Middle East: Research and Scholarship in the Humanities and the Social Sciences* (New York: John Wiley & Sons, 1976), p. 117.

(61) 従属した社会における国家の様相にかんして、この主題の非常に有益な分析として、Eqbal Ahmad, "Post-Colonial Systems of Power," *Arab Studies Quarterly* 2, no. 4 (Fall 1980): 350–63.

(62) イランにかんして、この活動のもつよい意味は、次の書に述べられている。Michael M. G. Fischer, *Iran: From Religious Dispute to Revolution* (Cambridge: Harvard University Press, 1980). しかし、Marshall Hodgson, *The Venture of Islam*. も参照。

(63) 鍵となるイデオロギー的文書は、Bernard Lewis, "The Return of Islam," *Commentary*, January 1976, pp. 39–49; である。これについての私の議論は、*Orientalism*, pp. 314–20. 参照。しかし、エリ・ケドゥリーに比較すれば、ルイスは実に穏かなものである。イスラムの再生は、主として「マルクス・レーニン主義」の変種であることを示そうとするケドゥリーの試みは、Élie Kedourie, *Islamic Revolution, Salisbury Papers* no. 6 (London: Salisbury Group, 1979).

(64) W. Montgomery Watt, *What Is Islam?* 2nd ed. (London and New York: Longmans, Green & Co., 1979), pp. 9–21.

(65) これについてのきわめて説得力ある記述は、Albert Hourani, *Arabic Thought in the Liberal Age, 1798–1939* (1962; reprinted., London and Oxford: Oxford University Press, 1970). にある。

(66) 雇い兵の最近の例については、Adonis (Ali Ahmad Said),

Al-Thabit wal Mutahawwil, vol. 1, Al-Usul (Beirut: Dar al Awdah, 1974). および Tayyib Tizini, *Min al-Turath ilal-Thawra: Hawl Nathariya Muqtaraha fi Qadiyyat al-Turath al-'Arabi* (Beirut: Dar Ibu Khaldum, 1978). 参照。ティズィーニのものについてのよい解説が、Saleh Omar, *Arab Studies Quarterly* 2, no. 3 (Summer 1980): 276–84. にある。この問題に対する最近のヨーロッパの見方は、Jacques Berque, *L'Islam au défi* (Paris: Gallimard, 1980).

(67) Hodgson, *Venture of Islam*, 1:56 ff.

(68) Ali Shariati, "Anthropology: The Creation of Man and the Contradiction of God and Iblis, or Spirit and Clay," in *On the Sociology of Islam: Lectures by Ali Shariati*, trans. Hamid Algar (Berkeley, Calif.: Mizan Press, 1979), p. 93.

(69) Shariati, "The Philosophy of History: Cain and Abel" in *On the Sociology of Islam*, pp. 97–110.

(70) 公式文化と対抗文化とのあいだの争いについては、Thomas Hodgkin, "The Revolutionary Tradition in Islam," Adonis, *Al-Thabit wal Mutahawwil.* 参照。

(71) Said, *Orientalism*, pp. 41 ff

(72) 他の「オリエンタル」グループの表現においても、この状況は最近に至るまで変りはなかった。Tom Engelhardt, "Ambush at Kamikaze Pass," *Bulletin of Concerned Asia Scholars* 3, no. 1 (Winter–Spring 1971): 65–84. 参照。

(73) Eric Hoffer, "Islam and Modernization: Muhammad, Messenger of Plod," *American Spectator* 13, no. 6 (June 1980): 11–12.

(74) L. J. Davis, "Consorting with Arabs: The Friends Oil Buys," *Harper's Magazine*, July 1980, p. 40. による。

第II章

(1) Salisbury, *Without Fear or Favor*, p. 158.

(2) *Ibid.*, p. 163.

(3) *Ibid.*, p. 311.

(4) *Ibid*,. pp. 560–61.

(5) Kedourie, *Islamic Revolution.*

(6) これらの論文には、よいことに翻訳がある。Rodinson, "Islam Resurgent?" *Gazelle Review* 6, ed. Roger Hardy (London: Ithaca Press, 1979), pp. 1–17.

(7) Roy Parriz Mottahedeh, "Iran's Foreign Devils," *Foreign Policy* 38 (Spring 1980): 28. Eqbal Ahmad, "A Century of Subjugation," *Christianity and Crisis* 40, no. 3 (March 3, 1980) 37–44. の引用も参照。

(8) Robert Friedman, "The Gallegos Affair," *Media People*, March 1980, pp. 33–34. 参照。

(9) William A. Dorman and Ehsan Omeed, "Reporting Iran the Shah's Way," *Columbia Journalism Review* 17, no. 5 (January–February 1979): 31.

(10) Fazlur Rahman, *Islam* (Chicago: University of Chicago Press, 1979), p. 37.

(11) Kermit Roosevelt, *Countercoup : The Struggle for the Control of Iran* (New York : McGraw-Hill Book Co., 1979).

(12) Hamid Algar, "The Oppositional Role of the 'Ulama in Twentieth-Century Iran," in Keddie, *Scholars, Saints, and Sufis*, pp. 231–55.

(13) Richard Deacon, *The Israeli Secret Service* (New York : Taplinger Publishing Co., 1978), pp. 176–77. 参照。

(14) 『ル・モンド』紙の選択の余地ある見方については、Aimé Guedj and Jacques Girault, *"Le Monde": Humanisme, objectivité et politique* (Paris : Éditions Sociales, 1970), および Philippe Simonnot, *"Le Monde" et le pouvoir* (Paris : Les Presses d'aujourd'hui, 1977). 参照。

(15) イラン・アメリカ危機を解決するためのクラークの提案については、"The Iranian Solution," *The Nation*, June 21, 1980, pp. 737–40. 参照。

(16) おそらく中東調査・情報プロジェクト(MERIP)のみが、これをなそうとした。*MERIP Reports*, no. 88 (June 1980), "Iran's Revolution : The First Year," pp. 3–31, あるいは no. 89 (July–August 1980), pp. 3–26. のアフガニスタン研究を参照。

第三章

(1) Giambattista Vico, *The New Science*, trans. T. G. Bergin and Max Fisch (Ithaca, N. Y. : Cornell University Press, 1968), p. 96.

(2) Raymond Schwab, *Le Renaissance orientale* (Paris : Payot, 1950), p. 327. に引用。

(3) Ernest Renan, "Mahomet et les origines de l'islamisme," in *Études d'histoire religieuse* (Paris : Calmann-Lévy, 1880), p. 220.

(4) Bernard Lewis, "The State of Middle East Studies," *American Scholar* 48, 3 (Summer 1979), 366–67 ; 強調が加えられている。ルイスの不誠実な主張を次の書と比べると興味深い。Bryan S. Turner, *Marx and the End of Orientalism* (London : George Allen & Unwin, 1978).

(5) たとえば、Donald F. Lach and Carol Flaumenhaft, eds., *Asia on the Eve of Europe's Expansion* (Englewood Cliffs, N. J. : Prentice-Hall, 1965) ; Donald F. Lach, *Asia in the Making of Europe* ; vol. 1, *The Century of Discovery* (Chicago and London University of Chicago Press, 1965), および vol. 2, *A Century of Wonder* (1977) ; J. H. Parry, *Europe and a Wider World* (London : Hutchinson & Co., 1949), および *The Age of Reconnaisance* (London : Weidenfeld & Nicolson, 1963). たしかに次の書も参照すべきである。K. M. Panikkar, *Asia and Western Dominance* (London : George Allen & Unwin, 1959). 近代におけるアジアの西洋発見についての興味深い説明として、Ibrahim Abu-Lughod, *Arab Rediscovery of Europe : A Study in Cultural Encounters* (Princeton, N. J. : Princeton University Press, 1963), and Masao Miyoshi, *As We Saw Them : The First Japanese Embassy to the United States* (*1860*) (Berkeley, Los Angeles, and

London: University of California Press, 1979).

(6) ウィリアム・ジョーンズの経歴からナポレオンのエジプト遠征、一連の十九世紀の学者－旅行家－商人まで、これについては多数の例がある。Said, *Orientalism*, の諸所を参照。Snouck Hurgronje, note 6, Introduction. にかんする暴露も参照。

(7) この著作にたいする次のゆきとどいた書評を参照。Bryan S. Turner, *MERIP Reports* no. 68 (June 1978), pp. 20–22. ターナーの書評につづいて、同じ号でジェームズ・ポールはＭＥＳＡの刊行物のコストは、ページあたり八五・五〇ドルと見積っている。

(8) Said, *Orientalism*, pp. 288–90. 参照。

(9) Leonard Binder, "Area Studies: A Critical Assessment," in Binder, ed., *Story of the Middle East*, p. 1.

(10) *Ibid.*, p. 20.

(11) *Ibid.*, p. 21.

(12) *Proposal to the Ford Foundation for Two Seminar-Conferences*, Program in Near Eastern Studies, Princeton University (1974–75), pp. 15–16.

(13) *Ibid.*, p. 26.

(14) L. Carl Brown and Norman Istkowitz, *Psychological Dimensions of Near Eastern Studies* (Princeton, N. J.: Darwin Press, 1977).

(15) Ali Banuazizi, "Iranian 'National Character': A Critique of Some Western Perspectives," in Brown and Istkowitz, eds., *Psychological Dimensions of Near Eastern Studies*, pp. 210–39. 直接関連する主題をあつかった同じような著述として、次の論文が重要である。Benjamin Beit-Hallahmi, "National Character and National Behavior in the Middle East: The Case of the Arab Personality," *International Journal of Group Tensions* 2, no. 3 (1972): 19–28; Fouad Moghrabi, "The Arab Basic Personality," *International Journal of Middle East Studies* 9 (1978): 99–112; Moghrabi's "A Political Technology of the Soul," *Arab Studies Quarterly* 3, no. 1 (Winter 1981).

(16) "Special Supplement: Modern China Studies," *Bulletin of Concerned Asia Scholars* 3, nos. 3–4 (Summer–Fall 1971).

(17) Dwight Macdonald, "Howtoism," in *Against the American Grain* (New York: Vintage Books, 1962), pp. 360–92.

(18) Christopher Lasch, *The New Radicalism in America, 1889–1963: The Intellectual as Social Type* (New York: Vintage Books, 1965), p. 316.

(19) たとえば、典型的な中東研究の専門家によって、いかに人種的起源が「身元保証」として引用されているか、次の文を参照。J. C. Hurewitz, "Another View on Iran and the Press," *Columbia Journalism Review* 19, no. 1 (May–June 1980): 19–21. それに対する回答として、Edward W. Said, "Reply," *Columbia Journalism Review* 19 no. 2 (July–August 1980): 68–69. 参照。

(20) ロダンソンとホーラーニの最近の本に対する私の批評を参照。*Arab Studies Quarterly* 2, no. 4 (Fall 1980): 386–93.

(21) Irène Ferrera-Hoechstetter, "Les Études sur le moyen-orient aux États-Unis," *Maghreb-Mashrek* 82 (October–No-

vember 1978) 34.

（22） Richard H. Nolte, *Middle East Centers at U.S. Universities*, June 1979, p. 2（エッソ・ミドル・イーストのドン・スヌーク氏の好意による。彼は親切にもノルトの報告を一部、私に送ってくれた。）

（23） *Ibid.*, pp. 40, 46, 20.

（24） *Ibid.*, pp. 43, 24.

（25） Michel Foucault, *The History of Sexuality, Volume One: An Introduction*, trans. Robert Hurley (New York: Pantheon Books, 1978), p. 34.

（26） この言葉は、なかばハロルド・ブルームに負うている。もちろんかれはそれを全く別の文脈で用い、「アンチテーゼ的批評」とよんでいるのだが。Harold Bloom, *The Anxiety of Influence: A Theory of Poetry* (New York: Oxford University Press, 1973), pp. 93-96. 参照。

（27） なかでも、Peter Gran, Judith Tucker, Basem Musallem, Eric Davis, Stuart Schaar の仕事は、このグループを代表するものである。

（28） 第1章の注（14）（15）および（62）参照。

（29） 私は、「関係」の概念を、次の文で論じた。"Reflections on Recent American 'Left' Literary Criticism," *Boundary* 28, no. 1 (Fall 1979) 26-29.

（30） Hans-Georg Gadamer, *Truth and Method* (New York: Seabury Press, 1975), p. 238.

（31） イランのエリートについてのMarvin Zonis の研究に対する Ali Jandaghi の批評を参照。"The Present Situation in Iran," *Monthly Review*, November 1973, pp. 34-47.

（32） たとえば、J. B. Kelly, *Arabia, the Gulf and the West*. かれは、スエズ以東の英領からの撤収を嘆いている。エリ・ケドゥリーはド・ゴールがアルジェリアを「放棄」したことを非難している。彼の Alistair Horne, *A Savage War of Peace: Algeria, 1954-1962* に対する書評参照（*Times Literary Supplement*, April 21, 1978, pp. 447-50). 少なくとも五年間は、アメリカの「ガルフ」地域への侵攻を唱道していたロバート・W・タッカーとその1連の追随者たちもいる（第1章の注（34）（38）参照）。これらの多くの背後には、エドワード・N・ラットワクの仕事がある。次の彼の書に提示されているそのモデルを参照。E. N. Luttwak, *The Grand Strategy of the Roman Empire: From the First Century A. D. to the Third* (Baltimore and London: Johns Hopkins University Press, 1976).

イラン略年表

1925. 12	パーレビ王朝成立
51. 5	石油国有化法成立
53. 8	CIA 支援クーデタでモサデグ政権倒れ，シャー復帰
55. 11	バグダード条約加盟
65. 10	ホメイニ師，イラクへ追放さる
71. 10	ペルシャ帝国建国 2500 年祭
75. 3	イラクと国境協定（アルジェ協定）に調印
78. 9	テヘランで反シャー暴動
79. 1	シャー出国
2	ホメイニ師，帰国
4	イスラム共和国樹立宣言
11	米大使館人質事件発生
12	ソ連軍，アフガニスタン侵攻
80. 4	米国・イラン断交
4	米軍，人質救出作戦に失敗
7	シャー，エジプトで死去
9	イラン・イラク全面戦争突入
81. 1	米大使館人質事件解決

訳者あとがき

イスラムあるいはイスラム世界についての記述は昨今まことに多い。その記述の誤まりを指摘する記述もまた少なくないが、誤まりを指摘する記述がしばしばわかりにくいのである。

日本でイスラムがニュースになり始めたのは、決して古いことではない。たとえば一九六〇年代の一般向けの新聞、雑誌を読み返してみても、イスラムそのものを中心テーマにしたニュースはもちろん、イスラムに関連するニュースもまた少ない。

イスラムへの一般的な興味が出てくるのはやはり一九七三年の第一次石油危機のあとだが、さらにニュースとしてイスラムが劇的に登場するのは一九七九年のイラン革命以降である。ただ、イスラムに関わるニュース報道は増えたものの、決して十分ではなく、しかも質的に問題があることは、よく指摘されるところだ。

事情はアメリカでも似たようなものである。首都ワシントンのマサチューセッツ通りの両側に各国の大使館が並んでいるが、日本大使館の近くにモスクを備えたイスラム・センターがある。イラン革命のころアメリカ人記者たちが殺到し、「シーアとは何か。スンニーとどう違うのか」などと、所長のムハンマド・ラウーフ博士に質問を浴びせかけた。ラウーフ所長は「何をいっても、どちらかの派を傷つけそうだ」と頭をかかえて国外に一時「避難」したほどである。そんなアメリカ人記者たちによるイスラム報道に、問題のなかろうはずがない。

そして、イスラム世界に関する情報がアメリカから日本に大量に輸入されているという事実が一方にある。

イスラムを理解するとはどういうことなのか。その気の重いテーマに真正面から取り組んだのが本書である。アプローチの糸口は、西洋、とりわけアメリカのマスメディアがイスラム世界の出来事をどのように報道してきたかの緻密な分析である。

一九八一年に出版された本書の主タイトルは "*Covering Islam*" となっている。著者も指摘しているように、英語の cover には「ニュースを報道する」および「隠蔽する」のふたつの意味があり、そのしゃれに気づいてほしいと、著者は皮肉っぽく期待している。つまり、アメリカのマスメディアはイスラムを「報道」したつもりでいるけれども、実際はイスラムの真実を「隠蔽」する結果になっているといいたいのだろう。

文中にはカッコつきの「イスラム」がしばしば現われる。著者は、アメリカのマスメディアが自分で「イスラム」というフィクションをつくり上げてしまったことを、執拗に立証しようとしている。ちょうど一九五〇年代のアメリカで、マスメディアが「共産主義」という独特の絵を制作したのと似ているようでもある。「メディアと専門家はわれわれの世界観をいかに決定するか」と副題にあるが、なんと刺戟的かつ挑戦的な問いかけであろうか。

構成は序文のあと、「ニュースとしてのイスラム」、「イラン報道」、「知識と権力」の三章から成っている。サウジアラビアで王女が姦通罪で処刑された事件、イランにおけるアメリカ大使館占拠人質事件、サウジのカーバ神殿襲撃事件など、非イスラム世界を衝撃と困惑に陥れた出来事がアメリカでどう報道され、専門家によって解説されたかを、著者はまず具体的に再点検する。そのうえで、単にイスラムだけでなく、異文化・異文明を理解するとはどういうことなのかが、粘着力のある語り口と多様な視点から議論されてゆく。

ジャーナリスト、とりわけ外国報道にあたる特派員、さらに学者、研究者、いわゆる「専門家」のほか、「危機の三日月地帯」を説く政・戦略家たちの役割が吟味されている。共通の問題点とされているのは、安易でインスタントの一般化、イスラムに対する敵意と人種的・文化的憎悪の表現、「シーア派の殉教精神」といったたぐいの決まり文句やレッテルの危険性、さらに、イスラム研究の方法論、イスラムを伝え解説する人たちと権力や企業との関わり合い、知識と解釈の関係、学界の閉鎖性などである。いずれも限りなき知的刺戟をかき立てる今日的テーマというべきだろう。

一九八六年八月、カナダ・カルガリ大学主催で「中東研究の現状」に関する国際学会が開かれ、私（浅井）も招かれて出席した。そこでも、イスラムのイメージ形成におけるマスメディアの役割、知識を権力に奉仕させたとされるオリエンタリズム、さらにはそれが姿を変えたニュー・オリエンタリズムの問題、学者・研究者の姿勢などがしきりに議論されていた。本書が提起するテーマは、知的関心の対象であるとともに、いまなお現実の生々しさを滞びたものであることをうかがわせる。

本書の中から印象に残った指摘を、いくつか拾ってみよう。

一、アメリカの多くのジャーナリストは、自分の会社がアメリカの権力の一翼をになっていることを潜在的に意識しながら世界のことを報道するが、その権力が外国の脅威にさらされると、報道の独立は後退して忠誠愛国をうたいあげてしまう。

一、正確さがマスメディアの美徳であったためしがなく、新味の有る無しにかかわらず、とにかくレポートを送り出すという目的のために正確さが犠牲にされている。

一、知識は主観的な解釈である。「ニュース」を理解するということは、ある意味で、自分が何者であり、自分の住む社会がどのように機能しているかを理解することである。人間的に知識を求めるのであれば、解釈の方法と目的を自分で認識していなければならない。権力に奉仕するのか、一般社会やモラルに奉仕するのか。

一、十七世紀以前のイスラムを研究する専門家の業績は、それなりに評価すべきではあるが、現代イスラム世界の理解には役立たない。現代イスラムの人間的な側面や解釈活動の困難については、現代の中東研究の「学問」によっても大幅に解明されたとはいえない。

一、今日のイスラム研究は、非政治的な客観性からほど遠く、緊急性という圧力を受けていないものはほとんど皆無である。またそれは、時代遅れのあいまいな概念や社会全体の常識からはずれた知的イディオムによって支配されている。

一、イスラムや中東に関する学者・研究者は一種のギルドを結成し、一般社会の現実と接触を失い、ギルドの内部で互いにかばい合っている。その行き先は、どんな代価を払ってもギルドを守り抜くか、あるいはギルドを無批判に権力に奉仕させるか、のいずれかである。

このような主張には異論もあるかもしれぬが、少なくとも大いに議論する価値を持つ問題提起であることは否定できまい。たとえば、右の最後の指摘をめぐって、学者は象牙の塔にこもるべしとの考え方もある。問題は現実社会との接触を絶ち切れぬ分野があって、そこで学者はどうすべきかであろう。私見では、一般社会との関わりを意識する緊張感の強さがむしろ重要なのであり、結局は学者個人の意識と姿勢いかんということになるのではないか。

さて、著者によれば、イスラムという言葉はひとつの単純な対象をさすのではなく、実は一部分はフィクション、一部分はイデオロギー上のレッテル、また一部分はイスラムと呼ばれる宗教の最短の呼称である。通常、西洋でイスラムという時、広大な土地の八億の民衆の多様きわまる生活とは真の意味で何の関係もないのだという。

現下の国際政治のうえで、悪しきことの多くがイスラムのせいにされやすいとも著者は嘆くが、にもかかわらず、著者の姿勢は西洋非難一辺倒ではない。西洋でと同様、イスラム世界でもイスラムを悪用しているというのである。つまり、多くのイスラム社会で抑圧や国民を参加させぬ少数支配を正当化するさいに、「イスラムのせいにして詭弁的説明がなされている」ことが指摘されている。

イスラムが西洋から受ける敵意は悲しむべきことだが、そうかといってイスラムが正義の衣をまとって手をこまねいているだけでは将来への展望が開けそうにない。そこで著者はイスラムが広く世界に入ってゆくために不可欠だと指摘するのは、強力な自己イメージをつくり、自らを明確に表現する能力である。イスラム世界は非イスラム世界に向けて、自らをもっと説明せよということだろう。

西洋に対しても、イスラム世界に対しても、鋭い批判を加える著者の基本的立場は、結局、人間を大切にする社会の実現、というところにあるように思われる。その公平さが主張に説得力を与えている。その姿勢はマスメディア論にもうかがわれる。イラン報道に関する限り、著者はフランスの『ル・モンド』紙に比べてアメリカの全報道のお粗末さを論じているが、議論はそこで留まってはいない。

他の分野の報道では『ル・モンド』もアメリカのマスメディアも大差がないこと、さらにアメリカのマスメディアの美点として、一般的には世間の大勢に反しているけれども、きわめて価値のある問題をしばしば取り上げることも、忘れずに付け加えているのである。

本書の論旨に対して、原則的理想論に傾きすぎる部分があるとの批判もなくはないが、しかし、欧米における現代のイスラム理解・研究の問題点を論じたものとしては、出色の文献のひとつと思われる。

日本はイスラムや中東をめぐって報道でも研究でも、また実務的調査でも、欧米に依存することが少なくない。この本は、そうした面における欧米、とりわけアメリカの「成果」を批判的かつ選別的に吸収するうえでの重要な視点を教えてくれる。また、アメリカの報道界や学界について、著者が論じている問題点の多くは、日本の報道界や学界についてもあてはまるようである。いや、アメリカ以上に日本に適切にあてはまるものもあるのではないか。

イスラム世界や中東を対象とする場合だけでなく、広く異文化や外国を知る仕事にたずさわる場合、どんなに自信のある人も、本書を読むことによって、真剣かつ深刻な自己再点検を迫られることになろう。

＊

著者エドワード・W・サイードはエルサレムに生まれ、中学・高校時代までをエルサレムとエジプトで過ごした後、アメリカに渡りプリンストン大学で修士号、ハーバード大学で博士号を取得、ハーバード大学客員教授、スタンフォード大学行動科学高等研究センター研究員、ジョンズ・ホプキンス大学客員教授を経て、一九八〇年よりコロンビア大学教授として英文学および比較文学を講じている。

彼の著作『発端——意図と方法』*Beginnings: Intention and Method*（一九七六）は第一回ライオネル・トリリング賞を獲得、『オリエンタリズム』*Orientalism*（一九七八）は全米書籍批評家賞の批評部門の次点となった。次いで『パレスチナ問題』*The Question of Palestine*（一九七九）、『イスラム報道』（一九八一）を世に問い、いずれも高い評価を集め、批評界で話題を呼んだ。

サイードは自ら「イスラムの背景はない」と書いている。本書のような本を公刊するにあたって、宗教的出自をことさらあげつらって批評される風潮が多いのを意識しつつ、釘をさしたものだろう。かれの論理やレトリックの難解さについては、一部のアメリカ人研究者でさえ嘆くほどだが、最高級の批評家としての名声を保ち続けている。

著述もさることながら、弁舌も相当なものである。私はアメリカで数回、サイードと懇談する機会があった。一対一で話す時はもの静かな口調だが、大勢の聴衆を前にするとたちまちアジテーターのようにカン高い声となり、リズム感を保ちつつ、粘着物を投げつけるような迫力を発揮するのだった。

共訳者（佐藤、浅井）はともにカイロとワシントンに住んだ体験をもち、ジャーナリストあるいは研究者として、イスラム世界とアメリカの関係の多くの局面を目撃してきた。本書の内容に対して、少なからぬ共感を抱いたのは当然である。

翻訳にあたって、イスラム世界やアメリカに詳しい新川雅子、浅川エリ子のお二人からご協力を得た。それなくしてこの作業は完成しなかったに違いない。サイードの友人であるノースウェスタン大学イブラヒム・アブ・ルゴド教授、ハワイ大学教授Y・クロダ博士からも有益な助言と助力を得ている。

みすず書房の加藤敬事氏の名を出すのが、慣例に従って最後になるのは、不適切に思われるほどだ。いかなる本の出版も著（訳）者と編集者の合作だと信ずるからである。ここに名をあげた方々に特にお礼を申し上げたい。

一九八六年十月

浅井信雄

増補版への付記

五年間のアメリカ生活を切り上げて一九八二年末に帰国した私は、年が明けるとすぐ本書の邦訳をみすず書房に相談した。訳書が初めて世に出たのは一九八六年で、たいへん好意的な批評に迎えられたと記憶する。「(イスラムに向けられた) 偏見の増幅過程を分析」「知と権力の構造を解明」という本書の核心テーマが、欧米だけでなく、日本のイスラム報道にも自省を迫るものとして注目されたと考える。

中東イスラム世界では、イランにおけるイスラム革命やソ連のアフガニスタン侵攻に続き、イラン・イラク戦争がまさに炎上中であった。やがて一九九〇年のイラクのクウェート侵攻、九一年の湾岸戦争へと発展し、イスラムの諸問題が日本人に急接近してきた。

そんな中、本書が「みすずライブラリー版」として、新しい装いで九六年に出版されている。二〇〇一年の「9・11」テロ事件とアフガニスタンへの米軍の攻撃によって、イスラムはさらに世界の関心を集めるに至ったことは、周知の通りである。

本書の英語原本も九七年に「ヴィンテイッジ版」として改訂出版されたが、改訂版には原著者のサイードが長文の序文を付記している。その序文はすでに雑誌『みすず』の九八年四、五月号に岡真理氏の邦訳で掲載されている。今回、その邦訳を本書に付け加え、『イスラム報道　増補版』として刊行されることになった次第である。

新たに付け加えた序文の内容も味読・熟読に値するものである。要するに、欧米のイスラム報道についてサイードが旧版で指摘したような偏見と誤解と敵意が、さらに膨らんできたと批判しているのだ。そのことをサイードは多数の具体例をあげて説明している。テロリズムをめぐるサイードの分析にも鋭いものがあり、「9・11」後の世界情勢の観察に資するはずである。

サイードの指摘は、依然として欧米のイスラム報道に影響されるところが大きい日本のイスラム報道にも、大いに当てはまることはいうまでもない。日本におけるイスラム報道のこれ以上の混乱を食い止め、公正なイスラム理解のためにも、本書が読者の大いなる参考になることは間違いないと信ずる。

なお、翻訳にあたっての表記について読者のご了解を得たい点がある。例えば「イスラム」とすべきか「イスラーム」とすべきかである。「アラファト」か「アラファート」かも同様である。旧版では私の判断で日本での広い慣用にしたがってそれぞれ「イスラム」「アラファト」としているが、新しい序文の翻訳を担当された岡氏はアラビア語の専門家でもあり、原音に忠実に表記したいと希望された。

これは翻訳作業では必ず生ずる宿命的な問題であり、どちらが正しいかという議論にはならない。忠実にといっても原音と全く同じというわけではないが、原音になるべく近づけたいとの立場も尊重したく、新しい序文の翻訳と表記は岡氏に一任した。それゆえに、その部分とその他の部分では訳語が統一されていないことについて、読者のご理解を賜わりたいと思う。

二〇〇三年二月

浅井　信雄

エドワード・W・サイード
イスラム報道 増補版
ニュースはいかにつくられるか

浅井信雄・佐藤成文・岡 真理 訳

2003年 4月 1日 初 版第1刷発行
2018年12月 7日 新装版第1刷発行
2023年12月13日 新装版第2刷発行

発行所 株式会社 みすず書房
〒113-0033 東京都文京区本郷2丁目20-7
電話 03-3814-0131(営業) 03-3815-9181(編集)
www.msz.co.jp

本文印刷所 理想社
扉・表紙・カバー印刷所 リヒトプランニング
製本所 松岳社
装丁 安藤剛史

Printed in Japan
ISBN 978-4-622-08777-9
[イスラムほうどう]

著者略歴

(Edward W. Said, 1935-2003)

1935年11月1日，イギリス委任統治下のエルサレムに生まれる．カイロのヴィクトリア・カレッジ等で教育を受けたあと合衆国に渡り，プリンストン大学卒業，ハーヴァード大学で学位を取得．コロンビア大学英文学・比較文学教授を長年つとめた．2003年9月歿．邦訳されている著書に『オリエンタリズム』『始まりの現象』『音楽のエラボレーション』『知識人とは何か』『世界・テキスト・批評家』『パレスチナとは何か』『ペンと剣』『文化と帝国主義』『遠い場所の記憶　自伝』『フロイトと非ヨーロッパ人』『パレスチナ問題』『バレンボイム／サイード　音楽と社会』『オスロからイラクへ』『権力，政治，文化』『晩年のスタイル』『文化と抵抗』『故国喪失についての省察』『サイード音楽評論』などがある．

訳者略歴

浅井信雄〈あさい・のぶお〉1935年長岡市に生まれる．東京外国語大学卒．読売新聞社入社．ジャカルタ，ニューデリー，カイロ各駐在特派員，ワシントン支局長を歴任．その後，米国ジョージタウン大学客員研究員，東京大学，東京外国語大学各講師，中東調査会理事，神戸市外国語大学国際関係学科教授を歴任．2015年歿．著書は『中東を動かすものは何か』(1988)『ミステリーと虚構の国際政治』(1992)『アメリカ50州を読む地図』(1998)『アジア情勢を読む地図』(2001)『最新版・民族世界地図』(2004) ほか．

佐藤成文〈さとう・しげぶみ〉1940年東京に生まれる．早稲田大学卒．時事通信社入社．サイゴン（現ホーチミン市），カイロ，ベイルート，ワシントン各駐在特派員，本社外信部次長，ニューヨーク，ワシントン各支局長を経て，1993年よりロサンゼルス支局長．1997年退職．現在ロサンゼルス在住のフリーランスのジャーナリスト．

岡真理〈おか・まり〉1960年東京に生まれる．東京外国語大学大学院修士課程修了．現代アラブ文学専攻．エジプト・カイロ大学留学．在モロッコ日本国大使館専門調査員，大阪女子大学人文社会学部講師，京都大学総合人間学部助教授などを経て，2009年より京都大学大学院人間・環境学研究科教授．著書は『記憶／物語』(2000)『彼女の「正しい」名前とは何か』(2000)『アラブ，祈りとしての文学』(2008)『ガザに地下鉄が走る日』(2018) ほか．

索　引

ア

サ

タ

ナ

ハ

ワ